LE LIVRE DU SOLDAT

NANCY, IMPRIMERIE BERGER-LEVRAULT ET Cie

GÉNÉRAL THOUMAS

Le Livre du Soldat

VERTUS GUERRIÈRES

BERGER-LEVRAULT ET Cᵉ, ÉDITEURS

PARIS	NANCY
5, RUE DES BEAUX-ARTS	18, RUE DES GLACIS

1891

Tous droits réservés

PRÉFACE

Le présent livre n'est pas le moins du monde
un manuel d'éducation militaire. C'est un simple
recueil d'anecdotes et de faits offrant les exemples
les plus remarquables des vertus pratiquées par
le soldat français. Il s'adresse non seulement aux
jeunes qui font aujourd'hui partie de l'armée,
mais encore aux *adolescents* qui doivent y entrer
demain et aux *hommes* qui reprendront place dans
ses rangs au jour du danger de la patrie. Ce *Livre
du soldat* est donc à proprement parler le *Livre de
tout le monde.* Il pourra servir de thème aux enseignements du maître, aux leçons de l'officier, aux
méditations de tous ceux qui sont livrés à eux-
mêmes. Il ne contient qu'une bien faible partie des
actions héroïques ou méritoires inscrites dans les
annales de l'armée française, mais chacun en gros-
sira facilement le nombre d'après ses lectures ou

ses souvenirs. De parti pris l'auteur s'est arrêté au seuil de la guerre de 1870-1871, non pas que cette malheureuse guerre n'eût été susceptible de lui fournir une ample moisson d'exemples à citer, mais outre que ces exemples récents sont bien connus, ils lui ont semblé rentrer dans le cadre de l'histoire complète des événements de 1870-1871, histoire qui montre surabondamment que, si l'armée française a été malheureuse, elle était restée du moins digne de son glorieux passé.

Avril 1891.

LE LIVRE DU SOLDAT

VERTUS GUERRIÈRES

Un grand écrivain militaire a dit : « L'art de la guerre se compose de deux parties distinctes : le métier proprement dit et la partie morale, apanage du génie. » Ces paroles qui, dans la pensée de leur auteur, s'appliquent aux généraux commandant les armées, sont également vraies pour le soldat comme pour ses chefs à tous les degrés de la hiérarchie. Il y a le métier, dont il est nécessaire de connaître à fond et de pratiquer couramment les détails, mais cette pratique indispensable ne suffit pas pour faire le soldat.

Ce qui fait le vrai soldat, c'est un ensemble de qualités que nous appellerons volontiers les vertus guerrières : l'amour de la patrie et de la gloire, le dévouement, la discipline, l'énergie, la fermeté,

la générosité, le sentiment de l'honneur, l'intrépidité poussée jusqu'à l'héroïsme, la patience, la
persévérance, la constance au milieu des fatigues et
des privations, la présence d'esprit, le sang-froid,
l'intelligence. On va voir quelles preuves de ces
qualités multiples nos pères ont données aux jours
glorieux comme aux heures douloureuses de notre
histoire militaire.

I

ADRESSE

L'adresse n'est pas seulement une qualité physique
se développant par l'exercice ; elle tient aussi à l'intelligence, au courage, à la présence d'esprit, au sang-
froid. Elle ne consiste pas uniquement dans l'habileté
à manier une arme, un cheval ou une barque ; elle est,
dans l'acception générale du mot, d'un ordre beaucoup plus élevé. C'est grâce à l'adresse qu'on se tire
d'une position difficile, qu'on mène à bonne fin une
mission délicate... L'adresse est nécessaire au cavalier
chargé de reconnaître la marche de l'ennemi, au fantassin qui se glisse dans l'ombre pour surprendre les
avant-postes, à l'officier porteur d'un ordre dont peut
dépendre le salut de l'armée.

Curély, fourrier au 7ᵉ hussards, était de petite taille ;
monté sur un cheval approprié à sa taille au combat de

la Thur dans la campagne de 1799, il voit fondre sur lui le sabre levé, au galop de son énorme coursier, un grand diable d'Autrichien du régiment des *hussards de Barco*. Dans une pensée rapide comme l'éclair, Curély se dit : « Si j'essaie de parer les coups de ce Goliath, je suis perdu », et, subitement, laissant flotter son sabre fixé au poignet par la dragonne, il se couche sur l'encolure, saisit un pistolet dans sa fonte, l'arme, l'applique sur la poitrine de l'Autrichien et, au moment où celui-ci assénait le coup de toute sa force, il presse la détente et le tue raide. (*Itinéraire de Curély.*) C'est là de l'adresse, mais de l'adresse guidée par le sang-froid et la présence d'esprit.

Au combat de Salahieh en Égypte, le 11 août 1798, plusieurs centaines de mamelucks avaient enveloppé un détachement de 150 chasseurs et hussards, commandés par l'intrépide Lasalle, alors chef de brigade (colonel) du 22e chasseurs. La mêlée était terrible, les mamelucks, mieux montés et mieux armés que les cavaliers français, animés par le fanatisme, semblaient avoir le dessus, lorsque l'entrée en ligne de deux escadrons de dragons détermina leur retraite. Au plus fort de la mêlée, Lasalle laisse tomber son sabre ; en quelques secondes à peine il saute à terre, le ramasse, sans abandonner son cheval, se bat à pied contre les mamelucks, en blesse trois, tue un cheval, parvient à remonter sur le sien et à rallier ses cavaliers.

Le maréchal des logis Bodurot, du 8e hussards, au combat de Salzbourg, le 13 décembre 1800, est renversé dans la mêlée sous son cheval tué. Il se relève aussitôt au milieu des cavaliers qui l'entourent, tue un des assaillants, saute sur son cheval, charge les autres et ramène trois prisonniers. (*Fastes de la Légion d'honneur.*)

Dans cette même campagne de 1800, Jean Finot, chasseur à la 3ᵉ demi-brigade d'infanterie légère, emporté par son ardeur, se trouve coupé à cent pas de la ligne de ses camarades et entouré par deux cavaliers et un grenadier hongrois. Conservant tout son sang-froid, il ajuste un des cavaliers, le démonte, court au grenadier et lui passe sa baïonnette au travers du corps ; son troisième adversaire prend alors la fuite. (*Fastes de la Légion d'honneur.*)

Au combat de Biberach, le 9 mai 1800, le grenadier Hébert de la 1ʳᵉ demi-brigade de ligne, détaché en tirailleur, est chargé par quatre hussards hongrois : il en ajuste un, le tue et démonte le second d'un coup de baïonnette ; les deux autres s'enfuient au galop. (*Fastes de la Légion d'honneur.*)

Comme exemple de l'adresse avec laquelle un officier intelligent sait remplir une mission délicate, il serait difficile de citer mieux que la reconnaissance opérée en 1809 par Curély, alors capitaine aide de camp du général Édouard de Colbert, à la recherche de l'armée autrichienne d'Italie, commandée par l'archiduc Jean. « A la tête de cent chevaux, raconte le général de Brack qui, comme Curély, était aide de camp de Colbert, il de-

vança de dix lieues notre division, tourna l'armée autrichienne et se faufila si secrètement sur ses derrières
qu'à la chute du jour, il se trouva embusqué dans un
bois à trois quarts de lieue en arrière du village dans
lequel s'établit l'état-major général de l'archiduc. Une
grande plaine poudreuse le séparait de ce village.... Un
grand troupeau de bœufs, revenant des champs, passa
près de son embuscade ; il saisit les bergers et fit par-
quer le troupeau dans le bois jusqu'à la nuit close, puis,
le remettant en route et plaçant au milieu ses cavaliers
à pied, conduisant leurs chevaux par la bride, il se dirigea vers le village sous la protection de l'épais nuage
de poussière qu'il soulevait... Il pénétra ainsi jusque
sur la place du village où de sa main il brûla la cervelle à l'un des factionnaires du général en chef. A ce
signal ses cavaliers remontèrent à cheval, et, profitant
de l'étonnement, de la stupeur de l'ennemi, sortirent
du village.... » (*Avant-postes de cavalerie légère.*) Curély rejoignit la brigade Colbert après avoir parcouru
40 lieues en deux nuits et un jour et sans avoir perdu
ni un homme ni un cheval.

Le fait du chasseur André Tillet est plus extraordinaire encore. C'était en 1811, après la retraite de l'armée de Portugal commandée par Masséna et la bataille
indécise de Fuentès-de-Oñoro. La place d'Alméida, située en Portugal sur la frontière d'Espagne et occupée
par une garnison française sous les ordres du général

Brenier, était étroitement bloquée par les Anglais. Masséna prit la résolution de prescrire à ce général de détruire tout le matériel de la place, d'en faire sauter les remparts et de rejoindre l'armée française avec la garnison. Il s'agissait de faire parvenir cet ordre au général Brenier. On demanda des hommes de bonne volonté ; il s'en présenta trois, à chacun desquels on remit une expédition de l'ordre de Masséna. Les deux premiers partirent sous un déguisement; on n'entendit plus parler d'eux ; le troisième, André Tillet, chasseur au 6e léger, gardant son uniforme, traversa hardiment les lignes anglaises en se cachant le jour et une partie de la nuit au milieu même des cantonnements ennemis, pour ne marcher que le reste de la nuit ; encore avait-il le soin de ne faire chaque fois que très peu de chemin dans la direction de la place, s'en éloignant ou tournant autour dès qu'il apercevait le moindre symptôme inquiétant. Il arriva ainsi jusqu'à portée des remparts, où il eut plus de peine à se faire reconnaître qu'il en avait eu pour traverser les lignes anglaises. Il remit au général Brenier l'ordre dont il était porteur et lui donna en même temps sur les positions occupées par l'ennemi des renseignements précieux, grâce auxquels les instructions de Masséna furent exécutées avec une vigueur et un bonheur également rares.

Le général de Brack, comparant la cavalerie légère à la grosse cavalerie, disait aux officiers et aux sous-offi-

ciers de chasseurs pour lesquels il écrivait : « Opposez
d'autant plus de ruse qu'il vous manquera de force.
Vous qui êtes plus légers, plus mobiles que vos adversaires, tournez-les, harcelez-les, démoralisez-les par
les surprises, écrasez-les par les fatigues, attirez-les
sur le terrain de l'adresse ; l'adresse est plus puissante
que la force, le petit tigre est le seul animal qui triomphe de l'éléphant. » (*Avant-postes de cavalerie légère.*)

En fait, à la guerre l'adresse a réussi plus d'une fois
là où la force avait échoué. En voici un exemple entre
mille : « Au combat de Château-Thierry, le 11 février
1814, un bataillon prussien coupé de son corps d'armée s'était retranché dans une métairie très bien murée,
d'où il incommodait beaucoup nos troupes. Le général
Guyot, ayant passé à portée de cette ferme avec les
grenadiers à cheval, en avait essuyé une salve meurtrière et, ne pouvant rien contre des gens barricadés, il
avait passé outre. La ferme fut bientôt investie et ca-
nonnée avec un obusier. Les Prussiens continuaient
bravement leur feu et, comme les murailles étaient per-
cées d'ouvertures, ils tiraient à coup sûr. Ils avaient
tué beaucoup de monde lorsqu'on eut l'idée d'appeler
un bataillon de la vieille garde. Le commandant de
ce bataillon haussa les épaules et il n'envoya qu'une
compagnie ; un sergent fit le tour de la ferme, puis un
grenadier se détacha de la circonférence et s'approcha
des bâtiments, seul de sa personne. Quand il fut collé
au mur, un autre l'y suivit ; quand ils furent au nombre de dix, ils se firent mutuellement la courte échelle

et montèrent sur le toit qu'ils démolirent en un clin d'œil ; alors ce fut l'entrée des loups dans la bergerie.. ; le coup de main ne se fit pas sans effusion de sang du côté des grognards, ils perdirent sept hommes, trois dans les approches et quatre sur le toit, mais avec la plus superbe indifférence. » (*Mémoires inedits d'un ancien officier d'artillerie de la garde impériale.*)

II

AFFECTION

Affection des soldats pour leurs chefs. — Curély, Dagobert, Desaix, Danglars, Auguste Colbert. — Le major Dulong. — Les grenadiers du 15ᵉ. — Le colonel Van Marizy. — Le colonel Lasalle. — Le général Marulaz. — Napoléon et Turenne. — Il faut aimer le soldat.

Le général Curély commandait en 1812 un escadron détaché du 20ᵉ chasseurs et faisant partie de l'armée de Catalogne. Cet escadron, fort de 200 chevaux, fut envoyé en Russie pour la guerre de 1812. « Les chasseurs, dit Curély dans ses souvenirs militaires (*Itinéraire d'un cavalier léger*), me regardaient comme leur père et leur bienfaiteur, et cependant je ne faisais que mon devoir. Ils avaient, depuis mon entrée au régiment, reconnu dans plusieurs occasions ma justice à leur égard, de sorte que, malgré la sévérité avec laquelle je les punissais quand ils commettaient des fautes graves, ils auraient tous sacrifié leur vie pour moi. »

L'histoire et la tradition ont conservé les noms de plusieurs généraux qui avaient su inspirer à leur troupe une vive affection. C'est ainsi qu'à la mort de Turenne

toute son armée fut plongée dans la douleur. Tel fut
aussi le général Dagobert qui commandait, en 1793, à
l'armée des Pyrénées-Orientales la division de Cerda-
gne. Noble de naissance, patriote de cœur, ancien officier de l'armée royale, colonel avant la Révolution,
vétéran des guerres de Louis XV, Dagobert avait
57 ans lorsqu'il succomba à la maladie et à la fatigue le
18 avril 1794, mais il paraissait en avoir 75. « L'amour
qu'il avait inspiré à ses troupes était sans exemple, dit
un historien. C'était un culte de superstition. Lorsqu'il fut pris par la fièvre après la prise d'Urgel, ses soldats le portèrent dans une litière jusqu'à Puycerda et
entourèrent des plus touchants témoignages de regrets
et d'amour celui qui aimait à les appeler ses enfants et
qui était aussi prodigue pour eux de familières ten-
dresses en marche et au bivouac que de véhémentes
excitations de paroles et d'exemple au milieu du feu. »
(Fervel, *Campagnes dans les Pyrénées-Orientales*.)

L'illustre Desaix était, au mois d'octobre 1794, général de division à l'armée du Rhin, lorsque les com-
missaires de la Convention auprès de cette armée le
destituèrent comme ancien noble et lui signifièrent
d'avoir à se retirer dans ses foyers. Tous les soldats de
la division se soulevèrent et demandèrent à grands cris
à conserver un chef dont la bienveillance pour eux égalait la grande valeur et la haute capacité. Les régiments de cavalerie placés à l'armée de Sambre-et-
Meuse sous les ordres du général d'Hautpoul, en firent
autant pour lui. Le colonel Danglars (ou d'Anglars),

du 1er régiment de carabiniers, ayant été destitué pour la même cause, à la même armée, les carabiniers déclarèrent qu'ils ne le laisseraient pas s'éloigner d'eux : « Pas de Danglars, pas de carabiniers », criaient-ils tous.

Le général Auguste Colbert, nommé à 20 ans colonel du 10e régiment de chasseurs à cheval, était adoré de son régiment. Devenu général de brigade, il eut sous ses ordres pendant trois années le 3e hussards. Lorsque ce général fut tué en Espagne le 2 janvier 1809, les soldats du 3e hussards, en signe de deuil et de regrets, changèrent les flammes rouges de leurs colbacks pour des flammes noires qu'ils portèrent pendant deux ans.

Heureux le chef qui a su gagner l'affection de ses soldats. Ils le suivront partout avec confiance, et au jour du danger il les trouvera toujours prêts à lui venir en aide.

En 1809, pendant la retraite désastreuse de la deuxième armée de Portugal, le major Dulong (lieutenant-colonel), commandant le 15e de ligne, qui, par un trait d'audace, venait de sauver cette armée d'une perte certaine, fut, dans un combat d'avant-garde, grièvement blessé à la tête. La colonne ne traînait avec elle aucune voiture et suivait sur le revers des montagnes un sentier large d'un mètre à peine, bordé à droite par des rochers à pic et des hauteurs inaccessibles, à gauche par des ravins et des précipices affreux. Les paysans portugais faisaient subir d'horribles tortures aux blessés qui tombaient vivants entre leurs mains. Lorsque le major Dulong se sentit frappé, il ordonna aux soldats de son régiment de continuer leur marche, mais de lui épargner les mauvais traitements de l'ennemi en achevant de le faire mourir. Les grenadiers du 15ᵉ, ne voulant pas abandonner leur chef, firent un brancard, y placèrent le major et, quoique harassés et tourmentés de la faim, ils le portèrent sur leurs épaules pendant plusieurs jours jusqu'à Lugo, où l'armée put enfin se reposer. Le général Heudelet, commandant la division dont le 15ᵉ faisait partie, avait fait mettre à l'ordre que le major serait porté à tour de rôle par les grenadiers des divers régiments, mais les grenadiers du 15ᵉ ne voulurent pas consentir à cet arrangement et déclarèrent qu'ils n'abandonneraient pas celui qui les avait si souvent conduits à la victoire. (*Victoires et Conquêtes*.)

Lors de l'affaire de Bobfingen, le 5 août 1796, et pendant une fort belle charge exécutée par le 7ᵉ régiment de hussards, le cheval du colonel Vau Marizy fut tué, et le colonel lui-même, gisant à terre, resta au pouvoir des Autrichiens sans que le régiment s'en aperçût, par suite de l'obscurité du soir et de la précipitation du combat. Dès que le régiment rallié après la charge reconnut l'absence de son chef, un cri unanime partit instantanément de tous les rangs : « Sauvons notre colonel! » Le régiment reprit le galop dans un mouvement spontané, culbuta les Autrichiens et dégagea le colonel. Un hussard mit pied à terre et offrit son cheval au colonel qui, tout meurtri de sa chute, fut ramené en lieu de sûreté. (*Mémoires de Gouvion Saint-*

Cyr.) « C'était un bon chef, qui méritait cette conduite de son régiment », fait observer à ce sujet le général Curély, qui, alors fourrier au 7ᵉ hussards, avait offert lui-même son cheval au colonel Marizy.

Pendant l'expédition de la Haute-Égypte, le colonel Lasalle, du 22ᵉ chasseurs, se fit adorer des soldats, dont sa gaieté communicative soutenait le moral. Lorsqu'il rencontrait un fantassin excédé de fatigue et de besoin, il le faisait monter sur un de ses chevaux ; quelquefois même il mettait pied à terre pour lui donner celui qu'il montait lui-même. Il ne trouvait jamais un soldat sourd à sa voix quand il s'agissait de marcher et de combattre.

Pendant la campagne de Pologne, dans l'hiver de 1806 à 1807, le général Marulaz commandait la cavalerie légère du 3ᵉ corps d'armée. Cette cavalerie occupait une ligne de cantonnement très étendue ; les troupes avaient un service des plus pénibles. Bien que gravement malade des suites d'une affreuse blessure reçue autrefois à Zurich, le général Marulaz était allé s'établir sur la ligne des avant-postes, où plus d'une fois il partagea son pain avec les soldats. Par son intrépidité, par son activité, par les soins incessants qu'il prenait d'eux, par son affabilité constante, il avait conquis leur affection ; aussi, malgré la rigueur de la saison et les privations, jamais on n'entendit une plainte de leur part. « La bonté unie à une sévérité motivée fait d'un général l'idole de ses soldats. » (Marmont, *Esprit des institutions militaires*.)

Nul général peut-être ne fut plus aimé du soldat que le fut Napoléon 1er. Cette affection s'éleva parfois jusqu'au fanatisme pour sa personne. Et cependant les troupes de la Grande-Armée subissaient des privations de toute sorte ; souvent même elles restaient des mois entiers sans toucher leur solde... Ce mystère s'explique par l'admiration profonde qu'inspirait aux soldats le génie guerrier du vainqueur d'Austerlitz et de Friedland et plus encore par la sollicitude qu'à toute occasion il témoignait pour le dernier d'entre eux, par l'attention bienveillante avec laquelle, dans les revues qu'il passait fréquemment, il écoutait leurs réponses familières. Un officier supérieur des grenadiers à cheval de la garde écrivait à sa femme, après la bataille d'Austerlitz :

« S'il m'était arrivé quelque chose, tu aurais trouvé dans la bonté du chef, pour toi et nos enfants, un protecteur qui n'oublie rien, qui a soin de nous et de ceux que nous laissons. C'est un père pour nous, et nous le chérissons. »

Lorsque Napoléon fut blessé devant Ratisbonne, ce fut un cri dans toute l'armée à l'idée qu'il aurait pu être tué, et il lui fallut, après avoir été pansé, parcourir au pas le front des divisions pour rassurer les troupes.

L'affection inspirée par Turenne paraît cependant avoir été encore plus forte. Lorsque ce grand homme de guerre fut tué à Salzbach, le 26 juillet 1675, la douleur la plus vive éclata dans son armée. « D'abord que notre général fut tué, écrivait un soldat, nous fûmes des enfants sans père. — La plaie est trop grande et saigne encore, écrivait un autre le 2 août. — Qu'on nous mène au combat, disaient-ils tous, nous avions confiance en Turenne et il nous eût menés à la victoire ; mais nous voulons le venger. »

Qu'avaient donc Turenne et d'autres généraux encore pour être aimés du soldat ? Ils l'aimaient : voilà leur secret. Un chef doit pourvoir au bien-être de ses soldats et y consacrer tous ses soins. Il doit aussi, dans les occasions importantes, partager ses souffrances et ses privations. Il doit surtout être juste dans la distribution des récompenses comme dans les mesures de sévérité lorsqu'elles sont nécessaires, car l'opinion que le soldat se forme de la justice d'un chef est la base de l'estime qu'il a pour lui et de l'affection qu'il lui porte.

III

AMITIÉ

Amitiés de soldats. — Masséna et Barbieri. — Abbatucci et Foy.
Lasalle et Détrées.

Entre des hommes qui, pendant de longs mois, pendant des années même, étaient séparés de leurs familles, partageant les mêmes fatigues et les mêmes privations, se prêtant un mutuel appui dans le danger, alors que les guerres duraient longtemps, les liens de l'amitié étaient pour ainsi dire une nécessité. L'illustre Masséna qui, après avoir pris la part la plus glorieuse aux campagnes d'Italie sous les ordres de Bonaparte, sauva la France en 1799 par la victoire de Zurich et s'immortalisa l'année suivante par la défense de Gênes, avait été, avant la Révolution, soldat et sous-officier au régiment *Royal italien*. Nommé maréchal de l'Empire en 1805, puis plus tard duc de Rivoli et prince d'Essling, il était parvenu au faîte des grandeurs, lorsqu'un jour un de ses anciens camarades de régiment vint à lui dans un état de détresse extrême et lui dit : « Je suis Barbieri, votre ancien camarade. » Le maréchal le reconnaît, se précipite dans ses bras, le présente à sa femme, lui donne un logement dans son hôtel, l'admet à sa table et le comble de bienfaits. Barbieri, tiré de la misère, passa ainsi heureux et tranquille les cinq dernières années de sa vie. (*Fastes de la Légion d'honneur.*)

L'histoire n'a pas conservé la trace de toutes les amitiés liées pendant les guerres de la Révolution entre des hommes qui disputaient chaque jour leur vie à des dangers incessants et semblaient ne vivre que pour marcher et combattre, isolés du reste de la société. Mais combien d'entre eux virent se dissiper leurs ennuis au contact d'amis dont la conversation charmait pour eux les soirées du bivouac. Ainsi que l'écrivait à Marulaz, commandant le 8ᵉ hussards, le général Beaupuis, un des héros de l'armée républicaine, « l'amitié fondée sur l'estime de deux soldats l'un pour l'autre ne doit finir qu'avec la vie ». Le général Abbatucci, qui défendit la tête du pont d'Huningue pendant l'hiver de 1796 à 1797, était intimement lié avec le chef d'escadron Foy, commandant son artillerie. Le soir qui précéda le sanglant combat de nuit dans lequel fut tué le jeune et héroïque défenseur d'Huningue, il lisait avec Foy le huitième chant du poème latin de Virgile : l'*Enéide*, lorsqu'ils furent interrompus par le canon des Autrichiens.

Desaix fut l'ami de Bonaparte qui le regretta, dit-on, sincèrement. Sous l'Empire, Lannes, Duroc et Bessières restèrent peut-être les amis de Napoléon, mais, tenus à distance par l'étiquette, ils ne purent conserver vis-à-vis de l'empereur le franc-parler qui leur aurait permis de dire plus d'une vérité. Leur mort prématurée sur les champs de bataille n'en fut pas moins un malheur pour la France et pour Napoléon ; eux seuls auraient pu, en 1814, conseiller sagement l'homme de génie qui courait à sa perte.

Si, en descendant de ces hauteurs, nous pénétrons dans les rangs de l'armée, ce qui nous reste de la correspondance des officiers d'alors accuse de sincères amitiés survivant, même après la guerre, à l'existence menée en commun. Quoi de plus touchant que l'amitié de Curély et du général de Brack, qui avaient été ensemble aides de camp du général Édouard de Colbert, si ce n'est l'affection que le général Curély avait vouée à ce même général Colbert! Lasalle, passé du 7e hussards au commandement du 22e chasseurs, se plaignait dans une lettre de n'avoir plus d'amis depuis qu'il avait changé de régiment. Il en avait un au 7e hussards, chef d'escadron comme lui et avec lequel il lui arriva souvent de se quereller et même de se battre en duel : c'était Détrées, qui, blessé dangereusement pendant l'expédition de la Haute-Égypte, fut emporté à travers le désert par les soins de Lasalle et échappa, grâce à la vigilance de son ami, à une mort affreuse.

IV

AMOUR DE LA PATRIE

L'expédition d'Égypte. — La guerre de Crimée. — Nostalgie. — Enthousiasme patriotique de 1792. — Chapuy. — Le général Bouscarens à El-Aghouat.

La patrie, c'est le sol que nous avons foulé dans nos jeunes ébats, le ciel que nous avons l'habitude de contempler, l'air que nous respirons depuis notre naissance ; c'est encore le toit qui nous a abrités, les parents qui ont guidé nos premiers pas, les frères et sœurs au milieu desquels nous avons grandi, les camarades qui, après avoir été les compagnons de notre enfance, sont devenus les amis de notre jeunesse et de notre âge mûr. C'est la langue que nous parlons et que nous entendons parler, c'est l'école où nous avons griffonné nos premiers cahiers d'écriture, le collège où nous avons écouté d'une oreille distraite les premiers enseignements de la science, c'est.... en un mot, c'est la patrie.

L'amour de la patrie a été de tout temps pour le soldat le mobile le plus pur des grandes actions, mais

parfois cet amour est devenu chez les jeunes conscrits
brusquement arrachés à leurs foyers le germe d'une
maladie cruelle qu'on appelle la nostalgie et qui peut
mener à la mort par le découragement et le suicide.
Dans l'expédition d'Égypte commandée par Napoléon
Bonaparte en 1798, l'armée française jetée au milieu
d'un désert brûlant, sous un ciel dont aucun nuage ne
tempérait l'ardeur, souffrant de la soif et de la faim,
harcelée en rase campagne par les Bédouins, ne trouvant dans les villes qu'une population hostile et fanatisée, était en proie au découragement lorsque la perte
de la flotte ruinée par les Anglais dans la rade d'Abou-
kir vint la pousser au désespoir en la menaçant d'un
exil indéfini. Depuis les généraux jusqu'aux simples
soldats, tous furent pris alors d'un violent accès de nostalgie, contre lequel les marches et les combats purent
à peine réagir.

Rien de pareil n'arriva dans la guerre lointaine de
Crimée en 1854, 1855 et 1856 ; c'est que lors de l'expédition d'Égypte toutes les communications étaient cou-
pées entre l'armée et la patrie, les croisières anglaises
laissaient à peine passer quelques rares courriers, et la
France assaillie sur toutes ses frontières par l'Europe
coalisée faillit succomber sous le nombre de ses ennemis, sans que ses meilleurs soldats, combattant par delà
les mers pour l'honneur de son drapeau, connussent
même le danger qu'elle courait. En Crimée, au contraire, les relations avec la patrie et la famille étaient
constantes, et les soldats qui exposaient leur vie dans

les périls du siège meurtrier de Sébastopol recevaient
du moins à chaque instant la preuve que les yeux de
leurs compatriotes ne cessaient pas d'être fixés sur eux.
Et cependant les regrets causés par l'éloignement du
pays troublaient plus d'un cœur, et l'image de la patrie
absente hantait plus d'un rêve de soldat. Il fallait voir
lorsqu'après une journée passée dans la monotonie du
bivouac, la soupe une fois mangée, la musique d'un
régiment se mettait en rond devant la tente du général
commándant le corps d'armée, les troupiers accourir
de tous côtés et former autour de la musique un cercle
immense de 10,000 hommes ; marquant la mesure de
la tête, ils écoutaient avec un vrai bonheur les airs fa-
miliers qu'ils avaient entendus dans leurs villes de
garnison, accompagnaient ensuite sur le front de bandière les tambours et les clairons battant et sonnant
la retraite; puis rentrés sous la tente ils s'endormaient
contents, songeant aux amis et aux amies qu'ils avaient
laissés là-bas. Généraux et officiers cherchaient d'ailleurs à procurer à leurs soldats des jeux de toutes es-
pèces, jeux de quilles, jeux de boules, jeux de lotos ;
il y eut jusqu'à un théâtre sur lequel les zouaves du
2e régiment furent applaudis avec enthousiasme par les
officiers et les soldats anglais et français accourus de
tous côtés. Parfois un combat forçait à faire relâche,
d'autres fois l'acteur qui devait jouer dans la pièce le
rôle du comique ou de la jeune première était grièvє-
ment blessé, et il fallait changer le spectacle pour cause
d'indisposition subite.

L'amour de la patrie ne doit pas être poussé au delà de la limite où il deviendrait pour les armées une cause d'affaiblissement. Dans les expéditions lointaines et au milieu des épreuves qui semblent rendues plus sensibles par l'éloignement, il est un jour dont le soldat doit sans cesse entretenir la perspective dans son imagination, c'est celui où après une absence prolongée, après des mois passés tout entiers dans les combats, dans les fatigues et les privations, il saluera d'un cri d'action de grâces le sol de la patrie.

L'amour de la patrie n'est pas le privilège exclusif de ceux qui en parlent le plus haut et le plus fort. Pour juger du pouvoir que cet amour exerce sur tous les cœurs, il faut se reporter aux époques critiques où la France envahie sembla près de périr. Lorsque en 1792, l'armée composée d'Autrichiens, de Prussiens, et d'émigrés, sous les ordres du généralissime duc de Brunswick, pénétra en Lorraine et en Champagne, les officiers de cette armée croyaient voir les populations accourir sur leur passage et se réunir à eux pour renverser un régime détesté. Ils s'emparèrent, il est vrai, des places de Longwy et de Verdun ; mais l'Assemblée nationale déclara la patrie en danger. « De toutes parts alors on courut aux armes, dit dans ses *Mémoires* un des plus illustres soldats de la Révolution, le maréchal Gouvion-Saint-Cyr ; tout ce qui était en état de supporter les fatigues de la guerre se porta dans les camps ; un jeune homme aurait rougi de rester dans ses foyers quand l'indépendance nationale paraissait menacée ;

chacun abandonna ses études, sa profession, et des armées se formèrent qui assurèrent le triomphe de la France. Ce noble et grand exemple vivra dans la mémoire des hommes aussi longtemps que les nations conserveront le sentiment de leur dignité et que le nom de patrie ne sera pas un vain mot. » (*Mémoires sur les campagnes de l'armée de Rhin-et-Moselle.*)

Quoique l'amour de la patrie ait donné lieu en 1870 à plus d'une manifestation touchante et qu'il ait groupé sous un même drapeau, celui de l'honneur de la France, des hommes qui différaient entre eux de sentiments et d'opinions, c'est plutôt sur la France de 1792 que sur celle de 1870 que les Français de demain devront prendre modèle. La situation n'est plus la même, il est vrai ; la défense reposant sur l'organisation de la nation armée est préparée à l'avance dans ses moindres détails et, le jour du danger venu, chaque Français n'aura qu'à prendre dans le cadre la place qui lui est assignée.

En 1792 et 1793 il n'en était pas ainsi, l'enthousiasme patriotique appela sous les drapeaux non seulement les jeunes gens et les hommes, mais encore les vieillards : tel fut le commandant Chapuy, l'adjudant bien connu de la place de Strasbourg. Né le 29 janvier 1729 à Givet, fils d'un chirurgien-major des armées, resté orphelin à 10 ans, engagé à 13 ans, ayant fait toutes les campagnes de Bavière, d'Italie et de Saxe, Chapuy, parvenu au grade de sergent-major, avait ob-

tenu son congé en 1757, après avoir sauvé à la bataille
de Rosbach le drapeau de son régiment près de tomber
au pouvoir des Prussiens. Il s'était retiré alors dans le
pays de Bade, avait fondé un commerce et acquis une
belle fortune avec laquelle il était venu s'établir en
1783 à Strasbourg. La Révolution éclate, la France est
menacée de l'invasion, Chapuy verse dans les caisses
de l'État un don patriotique de 100,000 fr. et s'engage
à l'âge de 64 ans dans les chasseurs du Rhin, où il devient à l'élection capitaine commandant une compagnie.
Le 25 novembre 1795, étant avec sa compagnie déployée
en tirailleurs en avant de la Wantzenau sur les bords du
Rhin, il est blessé au bras gauche d'un coup de feu qui
nécessite l'amputation. Ce vétéran de 66 ans subit l'o-
pération avec un calme stoïque et, prenant dans la main
droite le bras qui venait de lui être enlevé, il s'écrie :
« Vive la République, il me reste le bras droit pour la
défendre. » C'est alors qu'il est nommé capitaine-adju-
dant de place à Strasbourg où il devient chef de bataillon, reçoit à 82 ans la décoration de la Légion d'honneur
et termine en 1812 sa modeste et glorieuse carrière.
(*Vie militaire* du journal *Le Temps*, 19 mars 1889.)

Blessé à mort au siège d'El-Aghouat en 1852, le général Bouscarens fut rapporté à son bivouac ; les soldats
dont il était aimé et estimé de longue date prirent
spontanément les armes sur son passage et les lui pré-
sentèrent en criant : « Vive le général. — Non pas, mes

amis, mais *Vive la France !* » répondit Bouscarens en se
soulevant sur le brancard. Il avait la cuisse brisée par
une balle; l'amputation fut jugée nécessaire; il succomba après l'opération. Mais il avait poussé avant de
mourir, le vrai cri du soldat : *Vive la France.* Oui,
mourons les armes à la main en défendant notre pays,
pourvu que vive la France et qu'elle triomphe de ses
ennemis.

V

AMOUR DE LA GLOIRE

Le maréchal Ney à Ulm. — Bulletins et ordres du jour de Napoléon. — Le colonel Montbrun au combat de Ried. — Mort du général d'Hautpoul après la bataille d'Eylau. — Les chevau-légers polonais à Somo-Sierra. — Les sapeurs du génie à Dantzig. — Le colonel Savary et le 14e de ligne au passage de l'Ukra. — Bataille d'Austerlitz. — Assaut de Malakoff. — La 32e demi-brigade, la 57e, le 84e de ligne, le 2e léger. -- Le sergent Blandan à Beni-Mered.

Le 15 octobre 1805, lors de l'attaque des positions retranchées qui couvraient la place d'Ulm, le maréchal Ney était chargé d'enlever avec son corps d'armée la hauteur dite du Michelsberg. Le corps du maréchal Lannes devait en même temps donner l'assaut au Frauenberg. Ney, dont les troupes avaient moins de chemin à parcourir, les mit en mouvement avant l'entrée en ligne de l'autre corps d'armée. L'empereur Napoléon lui fit dire d'attendre le secours du maréchal Lannes. « La gloire ne se partage pas », répondit fièrement Ney, et, continuant sa marche, il aborda à la baïonnette les retranchements de l'ennemi.

L'amour de la gloire animait alors tous les soldats de la Grande-Armée. Ce mobile est moins noble assurément que le patriotisme. Il a cependant fait accom-

plir de grandes choses : « Chacun veut être vu et
admiré, a dit un écrivain militaire. Ce sentiment inspire les actions les plus généreuses. Il est le mobile
du simple soldat comme du général. Ainsi à tous les
degrés le métier est noble, parce que pour tous il se
compose de sacrifices et se récompense avant tout par
l'estime publique et la gloire[1]. »

Lorsque l'empereur Napoléon était en campagne avec
la Grande-Armée, des *bulletins*, écrits sous sa dictée ou
rédigés sous son inspiration, faisaient connaître le dé-
tail des opérations et distribuaient des éloges et des
critiques, qui excitaient parmi les généraux et les
troupes une vive émulation. A ces bulletins publiés
surtout en vue de frapper l'opinion, s'ajoutaient des
ordres du jour destinés à l'armée. Dans les bulletins
comme dans les ordres du jour, la formule ordinaire de
l'éloge était celle-ci : « Tels généraux, tels officiers, tels
régiments se sont distingués ou se sont particulièrement distingués », ou bien : « Tel combat a fait beaucoup d'honneur à tel corps, à tel officier », ou bien encore : « L'Empereur a été très satisfait de telle troupe,
de tel général. » Le mot de gloire se trouve rarement dans ces bulletins, il n'en a que plus de valeur
pour ceux auxquels il s'applique. En voici quelques
exemples :

---

1. Marmont, *Esprit des institutions militaires*.

Dans la marche de Napoléon sur Vienne, en 1805, la cavalerie conduite par Murat rencontre en avant de Ried l'arrière-garde des Autrichiens, forte de 6,000 hommes. « L'apercevoir et la charger, dit le bulletin, n'a été qu'une même chose pour la cavalerie. » L'ennemi s'étant rallié à l'entrée d'un défilé, fut culbuté par le 1er chasseurs et la division de dragons Beaumont. « *Le colonel Montbrun du 1er chasseurs*, dit encore le bulletin, *s'est couvert de gloire.* » Dès lors et à juste titre Montbrun passa pour un des meilleurs officiers de cavalerie de l'armée. Devenu général de division, il fut tué en 1812 à la bataille de la Moskowa.

Après la bataille d'Austerlitz, l'Empereur, dans une proclamation célèbre, dit aux soldats de toute son armée: « Vous avez décoré vos aigles d'une immortelle gloire. »

Le général d'Hautpoul ayant succombé aux suites des blessures qu'il avait reçues à Eylau dans la grande charge de cavalerie qualifiée par l'empereur lui-même de brillante et inouïe, le bulletin porta la mention suivante : « Le général d'Hautpoul est mort de ses blessures: peu de soldats ont eu une fin plus glorieuse. »

Le 3 novembre 1808, Napoléon marchant sur Madrid trouva le passage du col de Somo-Sierra barré par une division espagnole de 13,000 hommes ; le col était retranché et défendu par 16 pièces de canon. L'Empereur voulant brusquer l'affaire, ordonne au régiment de chevau-légers polonais qui le suivait d'enlever la position au galop. « Une charge que fit le général Montbrun à la tête des chevau-légers polonais, dit le bulletin, décide l'affaire, charge brillante s'il en fut, où le régiment s'est *couvert de gloire.* »

Dans la campagne de 1807, la place de Dantzig ayant capitulé, l'Empereur adresse à l'armée un ordre du jour dans lequel il était dit : « *Les sapeurs* (du génie) *se sont couverts de gloire.* »

Les bulletins postérieurs à cette époque contiennent un peu plus souvent le mot gloire : à mesure que la Grande-Armée perdait de sa valeur première, Napoléon cherchait sans doute davantage à rehausser les actions remarquables. Après le sanglant combat d'Ebersberg livré le 3 mai 1809 aux Autrichiens et qui sera toujours cité comme un des plus meurtriers que l'on connaisse, il était dit au bulletin : *La division Claparède s'est couverte de gloire.* Plus tard, le général *Espagne* commandant une division de cuirassiers, est cité comme ayant été *tué en combattant glorieusement à Essling,* les divisions *Broussier et Gudin* comme s'étant *couvertes de gloire à la bataille de Wagram,* etc., etc.

Si le mot de gloire ne se rencontre pas souvent dans les bulletins de la Grande-Armée, ils n'en sont pas moins des titres de gloire pour tous ceux qui s'y trouvent cités avec distinction. Le 24 décembre 1807, dans la campagne de Pologne, le 7ᵉ corps d'armée, que commandait le maréchal Augereau, effectuait le passage de l'Ukra à Kursomb et culbutait les 15,000 Russes qui défendaient cette rivière. « A peine le 14ᵉ de ligne « eut-il débouché du pont qu'il essuya une charge de « cavalerie qu'il soutint avec l'intrépidité ordinaire à « l'infanterie française, mais un malheureux lancier « pénétra jusqu'à la tête du régiment et vint percer « d'un coup de lance le colonel Savary, qui tomba mort. « C'était un brave soldat: il était digne de commander « un si brave corps. Le feu à bout portant qu'exécuta « son régiment et qui mit la cavalerie ennemie dans « le plus grand désordre fut le premier des honneurs « rendus à sa mémoire. »

Ces dernières lignes sont extraites littéralement du huitième bulletin de la campagne de Pologne. Quel plus beau titre de gloire pourrait-on imaginer pour le colonel Savary et pour le 14ᵉ de ligne ! Et que ne ferait pas un brave soldat pour assurer à son régiment une gloire pareille !

On a dit que la gloire était l'apanage exclusif des grands chefs et que ni le soldat ni même l'officier subalterne n'en avait sa part. C'est là se méprendre sur le sens du mot gloire. Le grenadier d'une des demi-brigades de l'ancienne République, lorsqu'il rentrait dans ses foyers pour y goûter les loisirs de la retraite après avoir accompli quelques-unes de ces actes d'audace ou d'héroïsme qui nous semblent aujourd'hui dus à des êtres surnaturels, était entouré, aux yeux des gens de son village et des villages voisins, d'une auréole de gloire et de respect, puisqu'il jouissait de la réputation et de l'estime que donnent les grandes actions. Il en fut de même plus tard des vétérans de la Grande-Armée, des soldats de Crimée et d'Algérie. Il en est encore aujourd'hui de même lorsque revient du Tonkin dans son pays natal le héros de quelque lutte sanglante soutenue contre les infatigables pirates de ce pays semé d'embûches. Qu'importait aux vétérans de la République et de l'Empire, aux combattants de Sébastopol et de Solférino, qu'importe aux soldats d'aujourd'hui l'horizon restreint qui borne sa gloire personnelle, si sa vie elle-même se passe dans ces limites restreintes? Lorsque la position s'élève, l'horizon s'agrandit, l'homme voit plus loin : sa gloire est plus répandue, mais elle a aussi ses bornes. Tel que nous croyons connu du monde entier est aussi bien ignoré dans quelque coin isolé au milieu des montagnes ou parmi les peuplades barbares habitant des contrées encore inexplorées que le plus humble des serviteurs de la France.

Les officiers subalternes, les sous-officiers et les soldats participent d'ailleurs à la gloire collective des régiments, des divisions, des armées auxquelles ils ont appartenu. Après la bataille d'Austerlitz, Napoléon disait à tous les soldats de la Grande-Armée, dans la proclamation que nous avons déjà rappelée : « Il vous suffira de dire *j'étais à la bataille d'Austerlitz* pour que

l'on réponde voilà un brave ! » Quel est de nos jours le
simple troupier revenu de Crimée qui ne se soit pas
redressé fièrement en entendant dire autour de lui : il
était à l'assaut de Malakoff? Croit-on qu'un ancien lieutenant, sergent, caporal ou soldat de la 32ᵉ demi-brigade, celle dont Bonaparte disait après une bataille
d'Italie : « J'étais tranquille, *la 32ᵉ était là* », ou de la 57ᵉ
surnommée *la Terrible,* ou du 84ᵉ de ligne qui, en mémoire de la défense héroïque de Grätz, portait gravée
sur son aigle l'inscription *Un contre dix,* ou dans des
temps plus récents, du 2ᵉ léger immortalisé par la retraite de Constantine, n'ait senti rejaillir sur lui la
gloire de son régiment ou de sa demi-brigade ?

Et puis, il est des noms de sous-officiers et de soldats
restés aussi célèbres que ceux des généraux. L'histoire
a, dans les temps anciens, conservé le nom du soldat
grec qui expira sur la place d'Athènes après être venu
apporter en courant la nouvelle de la victoire de Mara-
thon. Le sergent Lafleur, sous le règne de Louis XIV,
partagea la gloire acquise par le marquis de Chamilly
pour la belle défense de la place de Grave. Ce sergent
était sorti en partisan avec 21 soldats et rentrait avec
plusieurs prisonniers lorsqu'il tomba au milieu d'un
détachement de 200 Hollandais sorti de Bois-le-Duc.
Sans se laisser effrayer, il gagna une petite cassine
qui s'élevait au bord de la route, s'y retrancha et ouvrit
un feu si meurtrier que 34 Hollandais restèrent sur le

terrain ; les autres prirent la fuite. Lafleur rentra dans Grave en y ramenant tous ses prisonniers et n'ayant perdu qu'un homme tué et un blessé. Louis XIV le nomma lieutenant, faveur bien rare en ces temps-là pour les sous-officiers, et le nom de Lafleur devint populaire comme celui d'un grand général.

On trouvera dans les pages qui vont suivre d'autres exemples de cette gloire dévolue aux plus humbles. Pour le moment nous n'en citerons qu'un, celui du sergent Blandan, dont le nom modeste brille dans l'histoire de nos guerres d'Algérie à l'égal de ceux de Clauzel, de Bugeaud, de Lamoricière, de Changarnier, etc. Elle est bien connue, l'histoire du sergent Blandan, et cependant il nous faut la redire encore. La légende des traits de bravoure et d'héroïsme de l'armée française serait incomplète s'il y manquait le récit du combat de Mered. Nous ne saurions mieux faire à ce sujet que de reproduire les termes de l'ordre du jour du maréchal Bugeaud, alors gouverneur de l'Algérie :

« Le 11 avril 1842, 21 hommes portant la correspondance sont assaillis en plaine entre Bouffarick et Mered par deux ou trois cents cavaliers arabes : le chef des soldats français, tous du 26ᵉ de ligne, était un sergent nommé *Blandan*. L'un des Arabes croyant à l'inutilité de la résistance d'une si faible troupe, s'avance et somme Blandan de se rendre : celui-ci répond par un coup de fusil qui le renverse ! Alors s'engage un combat

acharné, Blandan est frappé de trois coups de feu ; en
tombant il s'écrie :

« Courage, mes amis, défendez-vous jusqu'à la
mort ! »

« Sa noble voix a été entendue de tous, et tous ont été
fidèles à son ordre héroïque ; mais bientôt le feu supérieur des Arabes a tué ou mis hors de combat 17 de nos
braves, plusieurs sont morts, les autres ne peuvent plus
manier leurs armes ; quatre seulement restent debout,
ce sont Biré, Girard, Stal et Marchand ; ils défendent
encore leurs camarades morts ou blessés, lorsque le
lieutenant-colonel Morris, du 4ᵉ chasseurs d'Afrique,
arrive de Bouffarick avec un faible renfort. En même
temps le lieutenant du génie de Jouslard, qui exécute
les travaux de Mered, accourt avec un détachement de
30 hommes ; le nombre des nôtres est encore très infé-
rieur à celui des Arabes, mais compte-t-on ses ennemis
quand il s'agit de sauver un reste de héros ?.. Des deux
côtés on se précipite sur la horde de Ben-Salem ; elle
fuit et laisse sur la place une partie de ses morts.... »
Le général Bugeaud (il n'était pas encore maréchal)
cite ensuite les noms de tous les combattants de Mered,
16 soldats du 26ᵉ de ligne, un brigadier et 2 chasseurs
du 4ᵉ chasseurs d'Afrique, et le sous aide-major Ducrot
qui, rejoignant son poste avec la correspondance, avait
saisi le fusil d'un blessé et combattit jusqu'à ce que son
bras eût été brisé. On raconte aussi que le lieutenant-
colonel Morris mettant pied à terre s'approcha de Blandan, dont les lèvres déjà livides murmuraient encore :

« Courage, mes amis, défendez-vous jusqu'à la mort... !» Il détache sa propre croix de la Légion d'honneur et la met dans la main du sergent qui la porte à ses lèvres et expire en la baisant. Un obélisque fut élevé sur le lieu du combat à l'aide d'une souscription publique. Grâce à une autre souscription, la statue du sergent Blandan a été érigée à Bouffarick et inaugurée, le 1er mai 1887, devant une foule immense venue de France et de tous les points de la province d'Alger.

Tous les ans, l'anniversaire du 11 avril 1842 est célébré au 26e de ligne par une fête à laquelle prend part tout le personnel du régiment. Revue d'honneur passée par le colonel; lecture des ordres du maréchal Bugeaud; exécution de la cantate de Blandan; défilé devant la statue du sergent; service funèbre à la Cathédrale, auquel assistent toutes les autorités civiles et militaires; jeux, escrime, gymnastique; banquet, tel est le programme de cette fête annuelle, où figure le dernier survivant de Beni-Mered, le fusilier Marchand.

VI

ARDEUR

L'ardeur, autrement dit le feu sacré, qui fait porter le
soldat au-devant du danger et lui inspire l'élan nécessaire pour vaincre les obstacles qui s'opposent à sa marche, est une des qualités militaires les plus essentielles,
mais l'excès de cette qualité peut à la guerre occasionner des désastres. Au début de la campagne de 1806, en
Prusse, le maréchal Ney avait reçu de l'Empereur l'ordre d'arriver au plus vite sur le champ de bataille
d'Iéna. Brûlant d'impatience, le maréchal n'emmena
avec lui qu'un corps d'avant-garde composé du 25ᵉ léger, de deux bataillons de grenadiers et de voltigeurs,
de la brigade de cavalerie légère du corps d'armée,
comprenant les 10ᵉ chasseurs et 3ᵉ hussards, et de quelques pièces d'artillerie légère. Le tout formait un effectif de 4,000 hommes d'élite, placés sous les ordres d'un
des plus jeunes, des plus brillants et déjà des plus illustres parmi les généraux de cavalerie, Auguste Col-

bert. Le 14 octobre, Ney gravit avant le point du jour, avec cette avant-garde et au milieu du plus épais brouillard, les pentes escarpées du plateau sur lequel se trouvaient déjà le corps du maréchal Lannes et la garde impériale. Au moment où il déboucha sur le plateau, la bataille était suspendue pour laisser de part et d'autre aux renforts demandés le temps d'entrer en ligne. Ney, accueilli par le feu violent d'une nombreuse artillerie, donna ordre au général Colbert de charger sur cette artillerie avec ses deux régiments de chasseurs et de hussards. Cet ordre fut exécuté avec un indicible élan ; le 10e chasseurs, par une manœuvre habile, tomba sur le flanc de la batterie prussienne et s'empara de 13 canons, mais aussitôt chargé par trois régiments de grosse cavalerie, il fut assez vivement ramené et secouru par le 3e hussards qui, avec le même succès, répéta la même manœuvre.

A ce moment le brouillard se dissipa et l'Empereur, très étonné déjà d'entendre la reprise de la canonnade, aperçut tout à coup la petite avant-garde du 6e corps aux prises avec des forces très supérieures. Dissimulant son mécontentement, il la fit appuyer d'abord par quelques régiments de cavalerie et, pour la soutenir, donna l'ordre à tous les corps d'armée de reprendre la bataille. Il n'eut ensuite dans le bulletin que des paroles de louange pour le maréchal Ney et pour son avant-garde, mais lorsque, neuf ans plus tard, il vit à Waterloo la bouillante ardeur de Ney engager prématurément dans la mêlée vingt régiments de cavalerie d'élite, il se rappela la journée du 14 octobre 1806 et dit au maréchal Soult qui se tenait auprès de lui : « Voilà Ney qui va tout compromettre encore comme à Iéna. »

L'ardeur a été de tout temps la qualité maîtresse du soldat français ; elle nous a fait remporter bien des victoires, mais les annales de notre armée fourmillent d'exemples d'une ardeur intempestive suivie de résultats fâcheux. Lorsqu'à la fin de 1808, l'empereur Napoléon partit de Madrid pour se mettre à la poursuite des Anglais qui, entrés en Espagne depuis deux mois, dirigeaient vers le port de Corogne pour s'y rembarquer après les échecs subis par les armées espagnoles, les chasseurs à cheval de la garde impériale formèrent l'avant-garde de la colonne avec laquelle marchait Napoléon. Le général Lefebvre-Desnoëttes, colonel des chasseurs, arrivant le 29 décembre au bord de l'Ezla, rivière grossie par les pluies, avec trois escadrons de son régiment et, trouvant le pont de Benavente coupé, passa la rivière à la nage pour se porter sur cette ville ; il se trouva tout à coup en face de toute la cavalerie anglaise, forte de 2,000 chevaux et rangée en bataille. Il fit bonne contenance, mais dans ce combat de 400 hommes contre 2,000, il fallut enfin céder au nombre. Les chasseurs parvinrent à se faire jour et à repasser la rivière, mais quelques-uns d'entre eux restèrent aux mains des Anglais, ainsi que le général Lefebvre-Desnoëttes, dont le cheval fut tué et qui, blessé lui-même

d'un coup de pistolet, allait se noyer lorsqu'il fut sauvé
par des cavaliers anglais qui l'emmenèrent prisonnier.
Les journaux d'Angleterre firent grand bruit de cette
affaire où, disaient-ils, leur cavalerie avait battu toute
la cavalerie de la garde impériale forte de 5,000 hommes. Quant à Napoléon, qui plaçait la bravoure et l'ardeur au-dessus de toutes les autres qualités, il se montre très indulgent pour le général Lefebvre. « Ce général a sans doute fait une faute, fit-il mettre au bulletin
de la Grande-Armée, mais cette faute est d'un Français ; il doit être à la fois blâmé et récompensé. »

Cette faute, ou plutôt les fautes de ce genre étaient
fréquentes dans la cavalerie française; le général Lasalle, le meilleur des officiers de cavalerie légère de
l'armée, poursuivait au mois de mars 1809 l'armée
espagnole du Centre avec sa division, composée des 5ᵉ
et 10ᵉ chasseurs, des lanciers polonais et du 2ᵉ hussards.
Après un premier engagement le 21 mars, engagement
dans lequel l'arrière-garde ennemie avait été repoussée,
le colonel Subervie, commandant le 10ᵉ chasseurs, avait
pris la tête de la division, courant au galop, sabrant et
serrant de près les Espagnols. Entraîné par son ardeur,
il s'éloigna de plus d'une heure du reste de la colonne
et tomba dans une embuscade que lui avaient tendue
les Espagnols. Les chasseurs dispersés et fatigués,
brusquement assaillis par plusieurs escadrons de cavalerie d'élite, ne purent se rallier. En quelques minutes,

plus de cent d'entre eux furent mis hors de combat ;
une soixantaine d'autres, restés vivants au pouvoir de
l'ennemi, furent massacrés avec des raffinements de
cruauté et odieusement mutilés. Le colonel Subervie
ne se tira d'affaire avec le reste du régiment qu'à
force de bravoure, et le général Lasalle, accourant à
toute vitesse avec le 2ᵉ hussards, ne trouva plus sur le
terrain de la lutte que les cadavres mutilés des cavaliers du 10ᵉ chasseurs. Il fallut attendre la prochaine
bataille pour punir les Espagnols de ce cruel massacre.
Victorieux à Medellin le 28 mars 1809, les chasseurs et
les hussards de Lasalle, ainsi que les dragons de Latour-Maubourg, ne firent aucun quartier aux vaincus,
dont plusieurs milliers restèrent sur le terrain.

La cavalerie n'eut jamais, d'ailleurs, le monopole des
ardeurs intempestives, et plus d'une entreprise brillamment entamée a échoué, faute par les troupes qui en
étaient chargées d'avoir su s'arrêter à temps et se renfermer dans les limites du programme qui leur avait été
fixé d'avance.

Pendant le siège de Sébastopol, le 2ᵉ corps d'armée
fut chargé, le 7 juin 1855, de s'emparer des ouvrages
de contre-approche élevés par les Russes en avant des
défenses de Karabelnaïa. La division Camou devait attaquer la redoute dite du *Mamelon-Vert*; la division Mayran avait pour objectif les retranchements connus sous
le nom d'*Ouvrages-Blancs* ; au signal donné, le 3ᵉ zoua-

ves et le 50ᵉ de ligne s'élancèrent avec ardeur sur le Mamelon-Vert, dont le parapet fut en un clin d'œil surmonté du drapeau du 50ᵉ, planté de la main même du colonel de Brancion. Malheureusement nos soldats s'acharnant à la poursuite des Russes, ne surent pas se maintenir sur le terrain conquis ; entraînés par un excès d'ardeur sur les pas d'un officier supérieur qui assistait à l'action en volontaire, ils franchirent d'un bond les 400 mètres qui les séparaient du bastion de Malakoff et arrivèrent jusqu'au bord du fossé où, dépourvus de tout moyen d'attaque, ils furent forcés de s'arrêter. De fortes réserves sortant de la place se précipitèrent alors sur eux, rentrèrent à leur suite dans la lunette un instant conquise par nous et les repoussèrent en désordre dans les tranchées. Il nous fallut livrer un deuxième assaut, plus difficile et plus meurtrier que le premier, pour rester définitivement maîtres du Mamelon-Vert. Le même fait se passa aux Ouvrages-Blancs, où le général Mayran, se laissant entraîner par un même excès d'ardeur, se jeta à la poursuite des Russes, fut ramené vivement par une forte colonne ennemie et perdit dans sa retraite un grand nombre d'hommes, ainsi qu'un canon de petit calibre qu'il avait emmené avec lui. Le général Pélissier, commandant en chef de l'armée d'Orient, lui reprocha le lendemain en termes sévères cet oubli des ordres qu'il avait reçus.

Si l'excès d'ardeur est un défaut français, l'ardeur

elle-même a toujours été la qualité essentielle de notre
armée, et c'est à elle que nous avons dû la plupart de
nos victoires. L'immobilité et la marche en retraite
sont plus funestes à nos soldats qu'elle ne l'est aux soldats de toutes les autres armées. Déjà en 1635, dans la
fameuse campagne de la Valteline, le duc de Rohan,
qui commandait en chef l'armée française, écrivait
après le combat de Serravalle : « Si l'on avait à se plaindre, ce serait du trop d'ardeur des soldats, mais les généraux aimeront toujours mieux qu'ils aient besoin plus
de caveçon que d'éperon. »

A la bataille de Sédiman, dans la Haute-Égypte
(janvier 1799), le général Desaix était aux prises avec
les Mamelucks de Mourad-Bey, assistés par des mul-
titudes d'Arabes : il avait disposé toute son infanterie
en un grand carré qui résistait victorieusement aux
attaques réitérées des cavaliers ennemis, mais quatre
pièces de canon en batterie sur les retranchements
qui couvraient le village de Sédiman foudroyaient nos
soldats et leur causaient des pertes énormes. Le cœur
de Desaix était ému à l'aspect des nombreux blessés
qui gisaient à terre ; craignant s'il se portait en avant
de les exposer à la fureur de l'adversaire, qui ne faisait aucun quartier, il se disait qu'il valait peut-être
mieux battre en retraite jusqu'au Nil en transportant
ses blessés sur la flottille ; il crut devoir consulter à ce
sujet le général Friant, qui commandait une de ses brigades. « Général, lui répondit le brave Friant en lui
montrant les retranchements, c'est là-haut qu'il faut

aller, la victoire ou la mort nous y attend ; nous ne devons pas différer l'attaque d'un moment si nous ne voulons pas courir les risques d'une destruction totale en
faisant retraite. — C'est aussi mon sentiment, répliqua
Desaix, mais je ne puis m'empêcher d'être ému en voyant
ces braves gens périr de la sorte. — Si je suis blessé,
s'écria alors Friant, qu'on me laisse sur le champ de
bataille. » A ce mot, Desaix embrasse son lieutenant
et commande d'une voix forte : « *En avant* — En avant! »
répète le général Friant. La charge bat et communique
une ardeur nouvelle à la troupe qui, comme électrisée
par la voix et par l'exemple de ses chefs, enlève en un
clin d'œil les formidables retranchements.

L'assaut de Valenciennes pendant la campagne de
1677 est certainement, parmi les actions les plus extraordinaires des guerres de l'ancien régime, celle dans
laquelle l'ardeur des troupes joua le rôle le plus éclatant. L'armée était commandée par Louis XIV en personne, mais le commandement réel était exercé sous le
nom du roi par le maréchal de Luxembourg, et le siège
était dirigé par Vauban, le plus illustre des ingénieurs
de tous les temps et de tous les pays. La ville de Valenciennes était couverte en avant du front d'attaque
par un triple rang d'ouvrages extérieurs, que séparaient
entre eux de larges fossés. Sur l'avis de Vauban, il fut
décidé que le premier de ces ouvrages serait attaqué de
vive force par deux fortes colonnes d'assaut d'un effectif

total de plus de 4,000 hommes. En tête de ces colonnes se trouvaient les deux compagnies de mousquetaires de la garde du roi (mousquetaires gris et mousquetaires noirs), composées de jeunes gentilshommes qui faisaient là leur apprentissage du métier de la guerre. Ces deux compagnies étaient appuyées par les grenadiers à cheval de la garde du roi; les vieux régiments de Picardie et de Piémont se tenaient prêts à les soutenir. Au signal donné par neuf coups de canon, les colonnes d'assaut s'élancent brusquement hors de la parallèle, escaladent la fortification sur plusieurs points et tombent sur les défenseurs de l'ouvrage qui, surpris par cette attaque soudaine, prennent la fuite. Les mousquetaires s'élancent sur leurs pas, laissant aux troupes d'infanterie qui venaient derrière eux le soin de s'installer sur le terreplein de l'ouvrage conquis.

Appuyés par les grenadiers de la garde, qui ne veulent pas les quitter, ces soldats gentilshommes tournent, franchissent ou escaladent les traverses, les fossés, les parapets, poussent devant eux la foule éperdue des défenseurs qui semblent avoir perdu la tête, et tout à coup en débouchant d'une poterne ils se trouvent dans l'enceinte même de la ville. Une troupe de cavalerie accourant au bruit s'apprête à les charger, quelques-uns d'entre eux se jettent dans les maisons, tandis que les autres croisent la baïonnette et que les grenadiers, prenant possession du rempart, retournent les canons contre la ville. Surpris de cette canonnade, Louis XIV et son état-major aperçoivent sur les remparts de Valenciennes l'habit rouge des mousquetaires ; le maréchal de Luxembourg se met alors à la tête des quatre compagnies des gardes du corps qui venaient de se loger dans le premier ouvrage, et suivi de près par l'infanterie il vient rejoindre les hardis mousquetaires. La garnison se rend prisonnière, et les chefs de l'armée française n'ont plus qu'une préoccupation : empêcher le pillage. Cet étonnant coup de main n'avait pas coûté à l'armée de Louis XIV plus de 40 hommes tués ou blessés. (Camille Rousset, *Histoire de Louvois*.)

L'histoire des guerres de la Révolution et de l'Empire est pleine de faits qui prouvent qu'avec leur ardeur employée à propos les troupes françaises sont capables de tout. Il est une foule de circonstances dans lesquelles la prudence semble commander la retraite au chef d'une troupe qui se trouve tout à coup en présence de forces supérieures et où, cependant, la retraite serait le pire de tous les partis à prendre. Il faut alors, sous peine d'être écrasé par le nombre, dissimuler l'infériorité numérique sous l'impétuosité de l'attaque. Le 10 octobre 1805, la division Dupont, qui faisait partie du corps du maréchal Ney, 6e de la Grande-Armée, et qui se trouvait seule devant la place d'Ulm, sur la rive gauche du Danube, reçut l'ordre de refouler les troupes autrichiennes dans l'intérieur de la place. Dupont se trouva tout à coup, près du village d'Haslach, en présence d'une armée de 25,000 hommes qui cher-

chait à gagner la campagne ; il n'en avait que 6,000.
Il comprit très bien que s'il cherchait à battre en retraite il serait infailliblement écrasé ; il fit donc appel
à toute l'ardeur de ses troupes et prit résolument l'offensive. L'ennemi fut arrêté dans son mouvement, et la
division Dupont, victorieuse, resta maîtresse du terrain
jusqu'à ce que la nuit vînt lui permettre de battre en
retraite sans danger.

Quelques jours plus tard, il fallait toute l'ardeur
des troupes du 6e corps pour enlever à la course les
hauteurs d'Elchingen qui dominent la rive gauche
du Danube. L'empereur Napoléon avait confié cette
tâche redoutable au maréchal Ney. Il devait d'abord,
sous un feu des plus meurtriers, rétablir le pont dont
les travées avaient été brûlées par l'ennemi et s'emparer ensuite du village et de l'abbaye d'Elchingen
gardés par 20,000 hommes. Ney, à cheval, en grande
tenue, paré de toutes ses décorations, ayant de l'eau
jusqu'au ventre de son cheval, présidait lui-même aux
réparations du pont et attendait impatiemment qu'elles
fussent achevées. Enfin, le dernier chevalet est à moitié recouvert. Ney donne le signal : en un clin d'œil
le fleuve est franchi par nos hardis fantassins, les maisons du village qui s'élevaient en amphithéâtre, bordant
des rues tortueuses, sont enlevées l'une après l'autre,
ainsi que le couvent qui couronnait le sommet. L'infanterie autrichienne, pour arrêter cet élan, se forme en
carrés. Nos dragons, nos chasseurs et nos hussards culbutent ces carrés, dont nos bataillons victorieux achè-

vent la déroute. La position a été brillamment conquise. Tout a été pour le maréchal Ney et ses vaillantes troupes l'affaire d'un instant.

Il semble qu'en escaladant des hauteurs escarpées aux pentes en apparence inaccessibles, le soldat français soit dans son élément. Le 18 juillet 1744, les troupes du roi de Sardaigne se croyaient à l'abri derrière les retranchements de Pierrelongue, protégés par un torrent dont le pont avait été coupé. Les crêtes des montagnes passaient pour impraticables. On n'y trouvait ni eau ni bois. Tout à coup le roi de Sardaigne aperçoit les drapeaux du régiment de Poitou flottant sur les cimes : « Il faut, s'écrie-t-il avec dépit, que ce soient des diables ou des Français ! »

En Crimée, le 20 septembre 1854, la division Bosquet, chargée de tourner la gauche de l'armée russe, franchit la rivière de l'Alma et surgit tout à coup sur le plateau où l'ennemi se croyait en sûreté. Les zouaves du 3e régiment, formant la tête de colonne de la brigade d'Autemarre, après avoir traversé l'Alma, s'élancent sur l'escarpement qui borde la rive gauche et, s'accrochant aux aspérités du roc, grimpant au plus court avec l'agilité du chat, atteignent le sommet d'où ils dirigent sur les Russes étonnés un feu de tirailleurs des mieux nourris. Pendant ce temps l'artillerie, avec une ardeur égale, s'engageait dans un mauvais et rapide chemin, à peine praticable pour les charrettes légères

du pays traînées par des bœufs. Vingt hommes par
pièce poussent aux roues de l'avant-train et de l'affût ;
les chevaux d'attelage, excités par le fouet des conduc-
teurs, tirent à plein collier. Il fallait dans certains
passages, d'une raideur plus prononcée, s'y reprendre à
plusieurs fois ; l'entrain des canonniers et des zouaves
qui les aidaient vint à bout de toutes les difficultés.
Bientôt les six pièces de la batterie qui marchait en
tête s'alignèrent sur le plateau et le premier coup de
canon donna le signal de la bataille, c'est-à-dire de la
victoire.

A Alba-de-Tormès, le 28 novembre 1809, le général Kellermann qui, avec deux divisions d'infanterie et
une de cavalerie, marchait contre l'armée espagnole du
duc del Parque, se trouve subitement en présence de
cette armée forte de 15,000 hommes. Il n'avait avec lui
que sa cavalerie, comprenant six régiments de dragons
et deux régiments de cavalerie légère ; son infanterie
le suivait à distance. Sans donner aux Espagnols le
temps de se reconnaître, Kellermann lance sur eux à
toute vitesse sa cavalerie légère et une brigade de dragons, tandis qu'une autre brigade de dragons, profitant
habilement de la conformation du terrain, tourne la
ligne ennemie qui recule en désordre ; la troisième brigade, laissée en réserve, s'élance à son tour avec la
même ardeur et achève la déroute de l'armée du duc
del Parque. Cette armée est complètement dispersée :

3,000 tués ou blessés restent sur le terrain avec six drapeaux et quinze canons. Telle avait été l'ardeur des cavaliers de Kellermann qu'ils perdirent seulement 8 tués et 57 blessés.

C'est une ardeur semblable qui anima le colonel Morris et le 2e chasseurs d'Afrique à la bataille d'Isly, le 12 août 1844. L'innombrable cavalerie marocaine enveloppait la petite armée du maréchal Bugeaud, dont les carrés d'infanterie opposaient à cette fougueuse attaque une ligne impénétrable de baïonnettes, tandis que l'artillerie brisait par de fréquentes décharges la masse compacte des assaillants. Soudain, à l'ordre du maréchal, les 1er, 2e et 4e régiments de chasseurs d'Afrique, le 2e hussards, les spahis sortent dans les intervalles des carrés. Tandis que les spahis et le 4e chasseurs d'Afrique se dirigent sur le camp des Marocains et que le 1er chasseurs d'Afrique reste en réserve avec le 2e hussards, les six escadrons du 2e chasseurs d'Afrique, entraînés par le colonel Morris, se ruent avec un indicible élan sur les cavaliers ennemis rejetés dans l'Isly par cette charge brillante. Nos chasseurs s'emparent d'un nombre considérable de drapeaux, dont le premier est enlevé par le colonel Morris. Mais cette masse de cavalerie se reforme promptement et fond sur l'aile droite de notre armée. Il y avait là près de 6,000 chevaux, et parmi eux ceux de la garde noire de l'empereur du Maroc. Morris, afin de dégager l'infanterie, rallie ses escadrons entraînés par l'ardeur de la poursuite; mais à la vue de sa faible troupe, les cavaliers marocains se rabattent au galop sur elle en poussant déjà des cris de victoire. Par une manœuvre habile et rapidement exécutée, le 2e chasseurs d'Afrique tombe sur le flanc de cette masse tourbillonnante. Après un combat acharné, les Marocains écrasés s'enfuient à fond de train en s'engouffrant dans une gorge où, poursuivis par leurs vainqueurs, ils laissent entre les mains des chasseurs de Morris quantité d'armes, de chevaux et d'étendards.

Pendant la guerre du Mexique, les troupes du président Juarès ayant été dispersées aux combats de Durango, de Saltillo et de Montérey, une force de 3,000 hommes, formant la dernière troupe constituée pour défendre sa cause, occupait la forte position du *Cerro de Majoma*, défendue par 26 canons. Le colonel Martin, commandant une colonne de 530 Français et 80 Mexicains sans artillerie, s'étant heurté à cette position et ayant jugé avec raison qu'une troupe aussi nombreuse ne le laisserait pas battre en retraite sans se précipiter sur sa colonne pour l'écraser, n'hésita pas à prendre l'initiative de l'attaque. Il fut tué dès le début de l'engagement, mais l'ardeur de ses troupes fut telle que l'ennemi, culbuté, fut mis dans une déroute complète par le chef de bataillon Japy, qui avait remplacé le colonel Martin dans le commandement. Ce brillant combat mit fin pour le moment à toute résistance de la part de Juarès.

VII

AUDACE

« A la guerre, disait le général Édouard de Colbert, l'art de réussir n'est souvent que l'art d'oser. » Nulle part, en effet, le vieux dicton « qui ne risque rien n'a rien », n'est vérifié par l'événement avec autant d'éclat que dans les opérations militaires. L'audace ne doit pas être confondue avec l'ardeur; telle opération difficile et périlleuse, qui demande chez celui qui l'entreprend une grande puissance de volonté, doit être exécutée froidement; trop d'ardeur y nuirait au succès. L'audace est également distincte de la témérité; on est audacieux sans être téméraire toutes les fois qu'après avoir pris une résolution, si chanceuse qu'elle soit, on n'a négligé aucune précaution pour en assurer le succès.

Le général Lecourbe fut dans les armées de la Révolution un des généraux les plus audacieux en même temps que les plus avisés. Chargé, le 19 juin 1800, d'opérer le passage du Danube à Gremheim et dépourvu de toutes les ressources nécessaires, il forma une compagnie de 90 soldats nageurs, choisis dans les troupes de son corps d'armée et placés sous le commandement du capitaine Grometz, adjudant-major à la 94e demi-brigade. Une batterie de quelques pièces, démasquée à la pointe du jour, essaya d'éloigner les postes qui se trouvaient sur la rive ennemie, mais loin d'abandonner la place, ces postes répondirent par un feu très vif, sous lequel le capitaine Grometz et ses nageurs s'élancèrent dans le fleuve pour le traverser. Leurs habits et leurs armes étaient portés sur deux nacelles qu'un officier d'état-major, intrépide nageur lui-même, avait été enlever sur la rive gauche et qu'il avait ramenées sur la rive droite au milieu d'une grêle de balles. Deux sapeurs du génie dirigeaient ces deux nacelles et abordèrent à la rive gauche en même temps que la compagnie des nageurs qui, sans s'inquiéter de leurs vêtements, saisirent immédiatement leurs fusils et leurs gibernes, pour se précipiter à la baïonnette sur le premier poste ennemi. Ce poste fut fait prisonnier, un détachement plus considérable qui se trouvait en arrière fut culbuté et abandonna le village de Gremheim. Un parti de cavalerie essaya de charger sur les hardis nageurs qui, s'embusquant derrière des haies et faisant feu sur les cavaliers, les forcèrent à rétrograder. Pendant ce temps, les deux nacelles étaient repassées sur la rive droite, d'où elles ramenèrent quelques soldats d'infanterie légère. Ainsi renforcé, le capitaine Grometz marcha sur une batterie de deux pièces de canon, s'en empara et fit tourner les pièces contre les Autrichiens. Plusieurs sapeurs et grenadiers traversèrent alors le fleuve au moyen d'échelles placées sur les piles du pont de Blenheim et s'empressèrent de rétablir les tabliers de ce pont et de celui de Gremheim. Ces deux villages furent bientôt occupés par la brigade du général Puthod; ainsi commença la journée qui devait se terminer par la brillante victoire d'Hochstædt. (*Victoires et conquêtes.*)

Dans cette campagne de 1800, les fleuves et les rivières, qui semblaient barrer la route à l'armée française, furent franchis les uns après les autres par de véritables coups d'audace. Après la bataille d'Hohenlinden, gagnée le 3 décembre par l'armée du Rhin, sous les ordres de Moreau, sur l'armée autrichienne de l'archiduc Jean, les vaincus furent poursuivis avec une vigueur et une rapidité dont on trouve bien peu d'exemples dans l'histoire. Le passage de l'Inn fut forcé par Lecourbe à Neubeuern, et les Autrichiens se retranchèrent dans de fortes positions sur la rive droite de la Salza. Tandis que Lecourbe continuait sa marche sur Salzbourg, où il se heurtait au gros de l'armée ennemie et rencontrait une résistance inattendue, le général

Decaen se présentait avec son avant-garde devant le pont de Lauffen. Quatre arches de ce pont avaient été détruites, toutes les barques avaient été enlevées par les Autrichiens et reportées sur la rive droite ; il n'en restait plus une seule sur la rive gauche ; trois intrépides soldats de la 14e demi-brigade d'infanterie légère, le tambour Bernard et les deux chasseurs Lamalle et Poiron, aperçurent une barque sur cette rive, à une demi-lieue au-dessus du pont de Lauffen. Malgré le froid excessif et la rapidité du courant de la Salza, rivière torrentueuse, ils n'hésitèrent pas à se jeter à l'eau ; ils traversèrent la rivière à la nage, parvinrent avec la plus grande peine à décrocher la barque, essayèrent de l'amener à la rame et furent reportés deux fois par le courant sur la rive droite. Deux d'entre eux se jetèrent alors de nouveau à la nage et, au moyen d'une corde qui tenait à la barque, parvinrent enfin à une île qui n'était séparée de la rive gauche que par un bras peu profond. Ce trait de courage inspira le plus vif enthousiasme. Un certain nombre de chasseurs, à la tête desquels se mirent le capitaine Jean et l'adjudant-major Cornil, traversèrent à gué le petit bras, s'embarquèrent et descendirent sur la rive droite. Le général Decaen fit passer par ce moyen 400 hommes, qui s'emparèrent de plusieurs autres bateaux, prirent un village, y laissèrent un poste après avoir barricadé les débouchés par lesquels on pouvait l'assaillir et marchèrent dans le plus grand silence sur la tête de pont, d'où l'ennemi, attaqué à l'improviste et chargé à la baïonnette, fut mis en fuite en laissant plus de 100 prisonniers. Quelques barques qui se trouvaient encore à la rive droite furent presque aussitôt employées à un second passage, et 800 hommes se trouvèrent bientôt réunis pour travailler pendant la nuit à réparer le pont sous la direction du capitaine Valée (maréchal de France en 1837). En même temps on construisit un pont volant pour faire passer l'artillerie ; tout fut prêt à huit heures du matin. La division Decaen fut rapidement transportée sur la rive droite et marcha sur la ville de Salzbourg que l'ennemi évacua, laissant ainsi le champ libre au corps du général Lecourbe. (*Rapport officiel du général Decaen.*)

Lors de la bataille de Zurich, en 1799, le général Soult, chargé de franchir la Linth en présence d'un corps d'armée autrichien, organisa une compagnie de 150 nageurs, commandée par l'adjudant-major Dellard, et rassembla un certain nombre de bateaux portés sur des haquets. Ces bateaux furent amenés pendant la nuit à Bilten par des chemins boueux, qu'il fallut recouvrir de madriers. Le bruit des roues sur les madriers attira l'attention de l'ennemi, qui ouvrit le feu ; les tirailleurs y répondirent. Le capitaine Dellard se jette à l'eau avec ses nageurs, le sabre aux dents, un pistolet attaché sur sa tête ; ils abordent à l'autre rive et dispersent les postes autrichiens ; aussitôt les bateaux sont mis à l'eau ; 800 hommes passent et engagent une fusillade au bruit de laquelle accourt le général en chef autrichien Hotze, qui fut tué ; d'autres troupes passent successivement et chassent l'ennemi de la rive droite, dont la division Soult devient maîtresse.

Quelque extraordinaires que puissent paraître ces trois passages de rivière, en voici un cependant qui ne leur cède en rien sous le rapport de l'audace et qui sauva toute une armée d'une perte imminente.

Surprise en Portugal par les Anglais, au mois de juillet 1809, l'armée du maréchal Soult avait été forcée de détruire toute son artillerie et ses bagages pour essayer de regagner l'Espagne, à travers un pays des plus montueux, par des sentiers à peine praticables. Poursuivie par l'ennemi, harcelée par les milices portugaises et par les montagnards, arrêtée à chaque instant par des torrents que les pluies avaient grossis, cette armée se trouvait dans la situation la plus critique. « Les soldats étaient pieds nus et les chevaux presque déferrés. Les uns et les autres n'avaient point pris de nourriture depuis trois jours, une pluie continuelle avait rouillé les armes et mouillé les cartouches, on s'avançait dans des défilés et sur des revers de montagne dont les chemins n'avaient souvent qu'un pied de largeur.... A droite étaient des rochers à pic et des montagnes inaccessibles, à gauche des ravins et des précipices affreux. » Arrivé le 15 au soir au village de Salamonde, le maréchal apprit que le pont de Ruyvaens sur

le Cavado était coupé et gardé par 5,000 à 6,000 hommes
ayant du canon, mais qu'un autre pont, le Ponte-Nuovo,
par où passait la petite route de Montalègre, était faible-
ment gardé. Toutefois il fallait se hâter si l'on voulait
en profiter, parce que l'ennemi travaillait à le détruire.
Soult fit appeler le major Dulong (devenu depuis lieutenant-général), commandant le 15e léger, et lui ordonna
de prendre 100 hommes d'élite à son choix, d'y joindre
25 dragons et de partir immédiatement (il était neuf
heures du soir) pour aller s'emparer du Ponte-Nuovo.
« Vous tuerez les chevaux des dragons, lui dit-il, s'il
en est besoin pour vous faire un rempart au milieu du
pont et vous défendre jusqu'à l'arrivée de l'armée. »

Conduits par un guide portugais que l'on tenait attaché en avant de la petite colonne avec des bretelles de
fusil, le major et les 100 hommes déterminés qui l'accompagnaient arrivèrent à portée de pistolet du pont
vers une heure du matin ; l'ennemi était en train de
couper la dernière solive. Heureusement les travailleurs portugais, harassés de fatigue s'étaient mis à l'abri
pour se garantir de la pluie qui tombait à flots et pour
prendre quelque repos avant d'achever leur tâche. Le
bruit du torrent et des cascades qui tombaient sur les
rochers couvrait celui des pas de la petite colonne française. En un moment la sentinelle placée au pont est
surprise et égorgée avant d'avoir pu donner l'alarme,
25 grenadiers et le major Dulong passent à plat ventre
sur la solive, un d'eux tombe dans le Cavado, mais le
bruit de sa chute, couvert par celui du torrent, ne

produit aucun effet. Le poste avancé de l'ennemi, fort
de 24 hommes, est surpris et tombe sous les coups de
baïonnette sans qu'un seul cri soit proféré...; le reste
de la colonne française, demeuré sur la rive opposée,
commence alors une fusillade très vive....; le major
et ses 24 grenadiers s'élancent aux cris de: En avant!
L'ennemi, épouvanté de cette attaque soudaine, s'enfuit,
abandonnant une partie de ses armes. » (*Victoires et
Conquêtes*.) Le maréchal, informé sur-le-champ de cet
heureux événement, accourut en toute hâte afin de
faire réparer le pont et d'accélérer le passage. Il embrassa le major Dulong en lui disant: « Je vous remercie au nom de la France, brave major, vous avez
sauvé l'armée. »

Si la plupart des passages de rivières dont l'histoire
militaire fait mention, ont réussi à force d'audace, il
en est de même des plus célèbres assauts; tels que
ceux de: Berg-op-Zoom, de Port-Mahon, des retranchements du Boulou et de la Montagne-Noire, de Tarragone, de Badajoz et de Saint-Sébastien (Anglais), de
Sébastopol, etc. Il en est deux particulièrement qui
sont restés célèbres dans l'histoire du xviiiᵉ siècle,
nous voulons parler de ceux de Berg-op-Zoom et de
Port-Mahon.

Berg-op-Zoom était une place très forte située sur une
bouche de l'Escaut; les ouvrages de fortification qui la
couvraient étaient en apparence des plus simples; ce

qui en faisait la force, c'était le développement, les chemins couverts et les places d'armes susceptibles de contenir en bataille, des troupes d'un effectif nombreux; les galeries de mine, dont les rameaux s'avançaient jusque sous les glacis, et le fleuve qui la tenait en communication constante avec toute la Hollande, en sorte que sa nombreuse garnison était assurée de vivre dans l'abondance. Le siège entrepris par l'armée française, d'après les ordres du maréchal de Saxe, durait depuis deux mois; il avait donné lieu à des combats incessants et meurtriers, mais la maladie avait surtout causé des ravages dans l'armée assiégeante, commandée par M. de Lowendahl, lieutenant-général, Danois d'origine, au service de la France. Plusieurs brèches ouvertes par l'artillerie ayant été reconnues praticables (elles l'étaient à peine), l'assaut fut résolu pour le 16 juillet au matin. 14 compagnies de grenadiers, 13 bataillons, 1,000 volontaires et 900 travailleurs munis de leurs outils furent répartis en trois colonnes chargées d'attaquer deux bastions et une demi-lune. A quatre heures du matin, le signal de l'assaut fut donné par deux salves de tous les mortiers et par de longues fusées ; les trois colonnes s'élancèrent en même temps. « Nos soldats, lit-on dans la *Gazette,* enfoncèrent tout ce qui se rencontra sur leur passage, forcèrent les retranchements que les ennemis avaient faits dans les bastions et sur la demi-lune et se mirent en bataille sur chaque bastion ainsi que sur le rempart à droite et à gauche. Des troupes qui défendaient la demi-lune aucun officier ni soldat ne s'est échappé, leur retraite ayant été coupée par nos volontaires et nos grenadiers. Après s'être emparées des deux portes du côté d'Anvers et de Bréda, nos troupes entrèrent dans la ville. La garnison s'était retirée sur la place et dans les maisons d'où elle fit un feu très vif ; elle fut chassée partout et entièrement dispersée ; tous les ennemis qui ne mirent pas les armes bas furent passés au fil de l'épée. » Tous les forts capitulèrent ensuite ; la perte des ennemis monta dans cette journée à 4,000 hommes, parmi lesquels on comptait 100 officiers et 1,500 soldats prisonniers. L'attaque fut menée si vivement que les Français perdirent seulement 137 soldats tués et 260 blessés. M. de Lowendahl, quoique étranger, fut nommé maréchal de France après ce beau fait d'armes. (Dussieux, *Généraux et marins du règne de Louis XV.*)

L'assaut de Port-Mahon par les troupes du maréchal duc de Richelieu, le 27 juin 1756, fut plus extraordinaire encore. La citadelle de Port-Mahon, appelée aussi fort Saint-Philippe, dans l'île de Minorque, était protégée par des ouvrages extérieurs dont les fossés, profonds de 10 mètres, étaient taillés dans le roc vif et défendue par 3,000 soldats et par une nombreuse artillerie. Les ouvrages extérieurs furent enlevés en plein jour sous le feu de l'artillerie anglaise ; on planta dans les fossés des échelles de 5 mètres de hauteur ; les officiers et les soldats, parvenus au dernier échelon, s'élançaient sur le roc en montant sur les épaules les uns des autres. Le lendemain, le gouverneur et la gar-

nison, effrayés de l'audace des soldats qui avaient escaladé des fossés dans lesquels il était difficile à un
homme de sang-froid de descendre, rendaient la place
au duc de Richelieu.

Un des coups de main les plus audacieux que l'on
puisse citer est la surprise de la place de Lew en 1678.
Lew était située sur une rivière au milieu d'un marais, sa fortification était précédée d'un grand fossé et
d'un avant-fossé pleins d'eau, son relief au-dessus de
l'eau était de plus de 6 mètres. Le lieutenant-général
Calvo méditait la surprise de cette place depuis le
siège que lui-même avait si glorieusement soutenu
en 1677, dans Maëstricht, contre le prince d'Orange.
Parmi les défenseurs de Maëstricht figurait un des
partisans les plus célèbres de l'armée, le marquis de
La Bretesche, mestre de camp du régiment de dragons
qui portait son nom ; il fut blessé dans une sortie et
subit l'amputation d'une jambe, mais il se rétablit assez
promptement, et, c'est à lui que Calvo voulut confier
l'exécution de l'entreprise hardie dirigée contre une
ville fortifiée, presque inabordable et défendue par une
forte garnison. Il mit à sa disposition 400 fantassins,
120 dragons, 200 chevaux et 20 nageurs ; il lui donna
en outre carte blanche pour mener l'affaire comme il
l'entendrait. La Bretesche employa plusieurs nuits à
reconnaître les abords de la place, à sonder le marais
et les fossés ; puis il fit construire vingt petits bateaux,

dont les fonds étaient de paille et de jonc et les côtés d'un bois léger. Il fit l'essai de ces bateaux dans les fossés de Maëstricht et exerça les dragons à les manœuvrer. Tous les hommes composant le détachement sortirent de Maëstricht séparément à des heures différentes par des chemins divers et sous des prétextes multiples. La Bretesche feignit de partir pour la chasse. Le rendez-vous commun était donné à quatre lieues de Lew; La Bretesche s'y rend, rassemble les officiers, leur explique le plan de l'entreprise et forme les détachements; les bateaux, couverts de toile cirée, étaient transportés sur des voitures. La petite troupe se met en marche et se dirige sur Lew. Arrivé à proximité de cette place, La Bretesche fait décharger et découvrir les vingt pontons; les dragons mettent pied à terre; 80 d'entre eux, le fusil sur le dos, portent ces pontons qui sont escortés par 180 officiers, sous-officiers et volontaires. Les autres dragons sont munis des outils et accessoires nécessaires. Les bateaux jetés à l'eau servent à établir deux ponts de 100 pieds de long. Marais et fossés sont franchis; on arrive au pied des talus de la citadelle qui sont rapidement escaladés; La Bretesche entre le premier par une embrasure de canon, suivi de plusieurs nageurs et officiers qui sautent sur le terre-plein aux cris de: Vive le Roi! En un clin d'œil tous les officiers et soldats ennemis qui se trouvaient dans la citadelle sont faits prisonniers. Le gouverneur se retire dans la ville de Lew et se voit bientôt obligé de capituler devant la menace de réduire cette ville en cendres avec les canons de la citadelle, que La Bretesche s'était empressé de retourner contre les remparts.

L'escalade de Prague, en 1741, est plus connue dans l'histoire. La France et la Prusse étaient liguées contre l'Autriche ; une armée française, commandée par le vieux maréchal de Broglie, marcha sur la capitale de la Bohême. Cette ville était assez mal fortifiée ; mais elle était défendue par une garnison de 3,000 hommes, et une armée autrichienne s'approchait pour la secourir ; elle n'en était plus qu'à cinq lieues. Il fallait ou renoncer à y entrer, ou y pénétrer sans retard. Maurice de Saxe fut chargé de l'entreprise. Dans la soirée du 25 novembre, pendant que l'attention de l'ennemi était détournée par deux fausses attaques, Chevert, lieutenant-colonel du régiment d'infanterie de Beauce, se dirigeait dans l'ombre vers le front désigné pour l'attaque, avec quatre compagnies de grenadiers ; il était suivi par 400 dragons sous les ordres du comte de Broglie et par une réserve composée de 1,000 hommes d'infanterie et de 1,200 chevaux. Il était une heure du matin quand la colonne parvint devant le ravin qui bordait le pied du rempart. Maurice de Saxe et Chevert y descendirent pour déterminer le point précis de l'escalade. Les échelles que l'on avait apportées étaient trop courtes; il fallut pour atteindre le sommet du mur en ajouter trois l'une sur l'autre en les attachant soli-

dement. Chevert, se retournant alors vers ses grenadiers, demanda quel était le brave *à trois poils* qui voulait monter le premier. Un sergent nommé Pascal sortit
du rang : « Tu veux monter le premier, camarade ? lui
dit Chevert. — Oui, mon colonel. — Quand tu seras
sur le mur, la sentinelle te criera : *Wer da ?* (qui vive ?)
— Oui, mon colonel. — Tu ne répondras rien. —
Non, mon colonel. — Elle tirera sur toi. — Oui, mon
colonel. — Elle te manquera. — Oui, mon colonel. —
Tu la tueras. — Oui, mon colonel. »

Il en fut fait ainsi ; toutefois, le factionnaire surpris
tira en l'air et s'enfuit pour donner l'alarme, mais quand
la garde du poste voisin accourut, Chevert, avec huit
grenadiers, de Broglie, avec quatre dragons, étaient déjà
sur le rempart. Maurice de Saxe qui, à la tête de la réserve de l'autre côté du ravin, suivait le mouvement,
cria d'une voix forte : « A moi, dragons ! » La garde du
poste fit feu de ce côté. Les hommes qui étaient avec
Maurice ripostèrent et, tandis que la fusillade s'engageait ainsi du côté du ravin, l'escalade continuait : dès
qu'une compagnie était formée, elle se mettait en marche vers le corps de garde au son du tambour et aux cris
de : Vive le Roi ! Chevert s'empare du corps de garde
et fait abattre le pont-levis de la porte voisine, par laquelle Maurice entre avec sa cavalerie suivie de son
infanterie. Il traverse au galop les rues désertes de la
place dont la garnison était occupée à répondre aux
fausses attaques et arrive ainsi tout droit chez le gouverneur qui fut fait prisonnier sans pouvoir se défendre.

Les trois hommes qui dirigèrent cet heureux coup de main devinrent plus tard trois des généraux les plus distingués de l'armée française. L'un fut le maréchal de Saxe, vainqueur de Fontenoy, de Raucoux et de Lawfeld ; le second fut le maréchal de Broglie, vainqueur de Bergen et de Corbach ; le troisième, sorti des rangs de la troupe, fut l'illustre général Chevert, que sa naissance obscure empêcha seule de parvenir à la dignité de maréchal, en cette époque de privilèges.

Parmi les actions les plus audacieuses des armées de la première République, on doit citer l'attaque du col de Luciensteig par les troupes de Masséna, le 6 mars 1799. Le col de Luciensteig est un défilé de 4 kilomètres de longueur, resserré entre deux croupes de montagnes et livrant passage à la route qui pénètre de la Suisse dans le Tyrol. A l'endroit le plus étroit de ce défilé et aux trois quarts de la montée, la route était barrée par un retranchement revêtu en maçonnerie, avec fossé, palissade et pont-levis, prolongé à droite et à gauche par des murailles, que terminaient sur le plateau deux redoutes battant les deux versants du défilé et dominant l'intérieur du retranchement central. Ce poste était défendu par 1,800 hommes et 5 pièces de canon. L'armée française avait derrière elle le Rhin, qu'elle ne pouvait franchir en cas de retraite forcée que sur un pont construit à la hâte et peu solide ; elle n'avait ni artillerie pour battre les murailles, ni échelles pour les escalader. Cependant Masséna, confiant dans la bravoure de ses soldats, n'hésita pas à ordonner l'attaque : à gauche, les grenadiers réunis en un bataillon marchèrent sur la redoute du plateau ; au centre, un bataillon se dirigea vers le pont-levis ; à droite, trois compagnies durent se borner à éclairer la montagne par leurs tirailleurs. La neige accumulée sur la montagne arrêta les progrès de ces tirailleurs. La colonne du centre, ne pouvant s'avancer sur un terrain des plus glissants, fut réduite à une fusillade impuissante contre les murailles. A gauche, les grenadiers s'étaient vu repousser dans quatre attaques successives. Un cinquième assaut réussit enfin et tandis qu'une partie des grenadiers escaladait la redoute supérieure, l'autre partie se précipitait comme une avalanche du haut de la montagne sur le terre-plein du retranchement central et donnait entrée dans le fort à la colonne du centre. Les Autrichiens se replièrent, laissant au pouvoir des Français le retranchement jonché de cadavres, 800 prisonniers et 5 pièces de canon. Le lendemain 7, le général autrichien, serré de près, ayant été fait prisonnier sur les hauteurs en avant de la ville de Coire, ses troupes mirent bas les armes. Les trophées de cette seconde journée, pr l'armée de Masséna, consistèrent en 3,000 prisonniers, 16 pièces de canon, 3 drapeaux, tous les équipages d'artillerie, etc. (*Mémoires de Masséna.*)

Pendant la même campagne de 1799, la 28ᵉ demi-brigade, chargée de garder le Simplon et commandée par Valhubert, le même qui, plus tard, devenu général, fut blessé mortellement à la bataille d'Austerlitz, eut à enlever le 15 août des retranchements défendus par les troupes autrichiennes du prince de Rohan. Ces retranchements, solidement établis, étaient protégés par un torrent profond, aux rives escarpées, sur lequel tous les ponts avaient été détruits. Après beaucoup de recherches, on découvrit un grand arbre abattu, d'un pied de diamètre à peine, mais ayant la longueur suffisante. Les soldats de la 28ᵉ se mirent dès l'aube en mesure de jeter l'arbre pour le passage. L'ennemi fit alors descendre sur la rive des troupes qui ouvrirent une vive fusillade, tandis que ses canons couvraient de projectiles les colonnes massées au bord du torrent. Les travailleurs, protégés par le feu des tirailleurs, parviennent enfin à jeter l'arbre en travers du torrent. Mais le premier soldat qui s'élance pour passer est tué; d'autres derrière lui tentent le passage; quelques-uns encore sont tués ou renversés dans le gouffre; quelques-uns cependant atteignent le bord opposé : le chef de brigade passe à son tour, se met à la tête de ce groupe et enlève la première redoute en s'emparant des canons qui la défendaient. Les colonnes d'attaque grossissent peu à peu et tous les retranchements inférieurs sont enlevés. Les Autrichiens se concentrent au sommet ; Valhubert forme la demi-brigade en colonnes d'assaut : les hommes, animés d'un élan irrésistible, grimpent en s'abritant dans les anfractuosités des rochers ; l'ennemi, abordé à la baïonnette, met bas les armes, 1,200 hommes faits prisonniers livrent à la

28ᵉ demi-brigade tous leurs canons et tous leurs drapeaux. (*Historique du 28ᵉ régiment d'infanterie.*)

Ces mêmes parages furent témoins, au mois d'avril 1800, des prodiges accomplis par une des colonnes de l'armée de réserve pour franchir le passage du Simplon. Pendant que le gros de l'armée, sous les ordres directs de Bonaparte, descendait les pentes du Saint-Bernard pour aller battre les Autrichiens à Marengo, le général Bethencourt traversait le Simplon. Là où se déroule actuellement la belle route construite sous le règne de Napoléon Iᵉʳ, il fallait marcher dans un étroit sentier surplombé par les rochers et bordé de profonds précipices. Sur certains points, on ne pouvait passer que sur des pièces de bois dont une extrémité posait dans le rocher creusé, tandis que l'autre était supportée par une poutre en travers. La colonne du général Bethencourt arrive à un endroit où cette espèce de pont avait été emporté. Il n'en restait que la rangée des trous pratiqués dans le roc. Un soldat hardi met les deux pieds dans les deux premiers trous et, marchant ainsi de cavité en cavité, il tend une corde à hauteur d'homme jusqu'à l'autre extrémité de l'intervalle resté vide au-dessus de l'abîme. C'est alors le général Bethencourt qui passe le premier, suspendu à la corde. 1,000 hommes le suivent chargés de leurs sacs et de leurs armes.

La prise de l'île de Capri en 1808 par le général

Lamarque passe à juste titre pour un des traits d'audace les plus extraordinaires qu'on connaisse. L'île de Capri, située en vue de Naples, était encore aux mains des Anglais deux ans après la conquête du royaume; c'était pour eux comme un poste d'observation, un centre de contre-bande et d'agitation. Aussi avaient-ils pris toutes les précautions possibles pour en conserver la possession. Le gouverneur, sir Hudson Lowe, le même qui devait se montrer plus tard l'impitoyable geôlier de Napoléon à Sainte-Hélène, n'avait cessé d'en augmenter les fortifications; il avait fait construire quatre forts nouveaux et raser tous les sentiers qui serpentaient le long des rochers. Ces rochers eux-mêmes formaient autour de l'île, sur les onze douzièmes de son pourtour, un rempart naturel de plusieurs centaines de pieds au-dessus du niveau de la mer; 40 pièces de canon en balayaient les approches, et la garnison était forte de plus de 2,000 hommes. Enfin, les dangers de l'entreprise étaient augmentés par le voisinage de l'île de Pondeza, d'où l'on entendait le bruit du canon de Capri et d'où 4 ou 5 frégates, constamment à l'ancre, pouvaient arriver au point d'attaque en huit ou neuf heures de marche.

Malgré toutes ces difficultés, Murat résolut de s'emparer de Capri et confia l'exécution de son projet au général Lamarque, son chef d'état-major, auquel il donna le commandement de 1,600 hommes d'élite choisis pour la circonstance dans toute l'armée. L'expédition partit de la rade de Naples dans la nuit du

4 au 5 octobre ; elle se composait de bombardes, de canonnières et de petites embarcations pour le transport
des troupes. Retardée d'abord par le calme, puis par la
tourmente, la flottille n'arriva en vue du port de Capri que vers trois heures de l'après-midi ; les bombardes et les canonnières commencèrent un feu très vif
sur les batteries qui défendaient le port ; pendant ce
temps, les petites embarcations longèrent la côte pour
chercher un point de débarquement. Partout des rochers s'élevaient perpendiculairement à 200 et 400
pieds. Enfin, on dressa une échelle dans un rentrant
où la mer battait avec moins de force, on l'attacha avec
des cordes, plusieurs officiers la gravirent, hissèrent
au-dessus d'elle une seconde échelle, puis une troisième et par ce chemin peu commode, sous le feu d'une
batterie et de 1,200 à 1,400 Anglais, on escalada la première enceinte. A quatre heures et demie, le général
Lamarque était monté avec environ 500 hommes ; il
voulut emporter les positions supérieures qu'occupait
l'ennemi : il y perdit le quart de son monde et se décida
alors à attendre la nuit ainsi que ses renforts. Il donna
en même temps l'ordre à toutes les embarcations de
s'éloigner, enlevant ainsi à ses troupes et à lui-même
tout moyen de retraite. A sept heures du soir, le détachement, mis en bataille au milieu des ténèbres, gravit dans
le plus profond silence le talus conduisant à la position
des Anglais et, sans répondre un seul coup de fusil au
feu de l'ennemi, on l'enfonça à coups de baïonnette.
Le commandant anglais fut tué. On fit plus de 1,100

prisonniers, dont un régiment entier, et à la pointe du jour le fort voisin se rendit. Le général Lamarque était ainsi maître de la partie supérieure de l'île, appelée Ana-Capri, mais les Anglais tenaient encore la partie inférieure, par où seulement on pouvait aborder ; il était urgent de s'en emparer avant l'arrivée des renforts sous peine d'être exposé à mourir de faim sur les rochers. Or, pour descendre d'une partie de l'île dans l'autre, la seule voie praticable était un escalier de 580 marches, suspendu sur l'abîme et donnant passage à un homme de front. Cet escalier était battu par dix à douze pièces de canon et vingt chaloupes canonnières. Le général se décida cependant à le descendre en plein midi, et cette audace fut couronnée de succès. Toute la grande marine fut occupée le même jour. On commença alors le siège de la place de Capri, de la citadelle et des forts inférieurs. Mais bientôt une escadre anglaise arriva, et les assiégeants se trouvèrent assiégés eux-mêmes. Toute communication semblait interrompue entre le détachement du général Lamarque et la rade de Naples ; un convoi, composé de toutes les canonnières disponibles et de plusieurs bateaux chargés d'approvisionnements de toutes sortes, trouva moyen de traverser l'escadre anglaise, mit en fuite les canonnières ennemies et aborda aux Thermes de Tibère, dont les assiégeants avaient fait un port. Malgré l'espérance d'un puissant renfort, la garnison de Capri, voyant les brèches ouvertes dans les remparts, n'attendit pas l'assaut et capitula en

abandonnant toutes les fortifications, l'artillerie, les
munitions et les vivres.

On pourrait citer une quantité considérable d'entreprises audacieuses ayant réussi avec le même bonheur.
Quant aux actes individuels d'audace, l'histoire de
l'armée française en est remplie.

Le commandant Alix, retraité le 12 octobre 1808, à
l'âge de 40 ans, étant chef d'escadron au 2ᵉ cuirassiers,
avait débuté en 1783, c'est-à-dire à l'âge de 15 ans, au
1ᵉʳ régiment de cavalerie ; après avoir attendu pendant
près de neuf années de service les galons de brigadier,
il passa promptement maréchal des logis et fut nommé
sous-lieutenant le 16 septembre 1793. Il se couvrit de
gloire au combat de Lers le 22 mai suivant. Ayant eu
son sabre brisé dans une première mêlée, il se replia
sur les avant-postes et retourna au combat, armé d'un
autre sabre, suivi seulement de deux cavaliers. Il fut
aussitôt assailli par le feu nourri d'un peloton ennemi
embusqué derrière un taillis, mais, sans hésiter, il s'é-
lança sur cette troupe en commandant d'une voix retentissante : *Escadron en avant!* Il tua trois hommes de sa
main ; le commandant autrichien, surpris, croyant avoir
affaire à tout un escadron caché par le taillis, fit mettre
bas les armes à sa troupe. Le sous-lieutenant Alix se
trouva ainsi maître de 53 prisonniers. (*Fastes de la Légion
d'honneur.*)

Calamme, soldat au 17ᵉ régiment de cavalerie (26ᵉ

dragons), était devenu brigadier-fourrier le 7 juin 1793. Envoyé auprès du général en chef de l'armée de Sambre-et-Meuse dans la nuit du 23 août 1796, pour lui faire connaître la position de son régiment cerné de toutes parts, il avait traversé de nuit les postes ennemis, et, sa mission remplie, il rejoignait son corps avec une escorte de 7 hommes, lorsqu'il rencontra un convoi soutenu par un nombreux détachement de cavalerie autrichienne. Au lieu de chercher à fuir, Calamme commande la charge, s'élance sur les Autrichiens surpris, en sabre plusieurs, met les autres en fuite et continue tranquillement sa route avec quatre voitures chargées de bagages dont il s'était emparé. (*Fastes de la Légion d'honneur.*)

Aune, sergent de grenadiers dans la fameuse 32e demi-brigade, surnommé le deuxième grenadier de France (on sait que La Tour d'Auvergne portait le surnom de premier grenadier), fut fait prisonnier par les Autrichiens dans la campagne de 1796 en Italie, à la suite d'un combat dans lequel il avait été criblé de blessures. Transporté dans un hôpital, il résolut de recouvrer sa liberté. A cet effet il se jette avec quelques hommes à peu près valides sur le détachement préposé à la garde de l'hôpital, en tue le commandant, fait mettre bas les armes aux soldats, les emmène prisonniers et, par cette action audacieuse, délivre 400 blessés tombés comme lui au pouvoir de l'ennemi. (*Ibidem.*)

Au combat de Monte-Creto, pendant le siège de Gênes, en 1800, Bonnet, caporal de grenadiers à la

2ᵉ demi-brigade, s'élance dans les retranchements ennemis, désarme un capitaine et le fait prisonnier. La colonne dont il faisait partie, accablée par le nombre, bat en retraite. Bonnet, serré de près, tue deux Autrichiens, le premier d'un coup de feu, le second d'un coup de baïonnette. Son fusil est brisé dans ses mains : il n'a plus d'autre arme que le sabre du capitaine qu'il a fait prisonnier ; se voyant à la discrétion de l'ennemi, il se précipite au bas d'une hauteur et tombe en présence de huit Autrichiens qui l'accueillent à coups de fusil ; tout meurtri de sa chute, il fond sur eux le sabre à la main en criant à ses camarades : *A moi mes amis ! ils sont pris...* Les Autrichiens, trompés par son audace, le croient suivi d'une troupe nombreuse : cinq d'entre eux, mettant bas les armes, se rendent prisonniers. (*Ibidem.*)

VIII

BONTÉ

Bon cœur du soldat français. — Un brigadier du 7ᵉ hussards à Stanz. — Le dragon Charles à Ceglie. — Assauts de Badajoz et de Saint-Sébastien. — Le général Suchet à Tarragone. — Prises de Constantine, de Zaatcha et d'El-Aghouat. — L'incendie de Moscou. — Le général Bugeaud dans l'Ouarensenis.

C'est parfois au milieu des scènes de carnage les plus terribles, alors que la lutte, surexcitée par la résistance, prend un caractère d'acharnement passionné et presque sauvage, lorsque les combattants, grisés par la victoire, n'écoutent même plus la voix de la discipline, que se montre, de la façon la plus imprévue, la bonté de cœur du soldat, tout à l'heure cachée sous les dehors de la violence. Le 3 septembre 1798, la division française du général Schauenbourg enlevait d'assaut la petite ville de Stanz, chef-lieu du canton d'Unterwald, défendue par les habitants insurgés contre la loi qu'on prétendait leur imposer au nom de la liberté. Guerre impolitique et peu généreuse qui jetait dans les rangs de nos ennemis un peuple brave et honnête, fait pour aimer la France, assez fort pour opposer à ses envahisseurs, si puissants qu'ils fussent, une résistance sérieuse, trop faible pour qu'une victoire remportée sur lui pût devenir un titre de gloire. Dans l'effervescence de la lutte, des cruautés atroces avaient été commises par les populations sur un petit nombre de soldats français faits prisonniers. Leurs camarades avaient juré de les venger, et ne tinrent que trop bien ce serment. Les habitants de Stanz, hommes, femmes, vieillards, enfants, s'étaient rangés, pour défendre la ville, derrière une espèce de rempart en terre qui l'entourait et qui était garni de quelques pièces d'artillerie; mais sans se laisser arrêter par les feux d'artillerie et de mousqueterie, les troupes françaises enfoncèrent les portes et se répandirent dans les rues. Les chefs devinrent impuissants à contenir leurs soldats. « Le carnage le plus effroyable eut alors lieu, dit dans son *Itinéraire* le général Curély, qui avait assisté à cette affaire comme sous-officier de hussards. Tout ce qui fut pris sur le rempart ou dans les rues, fut tué à coups de baïonnette... personne ne put échapper à la fureur de ces hommes qui s'acharnaient à venger leurs camarades mutilés...; les remparts, les rues, les chemins, les églises, tout était rempli de morts de tout âge et de tout sexe... Au milieu de cette affreuse bagarre, un brigadier du 7e hussards, voyant un fantassin français prêt à plonger sa baïonnette dans le corps d'un enfant de trois à quatre ans, arrêta le coup et prit l'enfant en lui disant : « Pauvre petit, je serai ton père. » Et, en effet, le brigadier eut un soin extrême de l'enfant, qu'il put remettre plus tard à ses parents. Un peintre suisse a représenté ce brigadier en uniforme du 7e de hussards, sauvant l'enfant du coup qui allait lui être porté : au bas du tableau est gravé le nom du brigadier avec cette inscription : « *Ich will dein Vater sein.* Je veux être ton père. » (*Itinéraire de Curély,* chap. II.)

Un fait presque identique se passa dans le royaume de Naples en 1799. L'armée commandée par le général Championnet, après avoir chassé de Rome et des États pontificaux l'armée napolitaine, était entrée dans la ville de Naples. La royauté des Bourbons avait été abolie et la République parthénopéenne (du nom grec de Naples *Parthenope*) proclamée. Mais une partie des populations de l'ancien royaume s'était soulevée et avait engagé avec nos soldats, particulièrement dans la Pouille et la Calabre, une lutte acharnée, véritable guerre de brigands à laquelle prenaient part tous les bandits qui infestaient alors le pays. Les villes de Carbonara et de Ceglie, qui servaient de repaires et de quartier général à ces bandits, attaquées et enlevées de haute lutte par les troupes de la brigade Broussier, furent pillées et brûlées. Tous les habitants, pris les armes à la main, furent fusillés. Au milieu des scènes d'horreur qui se produisirent alors, un dragon du 16e régiment, nommé Charles, apercevant à Ceglie, au milieu des flammes d'une maison incendiée, un enfant de cinq ans sur le point de périr, met pied à terre, se précipite dans le feu, au risque d'être écrasé par la maison qui s'écroulait, enlève l'enfant et l'apporte sain et sauf au milieu des rangs des dragons.

Certes, on aime à reposer sa pensée sur des faits semblables lorsqu'on vient de lire le récit de quelqu'une des scènes qui ont été la conséquence presque inéluctable des terribles nécessités de la guerre ! Mais combien serait-on plus heureux si l'on voyait les suites de la lutte ne peser que sur les combattants eux-mêmes et ne plus atteindre les populations innocentes du sang versé ! Hélas ! la réalisation complète d'un pareil vœu n'est qu'une chimère. Il faudrait tout d'abord imposer aux populations une neutralité absolue, souvent incompatible avec les devoirs du patriotisme, car l'histoire nous montre que les pays qui ont le mieux repoussé l'invasion sont précisément ceux qui ont transformé en guerre sainte et nationale la résistance à l'étranger. Témoin l'Espagne dans sa lutte contre Napoléon Ier, de 1808 à 1813.

Cette même Espagne avait déjà été envahie par les armées françaises au début des guerres de la Révolution, mais sans aucune idée de conquête, et bien au contraire, dans un cas de légitime défense, puisque les armées espagnoles avaient les premières franchi la frontière. Elles avaient été repoussées : la guerre avait été reportée sur leur territoire. La division Augereau, faisant partie de l'armée des Pyrénées-Orientales, avait eu à soutenir, le 19 mai 1794, un violent combat sur la Muga ; l'énergie du général Mirabel, un des plus vaillants officiers de l'armée, avait eu raison de la supériorité du nombre. Sa brigade avait repoussé victorieusement les colonnes espagnoles, mais l'acharnement de la lutte, le souvenir de capitulations violées par l'ennemi avaient exaspéré les soldats qui ne firent aucun quartier. Le village de la Guardia avait été réduit en cendres. Mirabel, venant y prendre position, rencontra deux jeunes époux qui, à peine mariés, avaient vu leur chaumière ainsi détruite et tout leur avoir perdu. Il fit relever cette chaumière, voulant que ses pauvres habitants vécussent libres et respectés au milieu de sa brigade, nourris du pain de ses soldats. Le souvenir de cette bienfaisance fut conservé longtemps dans la mémoire reconnaissante de ceux qui en avaient été l'objet. Le général Mirabel fut tué le 26 août 1794 à la bataille de Saint-Laurent-de-la-Muga, dans la gorge de Taradas. Quarante-sept ans plus tard, un voyageur visitant ces lieux entendit encore de la bouche d'un des deux pauvres époux de la Guardia l'éloge de la bonté du général républicain, vit l'octogénaire s'agenouiller pour prier à la place même où Mirabel, frappé à mort, avait rendu son âme à Dieu. (Fervel, *Campagnes dans les Pyrénées-Orientales.*)

Lors de l'incendie de Moscou, dans la campagne de 1812, le général G... était colonel d'artillerie. Voici ce qu'il raconte dans ses *Souvenirs* inédits :

« Ce fut le 16 septembre, troisième jour de l'occupation, que le feu prit des proportions dévastatrices. Il couvait depuis longtemps dans un grand nombre de

maisons choisies pour le propager. Le moment de
l'éruption arriva : elle fit sauter les portes, les clôtures,
les toits avec un vacarme et des sifflements inouïs, puis,
attisé par le vent et enveloppant la ville entière, l'incendie poussa dans les nues une colonne ardente de telle
intensité qu'à deux lieues de là elle éclaira nos bivouacs
au cœur de la nuit comme en plein jour. J'avais amené
de Vérone à Moscou un vieux landau, qui était remisé
chez le général D... ; j'y fis atteler deux chevaux, j'y
entassai toutes les provisions qui me tombèrent sous
la main, et je m'attardai si fort que le feu commençait
à me barrer toutes les issues. Comme j'allais partir et
percer sur un point quelconque, car il ne me restait
plus aucun souvenir du chemin par où j'étais venu, une
jeune femme se précipite vers moi, traînant un sac plein
de nippes, qu'elle n'avait pu porter seulement l'espace
de vingt pas ; elle était suivie d'une nourrice qui tenait
un enfant dans ses bras ; elle me dit qu'elle est Russe,
qu'elle a épousé un Français, que la police a emmené
son mari de force, que le feu est à sa maison et qu'elle
me conjure de la sauver avec son enfant. Tout cela sortait de ses lèvres dans le plus étrange jargon, mais avec
des termes irrésistibles. L'incident était embarrassant,
car nous risquions d'être suffoqués ou brûlés. Il fallut
pourtant allonger le colloque pour demander à la pauvre
mère si elle savait le chemin, mais elle battait la campagne et je n'en pus rien tirer. Cependant il était impossible de laisser là ces êtres désolés. Je les emballai
donc dans ma voiture, je mis mon ordonnance sur le

siège en lui commandant de me suivre de près. Je
montai à cheval, je partis comme un trait. Pendant une
heure, qui me parut longue, j'errai dans des rues interceptées par le feu, mais enfin je trouvai une issue
et je débouchai en rase campagne, mais qu'allais-je
faire du contenu de ma voiture? Je ne pouvais me dissimuler que ce maillot et peut-être son sauveteur
allaient être la fable du cantonnement, mais je fus bien
vite rassuré. Plusieurs de mes camarades, sommés
comme moi, au nom de l'humanité, avaient aussi sauvé
des femmes et des enfants.

« Les soldats pleins de cœur avaient accueilli, aidé
et secouru ces familles exilées, et ils leur avaient établi
un grand feu qu'on appelait le *bivouac des incendiés.*
Les fugitifs n'étaient pas sans ressources ; ils avaient
des victuailles, des charrettes, des bêtes de trait, même
des meubles. Les hommes veillaient sur l'émigration ;
les enfants étaient soignés et les femmes protégées. Je
mis mon contingent de réfugiés au bivouac des incendiés. » (*Souvenirs inédits du général baron G...*)

Dans l'expédition de l'Ouarensenis de 1843, les colonnes françaises poussaient devant elles les populations kabyles et les avaient acculées sur le grand pic
de Chamba, accessible d'un seul côté. Là elles furent
bloquées rigoureusement. Elles épuisèrent bientôt la
provision d'eau qu'elles avaient apportée ; le lait de
leurs troupeaux tarit ; des femmes et des enfants mou-

raient dans les tourments de la soif et, voyant le cercle des troupes françaises se resserrer autour d'eux, les chefs se décidèrent à implorer la pitié du général Bugeaud. Le pardon fut accordé. Aussitôt les Kabyles, hommes, femmes, enfants, se précipitèrent à la recherche d'un peu d'eau. C'est alors qu'éclata la bonté native de nos soldats. Ils accoururent avec leurs bidons de campement, les remplirent, les portèrent aux malheureux assoifés, puis retournèrent les remplir pour revenir à leurs ennemis du matin, ne se lassant pas de cette course continuelle et fatigante sur des pentes presque à pic. (Blanc, *Souvenirs d'un vieux zouave.*)

IX

BRAVOURE

Bravoure, courage et intrépidité. — Combats singuliers. — Duvivier à Anghiari. — Danglars à l'armée de Sambre-et-Meuse. — Dejean en Espagne. — Drage à l'armée du Rhin. — Le grenadier Aubert. — Le sergent-major Regot. — Le dragon Dauvert. — Combat de Nazareth. — Varéliaud. — Le sergent Frossard. — Marbot. — Le maréchal des logis Orban à Waterloo. — Le sergent major Duclavé. — Le capitaine Morris. — Murat. — Lannes. — Ney, le brave des braves. — Masséna. — La bataille de Lodi. — Canrobert à Zaatcha. — Mac-Mahon. Prise de Malakoff.

Bravoure, courage, intrépidité : voilà trois mots que l'on confond souvent ensemble et dont la signification présente cependant des nuances assez marquées.

La bravoure est la qualité la plus essentielle du soldat. L'homme brave ne tient aucun compte du danger, le nombre de ses adversaires ne l'effraie pas, aucun obstacle ne l'arrête s'il a juré de marcher en avant. Le courage est plus raisonné que la bravoure : c'est une qualité qui n'est pas essentiellement militaire et qui trouve son application dans tous les événements de la vie. Il donne non seulement la force qui fait braver les dangers, mais encore l'énergie qui fait supporter la souffrance. On peut être brave sans posséder un courage à toute épreuve, on peut être courageux et manquer parfois de bravoure. L'intrépidité représente à la fois la bravoure et le courage à un plus haut degré. L'homme brave court au-devant du danger sans se laisser effrayer par lui; l'homme intrépide devient d'autant plus brave et plus courageux que les dangers se multiplient davantage et deviennent plus pressants. Les exemples de bravoure ne se comptent plus dans les annales de l'armée française; César avait déjà remarqué l'éclatante bravoure des Gaulois nos ancêtres, l'ardeur avec laquelle ils marchaient au combat, le mépris qu'ils affectaient de la mort et la facilité avec laquelle ils engageaient des combats singuliers. Cette même facilité se retrouve dans l'histoire de l'armée française.

Après le combat d'Anghiari en janvier 1797, Bonaparte écrivait au Directoire dans son rapport officiel : « Le commandant des uhlans se présente devant un escadron du 9ᵉ dragons et, par une de ces fanfaronnades communes aux Autrichiens : « Rendez-vous! » crie-t-il au régiment. Le citoyen Duvivier fait arrêter son escadron : « Si tu es brave, viens me prendre », répond-il au commandant des ennemis. Les deux corps s'arrêtèrent et les deux chefs donnèrent un exemple de ces combats que nous décrit Le Tasse. Le commandant des uhlans fut blessé de deux coups de sabre, les troupes alors se chargèrent et les uhlans furent faits prisonniers. »

Le colonel Danglars commandait, en 1795, à l'armée de Sambre-et-Meuse, le 2ᵉ régiment de carabiniers ; il avait pris à partie d'une façon toute particulière le régiment autrichien des dragons de Latour, qu'il battait à chaque nouvelle rencontre. Agacé à la fin de cette persistance, le colonel des dragons écrivit à Danglars pour lui proposer de se battre l'un contre l'autre en présence de leurs régiments. L'offre fut acceptée avec bonheur. Au jour convenu, et devant les deux régiments formés en bataille, se faisant face, les deux colonels marchèrent l'un au-devant de l'autre. Danglars, un des plus beaux hommes de l'armée, d'une taille de deux mètres et d'une belle prestance, ayant autant de sang-froid que de bravoure, avait mis son cheval au pas. Le colonel autrichien, jeune et élégant cavalier, s'avançait au galop en faisant caracoler et piaffer sa monture ; arrivé à bonne portée, il l'enleva d'un bond et porta à son adversaire un vigoureux coup de sabre, que Danglars para et auquel il riposta en plongeant sa lame dans le ventre du colonel autrichien.

Le colonel Dejean, qui fut depuis aide de camp de Napoléon Iᵉʳ et général de division, commandait en Espagne le 11ᵉ dragons. Un jour que les deux armées anglaise et française étaient en présence, un superbe officier vint caracoler devant le front du 11ᵉ dragons en brandissant son sabre d'un air de défi. Le colonel Dejean, impatienté, se porta au galop au-devant de lui ; tous ses dragons le crurent perdu en le voyant s'attaquer à ce colosse, mais le colonel aborda bravement

son adversaire, et David eut encore une fois raison de
Goliath, qui, transpercé d'un bon coup d'épée, ne tarda
pas à mordre la poussière.

Le capitaine Druge, qui s'acquit une grande réputation d'audace et d'intrépidité en commandant, pendant
les campagnes de 1793 et de 1794, un corps de partisans choisis dans toute la cavalerie de l'armée du Rhin,
était encore hussard au 7e régiment lorsque, placé en
tirailleur, il aperçut quatre grenadiers français pris
par une patrouille de huit cavaliers autrichiens. Il s'é-
lance avec un de ses camarades et délivre les quatre
grenadiers. Le plus brave des huit ennemis le défie à
un combat singulier : il lui court dessus ; l'Autrichien,
d'un coup de sabre, fend son casque et le blesse légère-
ment : Druge riposte par un coup de pointe en pleine
poitrine, et l'Autrichien tombe raide mort. Druge
s'empare alors de son cheval, un autre cavalier le
poursuit et lui donne un coup par derrière : un nouveau coup de sabre coupe la figure et ouvre le crâne
de ce nouvel adversaire, dont Druge emmène aussi le
cheval. Mais à la vue de quatre grenadiers aux prises
avec trois hussards ennemis, il lâche les deux chevaux
et charge les hussards qu'il met en fuite. Rejoignant
alors son escadron, il rencontre un dragon ennemi, fond
sur lui, le renverse mort et prend son cheval, que cette
fois il amène à bon port. (*Rapport à la Convention nationale.*)

Le 26 avril 1800, les grenadiers du 2ᵉ bataillon de
la 8ᵉ demi-brigade d'infanterie de ligne avaient été
placés à l'entrée du village de Grissen en face des positions occupées par les Autrichiens. Ils avaient l'ordre
de ne faire aucun mouvement et de se borner à riposter
au feu de l'ennemi. Voyant cette immobilité, les Autrichiens croient pouvoir venir les insulter impunément
et un soldat du corps qu'on appelait les *manteaux
rouges* s'approcha d'eux pour les narguer. Le grenadier
Aubert, voulant mettre un terme à d'insolentes provo-
cations, défia ce soldat à un combat singulier; le défi
fut accepté. Les deux adversaires se placèrent sur la
grande route, à environ cent pas l'un de l'autre et se
battirent à coups de fusil. Après trois décharges successives restées sans résultat, Aubert renversa son ennemi raide mort sur la place. Comme il s'était avancé
à chaque coup, il n'était plus distant à ce moment que
de quarante pas du manteau rouge ; ses camarades,
électrisés, demandèrent à grands cris et obtinrent la
permission de fondre sur l'ennemi, qui fut mis en déroute. (*Fastes de la Légion d'honneur.*)

Dans la campagne d'Italie de 1800, le sergent-major
Ragot, de la 18ᵉ demi-brigade, placé en tirailleur, est
entouré par cinq cuirassiers autrichiens ; il ajuste et tue
celui qui le serrait de plus près, recharge son fusil, tue
un second cavalier et blesse le troisième d'un coup de
baïonnette : les deux autres prennent la fuite. (*Ibidem.*)

Dauvert, dragon au 3ᵉ régiment, est chargé au combat
de Naplouse, pendant l'expédition de Syrie de 1799,

par quatre mamelucks et Maugrabins, s'arrête et attend de pied ferme ses adversaires. Il abat le premier d'un coup de sabre et assomme le second avec la crosse de son fusil ; les deux autres, effrayés de son intrépidité, prennent la fuite. C'est dans cette même campagne de Syrie que, le 8 avril 1799, eut lieu le beau combat de Nazareth, livré par Junot avec 400 fantassins et 100 cavaliers à plus de 4,000 mamelucks et Arabes. Dans ce combat, un maréchal des logis du 3e dragons et un porte-étendard des mamelucks se prirent corps à corps. Les deux adversaires restèrent pendant plusieurs minutes serrés l'un contre l'autre : le dragon s'efforçant d'enlever l'étendard, le mameluck employant toute sa vigueur pour le conserver. Les deux chevaux s'abattirent, mais les deux cavaliers restèrent en selle ; enfin le Français, plus leste que le mameluck gêné par ses vêtements flottants, dégagea sa main droite et passa son sabre au travers du corps de son ennemi, qui mourut la main crispée sur la hampe de l'étendard. (*Victoires et Conquêtes.*)

A la bataille d'Hochstædt, 19 juin 1800, le lieutenant Varéliaud, du 9e hussards, est entouré par six dragons ennemis : il en tue deux, en blesse un troisième, dont il prend le cheval et met les trois autres en fuite. Le même officier à la bataille de Salzbourg, 14 décembre 1800, commandant un peloton de tirailleurs, charge des dragons de Waldeck, tue leur capitaine et fait à lui seul huit prisonniers. Au plus fort de l'action, son sabre

s'étant brisé, il saisit ses pistolets, les décharge sur
l'ennemi, tue un sous-officier, et se trouve au même
moment entouré par plusieurs dragons ; n'ayant plus
d'armes pour se défendre, il leur lance ses pistolets à
la figure, traverse leurs lignes et parvient à rejoindre
son escadron, couvert de coups de sabre dont aucun ne
l'avait blessé grièvement. (*États de service de Varéliaud.*)

Lors de la prise d'Ascoli dans le royaume de Naples
en 1799, le sergent Frossard, de la 55ᵉ demi-brigade,
commandant une pièce de l'artillerie régimentaire (en
ce temps-là chaque demi-brigade d'infanterie traînait
avec elle deux canons), réussit, malgré un feu des plus
meurtriers partant des remparts, à placer sa pièce à
quatre pas de la principale porte de la ville, et du premier coup de canon qu'il tire, il fait sauter un des bat-
tants de cette porte : puis il se précipite immédiatement
dans la ville, tue d'un coup de sabre un canonnier prêt
à mettre le feu à une pièce chargée à mitraille et facilite
ainsi l'entrée de la colonne d'attaque dans la place.
(*Victoires et Conquêtes.*)

Le général de Marbot avait été capitaine aide de camp
du maréchal Lannes en Espagne, pendant la campagne
de 1808. Après la victoire de Tudéla, Lannes, croyant
la route occupée par le corps du maréchal Ney, avait
envoyé Marbot au quartier général de l'Empereur pour
y porter la nouvelle de la victoire. La route était au
pouvoir des Espagnols, et le capitaine Marbot tomba
dans une patrouille de cinq carabiniers à cheval. Quoique blessé, il en mit deux hors de combat et força les

trois autres à prendre la fuite. Pendant la retraite de
l'armée de Portugal en 1811, Marbot, qui était devenu
aide de camp de Masséna après la mort du maréchal
Lannes, accompagnait son nouveau maréchal. Un jour
un officier anglais, vomissant mille injures contre l'honneur français, vient provoquer l'officier le plus courageux à se mesurer avec lui, Marbot se présente ; il reçoit
un coup de pointe à la figure et étend son adversaire
mort à ses pieds. Deux hussards hanovriens tombent
alors sur Marbot, qui reçoit un nouveau coup de sabre
dans le ventre, mais après avoir abattu le bras à l'un
des hussards, il les met tous les deux en fuite.

A la bataille de Waterloo, les dragons écossais du
général Ponsonby, magnifique troupe d'élite, avaient
chargé victorieusement sur l'infanterie du corps de
Drouet d'Erlon, dont les dispositions d'attaque étaient
défectueuses, et s'étaient emparés du drapeau du 45ᵉ de
ligne. A l'ordre de l'Empereur, le 4ᵉ régiment de lanciers se lança à fond de train sur le flanc gauche des
dragons, tandis qu'une brigade de cuirassiers les atta-
quait de front. « Le maréchal des logis Orban, du 4ᵉ lanciers, fait prisonnier le général Ponsonby, et comme
les dragons s'efforçaient de délivrer leur chef, il le renverse mort à ses pieds ; puis, menacé par plusieurs des
dragons, il va droit à celui qui tenait le drapeau du 45ᵉ,
le démonte d'un coup de lance, le tue d'un second coup,
lui enlève ce drapeau, se débarrasse en le tuant aussi
d'un second dragon qui le serrait de près et revient tout
couvert de sang apporter à son colonel le trophée qu'il

avait si glorieusement conquis. » (Thiers, *Histoire du Consulat et de l'Empire.*)

Que d'exemples nous pourrions citer encore ! A la défense de la tête de pont de Huningue en 1796, le sergent-major Duclavé, de la 38ᵉ demi-brigade, resté seul dans un ouvrage avancé que la garnison venait d'évacuer, se précipite dans le fossé la baïonnette en avant ; il se fait jour à travers un peloton ennemi, traverse le bras du Rhin qui sépare cet ouvrage avancé de la fortification en arrière, rallie les soldats qui se retiraient, fait face à l'ennemi et l'arrête par plusieurs décharges. Il fut nommé sous-lieutenant. (*Historique du 38ᵉ régiment.*)

En 1833, le général Morris était capitaine au 3ᵉ chasseurs d'Afrique. Dans un combat livré aux Arabes près de Bône, sur l'emplacement où s'élève aujourd'hui un village auquel on a donné précisément le nom de Morris, il eut affaire à un fantassin d'une force et d'une taille extraordinaires. Cet enragé, ayant trois pouces de la lame du sabre du capitaine logée dans son ventre, saisit cette lame à deux mains et la tira si fort que la selle tournant, Morris se trouva à terre sous les pieds de l'indigène. Celui-ci le saisit alors par la gorge et s'apprêtait à lui trancher la tête avec son yatagan, lorsque le capitaine, lui empoignant les jambes, le jeta sur le dos d'une vigoureuse secousse. Ils se relevèrent aussi vite l'un que l'autre, et l'on ne peut dire comment

la lutte se serait terminée si plusieurs chasseurs, entraînés par le colonel du régiment, n'étaient accourus au secours du capitaine Morris. Un maréchal des logis lui passa son pistolet ; tenant la tête de son adversaire sous le bras gauche, il lui fit sauter la cervelle et de si près que du même coup il se brûla fortement l'œil. (*Revue du Cercle militaire.*)

La bravoure, avons-nous dit, est une qualité essentiellement militaire ; elle se développe en présence de l'ennemi et au contact du danger, elle grandit avec l'habitude des combats. S'il était possible de faire un choix dans une pareille élite, on pourrait dire que les plus braves lieutenants de l'empereur Napoléon furent Masséna, Murat, Lannes et Ney. La bravoure de Murat, disent ses contemporains, était devenue prodigieuse à la fin des campagnes de l'Empire ; il n'en avait pas toujours été de même. A ses débuts pendant la campagne d'Italie, il était brave comme tout le monde ; il commença en Égypte à déployer la vaillance d'un véritable paladin. Devenu maréchal de France, il se montra à Austerlitz et à Eylau d'une intrépidité sans pareille. En Russie, alors qu'il était roi de Naples, il poussa la vaillance jusqu'à la folie. Revêtu d'un costume de couleur éclatante, étincelant de broderies d'or, monté sur un cheval dont la selle et le harnais resplendissaient de pierreries, il s'élançait seul, la cravache à la main, bien en avant de sa troupe au milieu des cavaliers ennemis. Qu'on ne dise pas que c'était là simplement de la témérité : la conduite de Murat avait pour but d'inspirer aux soldats le mépris de la mort, et nul n'a élevé plus haut que lui par ce sublime enseignement le moral de l'armée.

Quant au maréchal Lannes, qui mérita le surnom de Roland de la Grande-Armée et que Napoléon appelait à Sainte-Hélène le génie incarné de la guerre, Lannes qui, à Lodi, à Arcole, à Saint-Jean-d'Acre, à Montebello, à Marengo, à Friedland, à Pultusk, à Saragosse, à Eckmühl, à Essling enfin, où il tomba prématurément frappé pour le malheur de la France et pour celui de Napoléon, Lannes, qui déploya une intrépidité sans égale et dont la bravoure à la guerre est au-dessus de toute comparaison, avait débuté en 1793 à l'armée des Pyrénées-Orientales.

Le 25 décembre 1793, Lannes, alors capitaine de grenadiers au 2ᵉ bataillon du Gers, blessé le 30 octobre au combat de Banyuls par une balle qui lui avait traversé le bras gauche, se trouvait à l'ambulance de Perpignan avec son bras en écharpe. Un hussard lui apporte la lettre suivante du général Basset : « Mon cher ami, je sais que ta blessure va bien et qu'elle peut te permettre de monter à cheval, j'ai besoin de toi. » Lannes monte aussitôt à cheval. Le général Basset lui dit qu'une attaque doit avoir lieu le lendemain au point du jour et qu'il n'a voulu céder à aucun autre qu'à lui l'honneur de commander les grenadiers qui doivent marcher en tête de la colonne.

Le lendemain, Lannes marche sur la grande redoute où se tenait le général espagnol. Au moment où il fai-sait battre la charge et montait à l'assaut, un parle-mentaire se présente demandant une suspension d'armes de deux heures. Lannes lui répond : « Est-ce que ton général se f... de moi de me demander un délai au moment où je vais m'emparer de sa redoute ? Je lui accorde dix minutes. » Le délai passé, Lannes et ses grenadiers se précipitent en avant, s'emparent de la redoute en écrasant les défenseurs et enlèvent 19 canons.

Le maréchal Ney était surnommé dans la Grande-Armée *le brave des braves* ; l'histoire a ratifié ce sur-nom. La bravoure de Ney, comme celle de Lannes et de Murat, était communicative et entraînante. Le 14 juin 1807, à la bataille de Friedland, l'empereur Napoléon avait assigné au maréchal Ney et à son corps d'armée la tâche d'exécuter le mouvement qui devait décider la victoire, en se portant sur la ville de Friedland pour s'emparer des ponts jetés par les Russes sur la rivière de l'Alle et leur couper la retraite. La bataille étant interrompue, Napoléon réunit ses maréchaux pour leur donner ses instructions et, les prévenant que le signal de l'attaque serait une salve d'artillerie tirée par une batterie placée au centre de la ligne, il les renvoya à leurs corps d'armée. Comme le maréchal Ney s'éloignait au galop, son attitude était si fière que l'Empereur dit au maréchal Mortier, resté auprès de lui : *Cet homme est un lion.* Ce mot définissait justement le genre de courage de Ney, impétueux et irrésistible comme un lion. Entraînés par lui, ses soldats entrèrent tête baissée dans Friedland. C'est à la bataille de la Moskowa, le 7 septembre 1812, que Ney mérita et reçut le surnom de *brave des braves.* Lui et Murat rivalisèrent de bravoure dans cette sanglante journée. Tous les généraux sous leurs ordres furent tués ou blessés. Eux seuls sortirent sains et saufs de la mêlée où ils étaient engagés à corps perdu. On les eût dit invulnérables, et il semblait que balles et boulets respectassent leur bravoure. Il en fut de même pour le maréchal Ney, le 2 mai 1813, à Lutzen où il se tint toujours au plus fort du danger, à Waterloo où il chercha la mort sans la trouver, pressentant le sort funeste que lui réservaient les fureurs politiques [1].

Masséna, lui aussi, était d'une bravoure incomparable et entraînante. Au début de l'immortelle campagne de 1796, en Italie, les troupes de Bonaparte se

---

1. Il est inutile sans doute de rappeler ici qu'après la seconde rentrée des Bourbons, en 1815, le maréchal Ney fut condamné à mort par la Chambre des pairs et exécuté, pour s'être mis avec son corps d'armée du parti de Napoléon lors du retour de l'île d'Elbe.

trouvèrent à Lodi en face de l'armée autrichienne protégée par le cours rapide de l'Adda. Il fallait franchir
à tout prix cette rivière sous le feu de la puissante
artillerie qui enfilait le pont ; les bataillons de grenadiers formés en colonne s'élancèrent sur le pont. La
violence du feu de l'ennemi les fit hésiter un instant :
Masséna prit alors la tête de la colonne ; le pont fut
franchi en un clin d'œil, sous une grêle de balles et de
mitraille.

La bravoure des chefs doit être incontestée ; elle est
si bien la qualité essentielle du soldat que pour faire en
deux mots l'éloge de celui qui vient de succomber sur
un champ de bataille ou de mourir en retraite dans ses
foyers, après avoir servi pendant la guerre, on dit de
lui : *C'était un brave !* Napoléon, chez les généraux
et chez les officiers de son armée, estimait par-dessus
tout la bravoure et pardonnait tout à celui qui en avait
donné des preuves éclatantes. Aune, ce sergent de grenadiers de la 32e demi-brigade, dont nous avons cité
plus haut un trait d'audace, ayant été nommé sous-
lieutenant le 22 décembre 1799 et ayant reçu un sabre
d'honneur le 11 avril suivant, écrivit au premier Consul pour le remercier. Bonaparte lui répondit : « J'ai
reçu votre lettre, mon brave camarade ! Vous êtes le
plus brave grenadier de l'armée, je serai heureux de
vous voir... »

Les maréchaux d'aujourd'hui se sont montrés dignes des maréchaux d'autrefois. L'oasis de Zaatcha, dans le sud de la province de Constantine, s'était mise en rébellion à la fin de mai 1849 contre l'autorité française. Le colonel Carbuccia voulut en châtier les habitants et marcha sur Zaatcha ; il fut repoussé le 17 juillet dans une tentative d'assaut. Pour venger cet échec et réduire les rebelles, le général Herbillon, commandant la province, se dirigea à son tour sur Zaatcha et, après plusieurs engagements sérieux, il appela à lui de nombreux renforts. Le colonel Canrobert était parti d'Aumale à la tête de 1,800 zouaves et chasseurs à pied, le colonel Daumas venait de Médéah, le colonel de Barral, de Bouçada. Plusieurs tentatives faites avant l'arrivée des renforts échouèrent successivement ; enfin, des brèches furent pratiquées dans la muraille, trois colonnes d'assaut furent formées sous les ordres des colonels de Barral, Canrobert et de Lourmel. Le colonel Canrobert, qui commandait le régiment des zouaves, s'entoura, pour monter à l'assaut, de quatre officiers et quinze soldats choisis parmi les plus braves. Puis, mettant le sabre à la main, il en jeta au loin le fourreau en disant : « Nous n'en avons pas besoin aujourd'hui. » Les défenseurs de Zaatcha opposèrent à nos colonnes une résistance acharnée, mais l'élan des troupes fut incomparable. Après avoir enlevé l'enceinte, il fallut faire une par une le siège de toutes les maisons. De l'escorte du colonel Canrobert, il revint deux officiers ; encore avaient-ils été blessés, et sur le reste de l'escorte, un seul était sans blessure.

Le siège de Sébastopol durait depuis onze mois, lorsque les généraux en chef français et anglais décidèrent de donner à la place, le 8 septembre 1855, un assaut général. Cet assaut, précédé pendant plusieurs jours par un bombardement tel qu'on n'en avait jamais vu de pareil, devait être tenté sur plusieurs points à la fois. Mais le nœud de la défense, autrement dit la clef de Sébastopol, se trouvait évidemment au bastion Malakoff, en avant de l'enceinte de Karabelnaïa, sur la rive nord de la petite rade. L'attaque de ce point important fut confiée à la 1re division du 2e corps, commandée par le général de Mac-Mahon ; cette division comprenait le 1er zouaves, le 1er bataillon de chasseurs et le 7e de ligne, formant la 1re brigade sous les ordres du colonel Decaen, et la brigade Vinoy composée des 20e et 27e de ligne. Elle avait en réserve les zouaves de la garde et la brigade Wimpfen, comprenant le 3e zouaves, les tirailleurs algériens et le 50e de ligne. L'heure de l'assaut était fixée à midi précis, les colonnes devaient se mettre en mouvement sans aucun signal à l'heure marquée par les montres, toutes réglées à l'avance sur celle du général en chef. Vingt-cinq mètres environ séparaient du saillant de Malakoff les zouaves du 1er régiment dans la tranchée d'où ils se tenaient prêts à s'élancer, le colonel Collineau en tête. Il est midi : sur un geste de Mac-Mahon, les zouaves s'élancent, franchissent le fossé, gravissent le talus et pénètrent dans l'ouvrage en passant les uns par-dessus le parapet, les autres par les embrasures. Les Russes, surpris sous leurs abris blindés, en sortent confusément et se défendent sans cohésion ; bientôt ils battent en retraite, abandonnant aux troupes de la division Mac-Mahon tout le saillant de l'ouvrage jusqu'aux premières traverses. Le pavillon tricolore est planté par le caporal de zouaves Lihaud, à l'angle saillant où s'est porté Mac-Mahon, mais les Russes se sont formés derrière les traverses et opposent une vive résistance à la marche des attaques. Mac-Mahon appelle sa réserve, et une lutte désespérée s'engage dans le bastion. Les généraux russes Bossan, Krouleff, Lisenko et Youférof sont successivement blessés ou tués ; enfin, après deux heures de lutte, le retranchement établi à la gorge de l'ouvrage était au pouvoir des Français. Quelques Russes qui s'étaient réfugiés dans le réduit (abri voûté formant le rez-de-chaussée de l'ancienne tour) furent forcés de se rendre ; les troupes qui occupaient Malakoff (7e, 50e, 20e, 27e de ligne, 3e zouaves, tirailleurs algériens, 1er bataillon de chasseurs, zouaves et voltigeurs de la garde) eurent ensuite à repousser un violent retour offensif. Le général de Martineau, qui commandait les colonnes ennemies, eut le bras emporté par un boulet ; ses soldats, dont les munitions commençaient à s'user, reculèrent, écrasés par la vigueur de la résistance. Malakoff était à nous. Le général de Mac-Mahon, supposant que le bastion pouvait être miné, fit retirer toutes les troupes, à l'exception de la brigade Vinoy (20ᵉ et 27ᵉ de ligne) avec laquelle il resta après avoir donné l'ordre à la 1ʳᵉ brigade de couronner, le cas échéant, l'entonnoir formé par l'explosion. Mais il n'arriva rien de semblable et les Russes profitèrent de la nuit pour évacuer Sébastopol et le faubourg de Karabelnaïa.

X

CALME

Le calme et l'ardeur, c'est-à-dire les deux qualités les plus opposées l'une à l'autre, sont également indispensables au soldat et à ses chefs. C'est le calme seul qui permet d'envisager le danger en connaissance de cause, de prendre une détermination énergique, de profiter de tous les avantages qu'il est possible de se donner, d'écarter les obstacles capables d'empêcher la réussite d'une entreprise. Rester calme sous le feu le plus violent dans les circonstances les plus critiques, n'est pas le fait de tout le monde. Les uns sont calmes par tempérament : tel le général Reynier à qui, pour arriver aux positions les plus élevées dans les armées de Napoléon Ier, il ne manqua qu'un peu de chance et la faveur du maître. Reynier avait un phlegme incroyable au milieu du combat le plus acharné, nous apprend un de ses contemporains : non seulement pas un muscle de son visage ne bougeait, mais encore aucune bouffée de fumée ne s'échappait plus rapide ou plus forte de la cigarette qu'il tenait constamment entre les dents ; tel était encore Gouvion Saint-Cyr, que les soldats avaient si bien surnommé le joueur d'échecs. Le défaut des chefs de cette trempe c'est qu'ils ont rarement le don d'entraîner les troupes, qui prennent confiance dans leurs talents militaires, mais ne les suivent pas avec enthousiasme.

Les autres contractent le calme dans l'habitude du danger : ceux-là raisonnent au milieu du sifflement des balles et de l'éclatement des obus comme ils raisonneraient dans leur cabinet de travail. Il y a plus : le feu les inspire, et ils n'ont la plénitude de leur sens militaire que dans les situations les plus terribles. Tel, par exemple, le maréchal Ney, si beau lorsque, pressé par des forces supérieures, il battait en retraite lentement, disputant le terrain pied à pied. Les armées russe et française étaient restées en présence depuis le mois de mars jusqu'au commencement du mois de juin 1807, dans les cantonnements de la vieille Prusse : l'armée russe reprit l'initiative des hostilités : dès le 5 juin au matin, le 6e corps, commandé par le maréchal Ney et placé en flèche entre l'Alle et la Passarge, était assailli de toutes parts, ses communications avec les corps d'armée voisins étaient interceptées, mais la contenance et le sang-froid du maréchal fortifiaient tous les courages. Jugeant d'un coup d'œil sûr et rapide la situation dans laquelle il se trouvait, il concentra son corps d'armée et ne commença le mouvement de retraite que lorsqu'il eut réuni tout son monde au prix d'efforts inouïs. Cette retraite se fit lentement avec un ordre et un ensemble parfaits : malgré les charges réitérées de la cavalerie russe et les vives attaques de l'infanterie, le 6ᵉ corps ne perdit ni un drapeau ni un canon. Le lendemain 6 juin, les forces ennemies avaient grossi : le maréchal Ney eut sur les bras 30,000 hommes d'infanterie, 10,000 de cavalerie et 60 bouches à feu. Il avait à leur opposer à peu près 10,000 hommes d'infanterie et 600 de cavalerie avec 24 pièces. Il tint aussi longtemps que possible, secondé puissamment par son artillerie. Il ordonna ensuite la retraite par divisions se dépassant successivement par échelon, opposa à la force des attaques un calme imperturbable et, franchissant la Passarge avec un ordre parfait, parvint enfin à se mettre hors des atteintes de l'ennemi.

Tel encore Masséna, assiégé dans Gênes par les Autrichiens, restait calme et impassible au milien des murmures de la garnison et des cris de la population qui mouraient de faim, bien décidé à ne se rendre qu'après avoir épuisé toutes ses ressources et fait manger jusqu'à l'herbe des jardins, jusqu'au dernier morceau de l'exécrable mélange de toutes sortes de substances qu'on donnait au soldat sous le nom de pain : prolongeant ainsi la résistance jusqu'aux dernières limites du possible et donnant à Bonaparte le temps d'arriver dans les plaines du Piémont pour y gagner la bataille de Marengo. Tel le même Masséna dirigeant la retraite de l'armée dans l'île de Lobau, après la bataille d'Essling, faisant emporter tous les blessés et ramasser toutes les armes laissées sur le terrain, ne voulant même pas abandonner une cuirasse aux mains de l'ennemi, et se repliant lentement sur le pont de bateaux, en manœuvrant comme sur le terrain d'une revue.

Bien des hommes de guerre n'ont acquis que par la force de la volonté le calme qui leur faisait défaut à leurs débuts. De ce nombre fut l'illustre maréchal Lannes. Un jour qu'au plus fort de la bataille il s'était emporté avec une violence extrême contre un officier d'artillerie, qui se trompait de direction, il entendit l'empereur Napoléon observer que cette violence de caractère l'empêcherait toujours, malgré ses brillantes qualités, d'être un général en chef parfait. Il résolut de se dompter lui-même et il y parvint, car à partir de ce jour il n'eut plus de colère sur le champ de bataille.

Napoléon lui-même, qui avait si justement critiqué le caractère de Lannes, devenait surtout calme au sein du danger et à l'heure des déterminations suprêmes; ce calme était celui de la force et du génie, supérieur à tous les événements. Dans les circonstances ordinaires, il y eut peu d'hommes plus emportés que le vainqueur d'Austerlitz. Que de scènes regrettables signalées par l'histoire, scènes dues à ses colères naturelles ou voulues!... la porcelaine brisée pendant les négociations du traité de Campo-Formio, l'apostrophe violente adressée à l'embassadeur d'Angleterre au moment de la rupture du traité d'Amiens devant tout le corps diplomatique, la sortie outrageante faite contre l'aide de camp de l'empereur Alexandre au commencement de la campagne de Russie, les insultes prodiguées injustement à Montbrun, son meilleur général de cavalerie, lors de l'entrée de l'armée dans Wilna, l'entrevue orageuse avec M. de Metternich, ambassadeur d'Autriche, pendant l'armistice de Pleswitz, entrevue qui jeta l'empereur François Ier dans la coalition formée pour renverser l'empire français, etc.

Eh bien ! ce même Napoléon surprenait tous ceux qui l'entouraient, par son calme au milieu des péripéties les plus palpitantes d'une bataille. Les boulets et les balles, lorsqu'il lui fallait s'y exposer, ne comptaient pas pour lui. Dans la campagne de 1813, au passage de l'Elbe, il se trouvait près d'une batterie exposée au feu le plus violent de l'artillerie prussienne postée sur l'autre rive : les jeunes soldats italiens qui occupaient cette position semblaient entendre avec inquiétude le sifflement des boulets. Un coup brise une palissade à côté de l'Empereur et fait voler en l'air les éclats de bois dont un l'atteignait : les jeunes soldats eurent un mouvement instinctif de recul. *Coglioni*, leur dit Napoléon en riant, *non fa malo :* ils ne bougèrent plus.

A la bataille d'Arcis-sur-Aube, 19 mars 1814, pendant que l'Empereur plaçait lui-même sur le terrain labouré de boulets les chasseurs et les grenadiers de sa Vieille-Garde, un obus tombe devant le front d'une compagnie ; quelques soldats font un mouvement en arrière aussitôt réprimé. Napoléon pousse son cheval droit sur l'obus et le maintient immobile à un pas du projectile fumant. L'obus éclate, le cheval éventré s'abat en entraînant son cavalier, l'Empereur disparaît dans la poussière et la fumée. Il se relève sans une blessure et, montant sur un nouveau cheval, il va placer d'autres bataillons. (Henri Houssaye, *1814.*)

A Château-Thierry, le 12 février, « il attendait avec impatience l'entrée en scène de sa cavalerie qui opérait un mouvement sur la gauche des coalisés. J'étais, raconte un officier de l'artillerie à cheval de la garde tout à fait en avant, avec une batterie, la seule qui se fût encore dégagée des boues ; la mitraille et les projectiles de tout calibre pleuvaient sur ce point. L'Empereur y vint laissant en arrière son escorte qui y eût été décimée sans profit. Lui, calme et interrogeant l'horizon sa lunette à la main, ne cachait pas combien il désirait voir arriver sa cavalerie, et me demandait à chaque instant si j'avais de bons yeux et si je la voyais... ; je l'ai vu bien des fois au feu tout aussi tranquille que ce jour-là, mais jamais aussi longtemps en lieu aussi malsain... Enfin je vis la cavalerie, je la lui montrai et il se retira content. » (*Mémoires inédits du général baron G....*)

Au milieu des revers de la campagne de 1813, Napoléon avait opposé à la mauvaise fortune un calme et une patience dignes de la plus grande admiration : « ses maréchaux, qui n'avaient pas pu seconder ses projets, ne reçurent de lui aucun reproche, il excusait les

erreurs, il pardonnait même les fautes. Si des querelles
survenaient entre les généraux, son autorité interve-
nait paternellement, il calmait l'irritation de l'un, ra-
nimait le courage de l'autre, rappelait à celui-ci les
principes de la subordination, à celui-là les égards que
nous devons à nos inférieurs. » (Fezensac, *Souvenirs
militaires.*)

Le calme est indispensable à l'infanterie, menacée
par une brusque attaque de cavalerie : maîtresse de son
feu et ne l'ouvrant qu'à bonne distance, elle jette à
terre la moitié des assaillants et tient les autres en
respect avec les pointes de ses baïonnettes.

A la bataille de Marengo la 72e demi-brigade, appartenant à la division Monnier, et amenée par le premier
consul (Bonaparte) pour appuyer les efforts des corps
d'armée de Lannes et de Victor, était rangée en bataille
dans la plaine, et repoussait par un feu des mieux
nourris, les attaques de l'infanterie autrichienne. Tout
à coup un corps nombreux de cavalerie, débouchant au
galop, déborde et enveloppe cette demi-brigade; sans
se déconcerter le chef de brigade commande au troisième rang de faire demi-tour. La cavalerie autrichienne, accueillie par le feu de ce troisième rang alors
qu'elle s'attendait à tomber sans obstacle sur les derrières de la ligne, tourne bride et laisse le champ libre
à la retraite des Français.

Ce n'était pas la première fois qu'une troupe d'infanterie arrêtait par son calme et son sang-froid une charge de cavalerie, sans se donner la peine ou sans prendre le temps de former le carré. Après la mort de Turenne, son armée commandée par le duc de Lorge, battait en retraite pour repasser le Rhin. Atteinte par l'ennemi qui s'était lancé à sa poursuite, cette armée tint ferme à Altenheim, où l'infanterie ayant son front couvert par un ruisseau, se défendait victorieusement, lorsque la cavalerie des impériaux[1] traversant le ruisseau un peu plus bas vint tomber sur ses derrières. L'infanterie était alors formée sur cinq rangs : les deux derniers se retournèrent tranquillement et arrêtèrent net par le feu le mouvement des impériaux.

La formation en carré admise par le règlement des manœuvres de 1791, le calme de l'infanterie française, ainsi formée aux batailles des Pyramides, du Mont-Thabor et d'Héliopolis, est un des traits saillants des campagnes d'Égypte de 1798 à 1801. Le même calme se retrouve à la bataille de Marengo, chez les grenadiers de la garde consulaire, opposant aux progrès de l'armée autrichienne une muraille inébranlable; à Auerstaedt dans les troupes de Davout, recevant sans se laisser troubler, les charges réitérées de 10,000 cavaliers prussiens, à Lutzen chez les conscrits de 1813, dans la division commandée par le général Compans, restant impassible au milieu des flots de la cavalerie de Blücher. Quelquefois même nos intrépides fantassins pous-

---

1. Ou soldats de l'empereur d'Allemagne.

sèrent trop loin le calme et l'immobilité. A la bataille de Sédiman dans la Haute-Égypte, le général Desaix avait formé sa division en un seul carré, flanqué à chacun des angles antérieurs par un petit carré de trois compagnies seulement. Les Mamelucks se lancèrent d'abord sur le petit carré de droite : le capitaine Valette qui le commandait, prescrivit aux hommes de rester immobiles à la position d'*apprêter les armes,* d'attendre son commandement, abaisser leurs fusils et coucher l'ennemi en joue. Il laisse approcher les Mamelucks à 40 pas et commande : *Joue! — Feu !* L'effet de la décharge fut terrible, mais les chevaux lancés ne s'arrêtèrent pas : ceux mêmes qui avaient été frappés à mort vinrent expirer derrière les rangs de notre infanterie. Le carré fut rompu, les trois compagnies dispersées, et les troupes du grand carré furent forcées de marcher au plus vite à leur secours.

La cavalerie elle-même a besoin de garder tout son calme jusqu'au moment où vient pour elle l'occasion de charger. A la bataille de Neerwinden en 1693, la superbe cavalerie du maréchal de Luxembourg attendait pour charger l'ennemi, que l'infanterie eût enlevé la position qui couvrait le défilé au delà duquel les escadrons devaient entrer en action. Cette position qui n'était autre que le village de Neerwinden, fut disputée avec acharnement, et notre cavalerie resta exposée pendant plusieurs heures au feu le plus violent sans faire le moindre mouvement : son impassibilité arracha au roi d'Angleterre, Guillaume d'Orange, cette exclamation restée célèbre : *Ah! l'insolente nation!* Enfin l'infanterie s'empara du village, la cavalerie franchit le défilé, se déploya dans la plaine et se vengea de sa longue et meurtrière immobilité par les charges les plus impétueuses. Que de fois depuis ce jour notre cavalerie a mérité l'admiration de nos ennemis, autant par son calme sous le feu que par son ardeur à la charge! L'exemple lui en a été donné par ses chefs les plus célèbres. A ce moment suprême où il décida la victoire de Marengo, Kellermann ne se jeta pas d'emblée à corps perdu sur la colonne autrichienne qu'il voulait culbuter. Après s'être porté rapidement avec sa cavalerie en bataille à hauteur de cette colonne et sur son flanc gauche, il arrêta sa ligne de bataille, commanda de pied ferme : *pelotons à gauche*, et *en avant! au trot:* c'est alors seulement qu'il prit son élan, ayant sa troupe bien dans la main, ce qui ne fût pas arrivé s'il eût agi avec plus de précipitation et moins de calme.

S'il est un chef de cavalerie qui passe pour avoir été bouillant et impétueux à la tête de ses nombreux escadrons, c'est à coup sûr Murat. Voici cependant ce que raconte de lui, dans ses *Souvenirs* inédits, un général qui servant sous ses ordres avait été le témoin de la scène dont il s'agit.

« Murat s'était établi au centre des batteries, en examinait l'effet, donnait ses ordres et observait le terrain avec un sang-froid imperturbable. Son costume voyant lui attirait une pluie de boulets dont il n'avait nul souci : on lui apporta une dépêche ; il l'ouvrit, la lut, prit des tablettes, écrivit la réponse au crayon, détacha le feuillet et le tendit à l'aide de camp, le tout aussi tranquillement que s'il eût été dans sa tente. Les circonstances permettaient cependant qu'il s'abritât un moment pour écrire, car son cheval couvert d'écume et de sang respirait la poudre avec moins de calme, trépignant et faisant des écarts à le désarçonner. Mais lui, réduisant sa monture sans s'émouvoir, trouve le moyen d'écrire parmi ces brusques secousses. Voilà ce que j'ai vu et admiré..... »

Le calme si nécessaire à l'infanterie et à la cavalerie est encore plus indispensable à l'artillerie. Excepté dans les rares moments où les batteries se portent rapidement en avant, les canonniers et les officiers, insensibles à tout ce qui n'est pas la direction et l'exécution du tir, se reposant sur les autres armes du soin de les protéger eux et leurs pièces contre les entreprises de l'ennemi, restant presque étrangers au tumulte du combat, doivent conserver le calme le plus absolu et, tant que leur tir n'est pas réglé, s'attacher à tirer bien plutôt qu'à tirer vite. C'est un vieil officier d'artillerie qui a inventé cet adage : *il ne faut pas confondre précipitation avec vitesse.* Le plus célèbre des artilleurs de la Grande-Armée, l'illustre Drouot, peut être cité comme un modèle de ce courage tranquille qui est la première vertu de l'artillerie. Voici comment un témoin oculaire dépeint son attitude à la bataille de Leipzig (18 octobre 1813), alors que les batteries de la garde postées au point décisif de Probstheyda, laissaient arriver les divisions prussiennes jusqu'à portée de mitraille pour les écraser sous un feu meurtrier : « Il est impossible de montrer plus de calme, plus de sang-froid, plus de présence d'esprit, en un mot plus de vrai courage au milieu des dangers, qu'il n'en montrait dans de semblables occasions ; pas la moindre émotion sur son visage, pas le moindre mouvement d'impatience, pas une parole plus vive que de coutume, toujours même douceur, même politesse dans son langage. Ayant eu successivement deux chevaux tués sous lui, il était là à pied, tranquille, mais non inactif, attendant qu'on lui en amenât un troisième. Il était beau alors, bien qu'il fût, comme on sait, dépourvu de tout ce qui aux yeux du vulgaire constitue l'extérieur obligé d'un bel homme de guerre. » (Général Girod de l'Ain, *Souvenirs militaires.*)

Quelques jours plus tard, à la bataille de Hanau (30 octobre), dans laquelle Napoléon passa sur le ventre de l'armée bavaroise qui prétendait lui barrer le passage, Drouot, au milieu d'une batterie de 50 pièces, recevait avec le même sang-froid la charge furieuse de la cavalerie ennemie, à pied au milieu de ses canonniers, leur recommandant le calme et attendant le moment d'écraser cette cavalerie par une décharge simultanée de toutes ses pièces.

L'année suivante, à Craonne (7 mars 1814), l'artillerie de la garde et les batteries de réserve étaient restées en arrière, retenues par un encombrement au passage de l'Aisne. L'Empereur ne pouvait opposer que quatre batteries à la puissante artillerie des Russes ; ces batteries sont accueillies par un feu terrible auquel elles ne savaient comment répondre, car les canonniers qui les servaient connaissaient à peine la manœuvre. Drouot, toujours impassible, allait d'une batterie à l'autre, montrant à ces jeunes conscrits la manière de pointer et de manœuvrer leurs pièces, avec autant de douceur et de calme que s'il eût été au polygone.

Lorsque les batteries de la division Bosquet eurent gravi les hauteurs de l'Alma avec un élan et un entrain sans pareils, comme nous l'avons raconté plus haut, et commencèrent à tirer sur l'aile gauche des Russes, le capitaine Fiévet, qui commandait la première de ces batteries, sut communiquer à ses braves canonniers un calme tel que, là aussi, on se serait cru au polygone. Observant les coups du haut de son cheval, immobile comme lui, le capitaine rectifiait tranquillement le tir, applaudissant joyeusement des deux mains à chaque coup qui portait bien au but. L'autre batterie vint se placer à sa droite ; douze pièces commandées et servies de la sorte eurent promptement raison des quarante bouches à feu réunies sur ce point par les Russes.

XI

CONFIANCE

Batailles de Wagram et d'Austerlitz. — Napoléon et son armée. — Le maréchal Lannes. — Bataille de Tudela. — Siège de Saragosse. — Turenne et ses soldats. — Le maréchal Bugeaud.

A la guerre, le premier élément du succès est la confiance : confiance du soldat en ses camarades et en ses chefs, confiance du chef dans ses soldats. L'homme qui expose journellement sa vie au sort des combats a besoin de pouvoir compter sur l'appui de ceux qui combattent avec lui et à côté de lui. Il se résigne facilement au sacrifice que lui impose le devoir militaire, s'il entrevoit la probabilité d'une victoire et la chance de se tirer d'affaire. Une troupe, quelle qu'elle soit, compagnie, bataillon, division, armée, est une masse intelligente ; si elle se sent dans des mains habiles, sous une direction ferme, elle marche sans arrière-pensée où l'on veut la conduire, et on peut tout obtenir d'elle ; mais si elle sent de l'hésitation chez ceux qui la mènent, si l'expérience lui démontre leur faiblesse, alors elle ne regarde plus en face d'elle et cherche à droite ou à gauche, quelquefois même en arrière, le moyen de s'échapper. Par contre, un chef entreprendra bien plus avec des soldats dont il connaît la valeur, qu'avec des hommes qui ne lui inspireront qu'une confiance médiocre.

A la bataille de Wagram, le 6 juillet 1809, l'aile gauche de l'armée française, commandée par Masséna, se trouva pour un moment dans une position des plus critiques. L'armée qui, dans la journée du 5, avait franchi le Danube sur plusieurs ponts de bateaux établis pour la circonstance entre l'île Lobau et la rive gauche du fleuve, n'avait d'autre moyen de retraite en cas d'échec que ces mêmes ponts, couverts et protégés contre les tentatives de l'ennemi par le corps de Masséna. L'archiduc Charles, commandant en chef l'armée autrichienne, dirigea de ce côté des forces considérables qui attaquèrent notre aile gauche avec une extrême vigueur ; les ponts furent sérieusement menacés. La division Boudet, qui s'appuyait au Danube, perdit son artillerie et fut refoulée jusque sur les retranchements établis pour défendre le débouché des ponts. Tout semblait perdu. La résistance énergique du corps de Masséna, le feu de 100 pièces de canon amenées au centre de l'armée, les succès de l'aile droite, commandée par le maréchal Davout, rétablirent les affaires, et Masséna, dégagé par la marche en avant d'une forte colonne organisée derrière la grande batterie du centre sous les ordres de Macdonald, put à son tour prendre l'offensive. La bataille fut gagnée sur toute la ligne, mais l'armée autrichienne pût se retirer en bon ordre. Il n'en eût pas été de même et la victoire eût été bien autrement décisive si on avait laissé l'aile droite des Autrichiens s'engager le long du Danube derrière notre gauche et même couper la communication avec les ponts. Il aurait suffi dans ce cas de se retourner contre cette aile, après les succès de Davout, pour détruire et prendre une partie de l'armée ennemie. Napoléon conçut un instant l'idée de cette manœuvre. « Je l'aurais tentée, dit-il lui-même, avec mon armée d'Austerlitz, parce que, confiante en moi et en elle-même, elle fût restée inébranlable en face du danger qui la menaçait sur sa ligne de retraite et ne se serait pas laissé détourner du but que je lui assignais. Je ne l'ai pas osé avec l'armée de 1809, en partie composée de jeunes troupes, qui eussent perdu la tête en voyant l'ennemi derrière elles intercepter la communication avec l'île Lobau. »

On trouvera peut-être ces considérations un peu élevées à propos des vertus militaires en général, et particulièrement de la confiance du chef dans ses troupes, mais il n'est pas un soldat ou un homme intelligent qui ne soit capable de les comprendre. Napoléon lui-même n'avait-il pas, dans la proclamation adressée à son armée la veille de la bataille d'Austerlitz, expliqué la manœuvre qu'il projetait pour le lendemain, qu'il exécuta avec le plus brillant succès et qu'il ne crut pas de-

voir renouveler à Wagram? « Les positions que nous
occupons, disait-il, sont formidables, et pendant qu'ils
(les Russes) marcheront pour tourner ma droite, ils me
présenteront le flanc. » Il n'y avait donc pas dans l'armée un soldat qui ne connût le but assigné à ses efforts,
l'emploi de sa bravoure et de son énergie. Cette confiance du chef, exposant ainsi publiquement son plan,
ne triplait-elle pas la confiance de ceux qui étaient
chargés de l'exécuter?

Napoléon avait, certes, pour le seconder, des maréchaux et des généraux de la plus haute valeur, dont
plusieurs même ont laissé la réputation d'hommes de
guerre de premier ordre ; néanmoins, la confiance de
l'armée dans son empereur était telle que, partout
où il paraissait, l'ennemi reconnaissait immédiatement sa présence à la vigueur des coups qui lui étaient
portés.

Plusieurs des lieutenants de Napoléon ont eu, quoique à un moindre degré, le don d'inspirer la confiance.
Lorsque plusieurs corps de la Grande-Armée entrèrent
en Espagne avec Napoléon lui-même, à la fin de l'année
1808, pour venger l'affront de Baylen, trois armées espagnoles marchèrent à leur rencontre. Une de ces armées,
venue du Midi et commandée par Castaños, le vainqueur de Baylen, avait rallié les troupes d'Aragon placées sous les ordres de Palafox, le héros futur de la
défense de Saragosse, et occupait une forte position

à Tudela, sur l'Èbre. Elle avait devant elle plusieurs divisions appartenant à divers corps d'armée qui restaient en observation sans agir. L'Empereur, désireux d'obtenir sur ce point un résultat décisif, fit appel au dévouement du maréchal Lannes, qui, malade des suites d'une chute de cheval et tenant à peine debout, vint prendre le commandement des troupes réunies sur l'Èbre. « Immédiatement, dit dans ses *Mémoires* un officier qui accompagnait alors le maréchal, on vit ce que pouvait faire la présence d'un seul homme : la confiance s'empara de tous les cœurs, chacun ne songea plus qu'à se porter en avant. » Le lendemain, Lannes remportait la belle victoire de Tudela.

On vit encore cet effet de la confiance du soldat se manifester, lorsque le même maréchal Lannes vint prendre le commandement supérieur des deux corps d'armée employés au siège de Saragosse en 1809. Quelque braves que fussent leurs chefs, les troupes désespéraient de vaincre les difficultés de ce siège unique dans l'histoire. Dès que Lannes eut pris le commandement, elles retrouvèrent confiance en voyant leurs efforts dirigés par une volonté ferme et unique. Le maréchal sut entretenir cette confiance par sa présence continuelle au milieu des soldats. Pour être plus près d'eux, il avait établi son quartier général dans une vieille auberge ruinée, au lieu de s'installer dans quelque château des environs. Vers la fin du siège cependant, le découragement commença à renaître, par suite de la longueur et de l'opiniâtreté de la résistance. On avait trouvé dans les couvents pris d'assaut quantité de tableaux dont les soldats s'étaient emparés et dont ils utilisaient les toiles pour s'abriter dans les bivouacs. Le maréchal Lannes passant un jour près d'un groupe de soldats occupés à regarder ces toiles, fut très étonné d'entendre dire : « Le bon Dieu laissera boire un coup au vieux, comme le maréchal nous fera passer le goût du pain. » Il s'approcha et reconnut un tableau qui représentait la parabole de Jésus invitant l'apôtre saint Pierre à marcher sur l'eau. « Mes amis, dit-il avec aplomb, Dieu parle ici à saint Pierre comme j'ai à vous parler à vous-mêmes; saint Pierre eut confiance en Dieu et il marcha sur l'eau, et vous, mes amis, par votre persévérance et votre confiance en moi, vous deviendrez maîtres de Saragosse. » Les soldats saluèrent aussitôt le maréchal de leurs joyeux vivats, et le reconduisirent à son quartier général, en lui promettant de ne plus se décourager. Ils tinrent parole, et Saragosse ne tarda pas à tomber au pouvoir des Français.

La confiance se perd comme elle se gagne ; pour la conserver, il faut continuer de s'en montrer digne. Ici encore, Turenne peut être cité comme le général à l'égard duquel la confiance du soldat fut portée au plus haut degré. Au moment où ce grand homme fut tué, cette confiance venait d'être augmentée par la belle campagne de 1674, dans laquelle, obligé d'abandonner l'Alsace pour se replier en Lorraine par le col de Saverne, il avait longé le revers occidental des Vosges pour les tourner et reparaître soudainement en Alsace par la trouée de Belfort. Après sa mort, les généraux à qui était échue la tâche difficile de commander son armée hésitaient sur le parti à prendre. « Qu'on nous amène *La Pie,* s'écrièrent les soldats, *elle nous conduira...* » La Pie était le cheval que Turenne montait ordinairement et sur lequel on était habitué de le voir les jours de bataille. L'armée fut sauvée par le sanglant combat d'Altenheim, dans lequel les pertes subies furent hors de proportion avec les pertes infligées à l'ennemi. Les soldats blessés dans ce combat se disaient entre eux pendant qu'on les emportait : « Hélas ! si notre père n'était pas mort, nous ne serions pas blessés. »

De nos jours le maréchal Bugeaud, le *Père Bugeaud,* comme l'appelaient les soldats de l'armée d'Afrique sans cesser de le respecter, sut obtenir leur confiance par son énergique résolution, sa sûreté de coup d'œil, la promptitude de sa décision, sa sollicitude éclairée pour les besoins du soldat, sa bonté communicative.

XII

CONFRATERNITÉ

Camaraderie et esprit de corps. — Combat de Sidi-Rached. —
Le 2ᵉ chasseurs d'Afrique et le 32ᵉ de ligne. — Druge à l'armée
du Rhin. — Le 7ᵉ léger et le 7ᵉ hussards. — Le 3ᵉ zouaves et
l'artillerie. — Le camp de Boudaou. — Marmont et Soult. —
Le 92ᵉ à Grätz. — Dupont à Dicrnstein. — Le lieutenant-colonel
Mangin à Montebello. — Le colonel Fezensac et son régiment.

La confraternité est le sentiment qui porte tous les
soldats d'un même régiment, d'une même division,
d'une même armée, d'une même patrie, à se considérer
comme solidaires les uns des autres, comme obligés de
se prêter un mutuel appui, de partager les mêmes dangers, les mêmes fatigues. « Un échange de services
rendus, a dit le maréchal Marmont, une aide réciproque,
doublent, décuplent la force et la sécurité de chacun... »
C'est précisément dans l'état de guerre et au milieu des
périls que se montre le plus habituellement cette habitude de camaraderie. Dans l'intérieur d'un même
régiment, la camaraderie ou la confraternité peut être
engendrée par l'esprit de corps, mais elle diffère essentiellement de cet esprit, en ce sens que celui-ci intéresse
à l'honneur et à la réputation de la grande famille régimentaire chacun des membres de cette famille, tandis

que la confraternité les relie entre eux par une sorte de mutualité.

L'histoire militaire fourmille d'exemples dans lesquels les officiers et les soldats d'un même régiment se sont sacrifiés noblement à la confraternité. L'épisode de Sidi-Rached est resté à cet égard célèbre dans les fastes de l'armée d'Algérie et dans les traditions du 2ᵉ régiment de chasseurs d'Afrique. Le général Gentil opérait dans la tribu des Flittas avec une colonne dont faisait partie le 2ᵉ chasseurs d'Afrique. Le 16 mai 1843, le jour même de la prise de la smalah d'Abd-el-Kader, le capitaine Daumas, envoyé en reconnaissance avec 50 chasseurs, s'étant trop éloigné du gros de la colonne, fut tout à coup enveloppé par plus de 1,500 cavaliers arabes, qui cernèrent complètement son détachement. Ne pouvant ni se faire jour par une marche hardie, ni envoyer demander du secours, Daumas se résigna à vendre chèrement sa vie et celle de ses hommes. Ils mirent pied à terre, après avoir gagné le marabout de Sidi-Rached, situé sur un petit tertre et, s'embusquant habilement, ils entamèrent avec les Arabes un vrai combat d'infanterie. Au bruit de la fusillade, le capitaine Favas, du même régiment, qui, avec 60 chevaux, éclairait aussi la marche du général Gentil, s'empressa d'accourir. Il ne se méprit pas sur la gravité de la situation, mais, estimant sans doute qu'il n'avait pas le droit d'exposer les hommes sous ses ordres à une mort cer-

taine et inutile, il leur montra l'alternative dans laquelle
ils étaient placés : « Nos camarades, leur dit-il, doivent
tous succomber ; voulez-vous partager leur sort et mourir
glorieusement à côté d'eux ou bien regagner tranquillement la colonne et garder pour toujours au fond du
cœur la honte d'une lâcheté ? Choisiśsez. — A eux! à
eux ! capitaine », s'écrient tous les chasseurs d'une voix
unanime. Aussitôt M. Favas commande la charge et
s'élance à la tête de son détachement, après avoir pris
la précaution d'envoyer prévenir le général Gentil. Devant cette furieuse attaque, les Arabes ouvrent leurs
rangs, mais pour les serrer aussitôt et renfermer dans
le même cercle les deux escadrons. Les nouveaux cavaliers mettent pied à terre et prennent place à côté de
leurs camarades. La lutte reprend de plus belle ; l'attaque devient furieuse, mais la défense est héroïque.
Tous les chasseurs auraient succombé cependant sans
l'arrivée d'un bataillon du 32e, accourant au pas gymnastique et sans sacs. Après une lutte assez vive, les
Arabes se dispersèrent. Sur 110 chasseurs composant
les deux détachements des capitaines Daumas et Favas,
22 étaient tués et 30 blessés. Sur sept officiers, un
seul était resté sain et sauf. Le bataillon du 32e était
accouru au bruit de la fusillade, obéissant à cette loi
de la confraternité qui unit ensemble tous les soldats
d'une armée à quelque corps et à quelque arme qu'ils
appartiennent.

A l'armée du Rhin, en 1793, Druge, hussard au 7e régiment, dont nous avons déjà cité un trait de bravoure

s'était fait une sorte de spécialité de la délivrance des
soldats français emmenés prisonniers par l'ennemi.
Dans un engagement qui eut lieu le 22 juillet, il entend
crier: «Druge, à moi!» C'était un dragon du 16ᵉ régiment que deux hussards autrichiens avaient désarmé et
fait prisonnier. Il s'élance au galop, se bat avec les deux
hussards et sauve le dragon. Il venait déjà de délivrer
quatre volontaires de la Corrèze pris par trois hussards.
C'était pour lui une habitude.

Il arrive souvent à la guerre que des troupes d'armes
différentes, infanterie et cavalerie, ou artillerie et infanterie, ou encore cavalerie et artillerie, attachées
l'une à l'autre pour une opération déterminée, contractent des sentiments intimes de camaraderie et de solidarité qui les rendent aussi unies que les militaires d'un
même régiment. Le général de Brack raconte que dans la
campagne de 1809, en Autriche, le 7ᵉ régiment d'infanterie légère ayant été détaché auprès de la division
Montbrun dont faisait partie le 7ᵉ hussards, les soldats de
ces deux régiments se lièrent entre eux d'une véritable
amitié; ils se rendaient réciproquement tous les services en leur pouvoir et apportaient toute leur intelligence à s'assister dans la tâche commune qu'ils avaient
à remplir. « L'amitié que conçurent ces deux corps, dit
le général de Brack, alors lieutenant au 7ᵉ hussards,
fut si vive qu'après s'être dit que 7 et 7 faisaient 14,
les hussards répondaient au: Qui vive! 14ᵉ hussards,

et l'infanterie : 14ᵉ d'infanterie légère. Cette fraternité trouva vite l'occasion de se prouver, car nous fûmes attaqués, à quelques lieues de Ratisbonne, par des forces très supérieures, et nous aurions succombé sans la mutualité d'élan et de dévouement qu'elle nous inspira. »

Après la bataille de l'Alma, les canonniers des batteries de la division Bosquet et les zouaves du 3ᵉ régiment qui les avaient aidés à escalader avec leurs pièces la hauteur escarpée, vécurent ensemble comme des frères. Cette fraternité dura autant que la guerre de Crimée, jusqu'au jour où les uns retournèrent en Algérie, tandis que les autres rentraient en France.

Lors même que la confraternité ne résulterait pas de la sympathie, des services rendus antérieurement ou des habitudes d'une vie commune, le devoir seul suffirait pour la rendre obligatoire. Au mois de janvier 1837, le colonel Schauenbourg, rentrant à Alger à la suite d'une expédition, laissa pour défendre le camp de Boudaou un peloton de 15 chasseurs d'Afrique du 1ᵉʳ régiment, un bataillon du 2ᵉ léger et un bataillon du 48ᵉ de ligne récemment débarqué de France ; une compagnie de ce dernier bataillon était détachée à la ferme de la Rézaia, située à quelque distance du camp.

Il n'existait, dans la redoute qui formait réduit, qu'un obusier de campagne approvisionné à cinq ou six coups : c'était là toute l'artillerie du camp de Boudaou. Un es-

pion arabe, surpris au milieu des tentes, avait laissé
échapper des aveux précieux relativement aux projets
et aux préparatifs des Arabes, mais on n'en tint aucun
compte. Deux jours après son départ, les 800 hommes
qui formaient la garnison de Boudaou furent enveloppés et subitement cernés par une masse de plus de
10,000 Arabes formant autour du camp un cercle qui se
rétrécit jusqu'à demi-portée de fusil. Un combat des
plus violents s'engagea autour de l'obusier devenu inutile faute de munitions. Un bois de cactus qui protégeait
la gauche du 2ᵉ léger fut enlevé par les Arabes et repris après une lutte corps à corps. Au moment où, après
s'être emparé de ce bois, le bataillon du 2ᵉ léger s'é-
lançait sur les Arabes, le tambour retentit et l'ennemi
se retira précipitamment. Le capitaine de la compagnie
du 48ᵉ détachée à la ferme, attiré par la fusillade,
était accouru avec une section, ordonnant à son tambour
de battre la charge à coups redoublés ; les Arabes crurent avoir affaire à toute la division d'Alger ; ils s'enfuirent sur les hauteurs en laissant à terre de nombreux
cadavres. Un brigadier de chasseurs d'Afrique avait
trouvé moyen, en prenant le burnous et le fusil d'un
cavalier indigène tué dans l'intérieur du bivouac, de
passer à travers les rangs serrés des Arabes, de parcourir au galop d'une seule traite la longue distance
qui sépare Boudaou d'Alger. Son cheval tomba raide
mort en arrivant sur la place du Gouvernement, mais
une forte colonne d'infanterie et de cavalerie était partie
immédiatement sous le commandement du général

Perregaux. Chargés en flanc par la cavalerie et fusillés par l'infanterie, les Arabes s'enfuirent définitivement.

Sur une échelle plus vaste, la conduite du maréchal Marmont, à la tête de l'armée de Portugal en 1811, peut être citée comme un des exemples les plus remarquables de la confraternité militaire. Il venait de prendre le commandement d'une armée épuisée par une longue et pénible campagne ; ses instructions lui recommandaient de réorganiser cette armée avant de rien entreprendre, et de son quartier général de Ciudad-Rodrigo, il y apportait tous ses soins, lorsque le maréchal Soult, commandant l'armée du midi de l'Espagne, fit appel à son aide pour sauver la place de Badajoz, menacée par les Anglais. L'appel était pressant, car la garnison de Badajoz, malgré une glorieuse résistance, allait succomber, et la chute de cette place pouvait entraîner de graves conséquences. Marmont lui-même se trouvait dans une position difficile, et le maréchal Bessières, qui commandait l'armée du nord de l'Espagne, lui conseilla vivement de ne pas déférer à la demande de Soult. Marmont n'hésita pas cependant à voler au secours d'un camarade. Après avoir ravitaillé la place de Ciudad-Rodrigo et s'être assuré un pont sur le Tage, il se porta rapidement vers le midi. A son approche, l'armée anglaise leva le siège de Badajoz, où les deux maréchaux Soult et Marmont firent leur entrée au milieu des acclamations de la garnison.

Il faut le dire, cette conduite généreuse, conforme aux traditions laissées par les généraux de la République et aux agissements des armées de Sambre-et-Meuse, de Rhin-et-Moselle et d'Italie, était presque devenue un cas d'exception dans les dernières années de l'Empire, alors que l'ambition, dominant dans le cœur des lieutenants de Napoléon, y créait des rivalités nuisibles au bien de l'armée. C'est en revenant à ces traditions, dont nos ennemis ont fait leur profit en se les appropriant, que l'armée française retrouvera ses succès d'autrefois. Elles n'ont jamais été perdues d'ailleurs dans les rangs inférieurs de l'armée. L'exemple du 92e de ligne à Grätz avait eu de nombreux précédents ; il a trouvé d'aussi nombreux imitateurs. C'était pendant la campagne de 1809 ; le général Broussier, marchant avec la droite de l'armée d'Italie, avait envoyé dans la ville de Grätz pour l'occuper, le 25 juin, deux bataillons du 84e, commandés par le colonel Gambin et comprenant 1,100 combattants. Ces deux bataillons, attaqués par plus de 10,000 Autrichiens, luttèrent énergiquement et victorieusement pendant 48 heures ; les munitions étaient épuisées ; il ne restait plus au colonel Gambin qu'à se faire jour à la baïonnette à travers les masses ennemies, lorsqu'il se trouva en présence d'une troupe française. Le général Broussier avait entendu le feu très vif du combat de Grätz, il s'était porté au secours du 84e et, comme les troupes qu'il amenait étaient fatiguées, ayant marché sans s'arrêter, il avait détaché en avant le co-

lonel Nagle, du 92ᵉ régiment de ligne, avec les deux
premiers bataillons de son régiment et le 3ᵉ bataillon
du 84ᵉ. Ce colonel était parti au pas de course, puis se
précipitant comme un torrent sur la ligne ennemie, il
l'avait rompue pour percer jusqu'au 84ᵉ. Les soldats des
deux colonnes, ivres de joie, s'embrassèrent sur le
champ de bataille. Les nouveaux arrivants partagèrent
leurs cartouches avec les premiers défenseurs de Grätz
et se réunirent pour repousser l'ennemi. Nous revien-
drons sur ce fait.

La campagne d'Italie de 1859 nous fournit un nouvel
exemple de l'application du principe de confraternité.
Le 1ᵉʳ bataillon du 93ᵉ de ligne, appartenant à la division
d'Autemarre du 5ᵉ corps de l'armée française (corps du
prince Napoléon) venant d'Alger et débarqué à Gênes,
reçut l'ordre de partir le 20 mai, à six heures du matin,
pour Bobbio en prenant jusqu'à Tortone la voie ferrée.
Il marchait de Tortone à Voghera et se trouvait à quatre
kilomètres et demi de cette dernière localité, lorsque
tout à coup on entendit le canon en avant et sur la droite.
La division Forey, première du 1ᵉʳ corps d'armée, était
alors en effet engagée vis-à-vis Montebello contre des
forces supérieures, tandis que la 3ᵉ division du 1ᵉʳ corps
restait immobile en deçà de Voghera, l'arme au pied,
sous prétexte que le mouvement de la division Forey
avait pour but une reconnaissance à opérer et non une
bataille à livrer. Au bruit du canon, le lieutenant-co-

lonel Mangin, qui commandait le bataillon du 93e, arrête sa colonne et envoie l'adjudant-major au galop se renseigner sur ce qui se passait. Au retour de cet officier, il ordonne à sa troupe de se porter en avant, traverse rapidement Voghera, puis, apprenant que la position de la brigade Blanchard, deuxième de la division Forey, devenait critique, il fait mettre les sacs à terre et prendre le pas gymnastique. Arrivé sur le terrain et après avoir pris les ordres du général Blanchard, il se jette audacieusement sur le flanc droit des Autrichiens qui, croyant avoir affaire à l'avant-garde d'un corps considérable, battent en retraite.

M. de Moltke, dans son *Historique de la campagne de 1859*, après avoir raconté ce fait, ajoute : « Ce bataillon n'appartenait pas au corps engagé ; il était accouru au bruit du canon suivant le bel usage depuis longtemps en vigueur dans l'armée française. »

Rien n'attache autant que la communauté de malheurs, dit, dans ses *Souvenirs militaires*, le duc de Fezensac à propos de la retraite de Russie et du 4e léger, dont il était alors colonel.... « Jamais un officier ou un soldat n'eut un morceau de pain sans le venir partager avec moi. Cette réciprocité de soins n'était point particulière à mon régiment. On la retrouvait dans l'armée entière, dans cette armée où l'autorité était si paternelle, et où la subordination se fondait presque toujours sur l'attachement et la confiance. »

XIII

CONSTANCE

La 28ᵉ demi-brigade à Chivasso. — Blocus d'Egra. — Siège et blocus de Mayence. — L'armée du Nord en Hollande. — Siège de Fort-l'Écluse. — L'armée d'Italie en 1795. — La Grande-Armée en Pologne. — Siège de Sébastopol. — La garnison de Milianah.

Lorsqu'au mois de mai 1800 l'armée de réserve organisée par les soins de Bonaparte, alors premier consul, traversa les Alpes et descendit du Saint-Bernard dans les plaines du Piémont, le général Lannes, commandant l'avant-garde de cette armée, arriva à Chivasso le 28 mai, après avoir remporté plusieurs victoires. Bonaparte vint y passer la revue des troupes de Lannes, parmi lesquelles se trouvait la 28ᵉ demi-brigade d'infanterie de ligne, qui venait pendant plus d'un an d'être détachée dans le Valais pour en garder les passages. Bonaparte adressa aux soldats de cette demi-brigade les paroles suivantes :

«Voilà deux ans que vous passez sur les montagnes, souvent privés de tout, et vous êtes toujours à votre devoir sans murmurer. C'est la première qualité d'un bon soldat. »

Cette qualité ! On en trouve des preuves éclatantes dans l'histoire de l'armée française.

Le 4 juin 1743, la brigade *de Limosin*, comprenant, outre le régiment de ce nom, trois bataillons d'autres corps, fut étroitement bloquée par l'armée autrichienne dans la place d'Egra, qu'elle était venue ravitailler. La garnison, abandonnée dans cette place à 300 lieues de la France, sur les frontières de la Bavière et de la Bohême, est sommée de se rendre en livrant ses armes et ses drapeaux. Officiers et soldats jurent de périr plutôt que de souscrire à ces conditions. Le blocus fut alors resserré et dura jusqu'au 7 septembre, trois mois, pendant lesquels ces braves troupes endurèrent toutes les tortures de la faim la plus affreuse. On mangea les chiens, on vendit au poids de l'or les rats et les souris. Le soldat bientôt ne vécut plus que d'herbes crues et de débris de quelques chevaux abattus pour la table des officiers. « Il ne désertait personne, lit-on dans une lettre du temps, et l'on n'entendait aucun murmure. Le 25 août, jour de la fête du roi, les aumôniers célébrèrent la grand'messe avec pompe ; les officiers firent de la musique ; le marquis d'Hérouville, commandant de la place, donna un grand dîner, dont les derniers chevaux de la garnison firent les honneurs, et, sur le soir, les régiments en grande tenue prirent les armes pour faire une décharge de mousqueterie sur le rempart, et la gaieté française trouva moyen de suppléer ce jour-là à tout ce qui manquait pour fêter le roi. » Enfin, le 7 septembre il fallut se rendre, sous peine de mourir de faim. (Susane, *Histoire de l'infanterie.*)

En 1793, les troupes républicaines assiégées dans

Mayence opposèrent une constance égale aux mêmes souffrances et aux mêmes privations. L'investissement commença le 6 avril, la garnison capitula le 24 juillet. Forte de 22,000 hommes, elle eut d'autant plus à souffrir de la faim qu'elle était plus nombreuse et que l'approvisionnement de vivres tout à fait insuffisant s'épuisa plus tôt. « La chair de cheval, les rats et les souris devenaient la nourriture des habitants et des soldats. Le général Aubert Dubayet, qui dirigeait la défense, invita un jour à dîner plusieurs officiers supérieurs, parce qu'il avait à leur offrir pour rôti un beau chat entouré d'un cordon de souris. L'huile de poisson servait aux soldats à faire leur soupe ; plusieurs y ayant mêlé quelques herbes vénéneuses devinrent fous. Cependant ils supportaient ces privations avec un courage peut-être plus admirable que celui qu'ils montraient dans les combats. » (*Victoires et conquêtes.*) La faim força la garnison de Mayence à capituler.

Un an plus tard, c'étaient les Autrichiens qui défendaient Mayence et les Français qui le bloquaient ; mais, tandis que des divisions détachées de l'armée de la Moselle occupaient la rive gauche du Rhin devant la place, l'armée de Sambre-et-Meuse ne put se maintenir sur la rive droite, vis-à-vis le fort de Castel, que pendant un court intervalle de temps. La garnison communiquait donc librement avec cette rive et se ravitaillait sans difficulté ; les troupes françaises, au contraire, mal installées, manquant de tout, souffrirent cruellement, surtout pendant l'hiver de 1794 à 1795,

qui fut exceptionnellement froid. Elles étaient bara-
quées dans des trous de cinq à six pieds de profondeur.
La disette occasionna bientôt parmi elles des maladies
graves, provenant surtout des racines de toute espèce
que les soldats déterraient avec leurs baïonnettes pour
suppléer au défaut d'aliments. Pendant l'automne, les
chemins étaient défoncés par la pluie ; les chevaux,
épuisés, ne pouvaient plus traîner les voitures. Il fallait
atteler 12, 16 et jusqu'à 20 chevaux aux caissons de
pain, et ces caissons mettaient de six à sept jours pour
faire le trajet de cinq lieues qui séparait les camps de la
manutention. Quand vint l'hiver, les voitures purent
rouler sur le terrain durci et apporter du pain, mais quel
pain ! un composé d'une faible proportion de farine,
de seigle et d'orge et d'une plus grande partie de farine
d'avoine et de pois. « Il répugnait à la vue et à l'odo-
rat, dit le maréchal Gouvion Saint-Cyr qui faisait alors
partie de l'armée du Rhin, il fallait être affamé pour en
manger la mie. »

Mais, fait encore observer Gouvion Saint-Cyr, patriotisme et honneur étaient alors les seuls mobiles qui
faisaient agir l'armée française : elle souffrit avec une
constance héroïque tous les genres de privations pendant huit mois consécutifs.

Que dire de l'armée du Nord dans la campagne de
Hollande, pendant ce même hiver de 1794 à 1795?
La résignation avec laquelle cette armée endura des

privations inouïes, aggravées par un froid excessif, fut admirable. Elle eut d'abord à lutter contre les pluies et les inondations. Au siège de Fort-l'Écluse, qui dura du 30 juillet au 25 août 1794, les soldats dans l'eau et dans la boue jusqu'à la ceinture, pendant le travail de la tranchée, s'encourageaient les uns les autres en criant « vive la République! nous n'en aurons point le démenti. » Accablés de maladies, tourmentés par des fièvres continues, causées par l'insalubrité de l'air et la mauvaise qualité de l'eau, ils supportaient tout cela avec une résignation héroïque, et ceux des soldats qui restaient debout s'offraient d'eux-mêmes pour faire le service des malades ou des valétudinaires. Dès le commencement de l'hiver, les fleuves et les bras de mer gelés ouvrirent aux opérations militaires une communication facile, mais les troupes qui marchaient et combattaient sans relâche depuis près d'un an et qui ne recevaient ni vivres ni vêtements, insuffisamment nourries, vêtues de haillons, chaussées de chiffons enroulés autour des pieds, présentaient un aspect digne de pitié. Pendant la durée du siège on évacua plus de 7,000 hommes sur les hôpitaux. « La plupart des soldats n'étaient plus, dit un historien, que des spectres décharnés, chez qui le cœur seul conservait encore sa vigueur ; l'armée fit cependant une entrée triomphale dans Amsterdam, suppléant à tout ce qui lui manquait par la régularité de sa marche sous les armes et la fierté de son attitude. » (*Victoires et conquêtes.*)

Mêmes souffrances, même résignation dans l'armée

des Pyrénées-Orientales, forcée d'attaquer des positions formidables pour ne pas mourir de faim dans un
pays dénué de toutes ressources. Au milieu de vallées
inaccessibles aux voitures de transport, l'armée d'Italie
cantonna pendant ce rude hiver sur les sommets glacés
des Alpes. Les troupes de cette armée campaient dans
la neige et, faute de distributions, vivaient de châ-
taignes recueillies aux avant-postes. Les abris des
camps étaient des trous creusés dans la terre, recou-
verts à l'aide de branches d'arbre apportées de loin avec
des peines infinies et du peu de thym qu'on pouvait se
procurer : officiers et soldats couchaient sur la dure,
n'ayant plus même de capotes, et cependant l'attitude
de ces troupes, leur persévérance, leur discipline, leur
modération vis-à-vis des habitants excitaient l'admiration des populations.

Du 30 décembre 1806 au 30 janvier 1807, les troupes
de la Grande-Armée furent cantonnées en Pologne.
Troublées par la brusque agression des Russes, elles
reprirent à partir du 20 février jusqu'au 20 juin d'autres
cantonnements dans la vieille Prusse. Les privations
qu'elles eurent à y supporter ne sauraient être com-
parées à celles des armées de 1794, 1795 et 1799, mais
l'approvisionnement de 180,000 hommes, groupés sur
un étroit espace, présentait les plus grandes difficultés.
L'empereur Napoléon, ayant chargé son ministre des
affaires étrangères, M. de Talleyrand, de se procurer

à Varsovie des moyens de subsistance, lui écrivait le 12 mai 1807: « Battre les Russes est un enfantillage si j'ai du pain. L'importance de la mission dont je vous charge est plus grande que toutes les négociations du monde. » Au milieu de ces difficultés les troupes vivaient souvent très mal ; habituées jusque-là à des marches rapides et victorieuses, elles se voyaient condamnées à l'immobilité à plusieurs centaines de lieues de la France, dans un pays triste et monotone, sous un ciel gris, pendant un hiver rigoureux qui se prolongea jusqu'aux derniers jours du printemps : elles étonnèrent l'Europe par leur constance et leur bonne humeur.

Il est vrai que ce séjour dans les cantonnements pouvait passer pour un paradis à côté des souffrances endurées pendant la marche qui précéda la bataille de Pultusk, au mois de décembre 1806, et celle qui suivit la bataille d'Eylau au mois de février 1807, « au milieu de la neige et de la boue, sans vin, sans eau-de-vie, sans pain, mangeant des pommes de terre et de la viande, se battant à la baïonnette et sous la mitraille, les blessés obligés de se retirer en traîneau, en plein air. » C'est l'empereur Napoléon lui-même qui s'exprimait ainsi dans une lettre écrite à son frère Joseph, roi de Naples.

On a vu de nos jours un grand exemple de constance donné par une armée française au siège de Sébastopol. Ce siège, sans précédents, dura du 10 octobre 1854 au 8 septembre 1855, soit onze mois depuis l'ouverture de la tranchée jusqu'à la prise du bastion Malakoff et l'occupation de la ville de Sébastopol, mais en réalité les troupes restèrent sur le plateau de Chersonèse depuis le 28 septembre 1854 jusqu'au 5 juillet 1856, date finale du rembarquement pour le retour en France, c'est-à-dire près de 22 mois. Pendant ce laps de temps l'armée n'eut pas seulement à soutenir les trois batailles de Balaklava, d'Inkermann et de Traktir, à donner les grands assauts du 7 et du 18 juin, ainsi que l'assaut décisif du 8 septembre 1855, à livrer dans les tranchées des combats incessants, à creuser 67 kilomètres de tranchée (il n'est ici question que des Français), à mettre en batterie 635 bouches à feu, à lancer sur la place 11 millions de projectiles, à tirer 20 millions de coups de fusil ; elle eut encore à supporter toutes les intempéries d'un climat variable et rigoureux pendant deux hivers. On raconte qu'après la bataille d'Inkermann (5 novembre 1854), l'empereur Nicolas s'écria : « Les alliés ont battu Mentschikoff, mais je leur enverrai quatre généraux qui les battront à coup sûr, c'est novembre, décembre, janvier et février. » Cette menace parut s'exécuter bien vite, et le 14 novembre un cyclone des plus violents exerça ses ravages dans les camps, qui présentaient l'aspect le plus désolé ; le bois de chauffage manqua totalement pendant ce premier hiver. Qu'on se figure l'état des hommes qui rentraient au camp après vingt-quatre heures passées dans les boues glacées de la tranchée, sans trouver de feu pour se réchauffer ! Il y eut des journées et des nuits terribles à passer lorsque la neige, poussée par un vent violent, comblait les tranchées, pénétrait sous les tentes et enveloppait les camps d'un blanc et monotone linceul. L'armée poursuivait sa tâche sans se décourager et sans se plaindre. Suivant l'expression du général Canrobert, leur commandant en chef, les hommes étaient résignés, calmes, vigilants, ayant même le mot pour rire.

Il y eut un grand nombre de cas graves de congélation, et le scorbut fit une apparition passagère aux premiers jours du printemps. Le second hiver fut bien plus meurtrier encore que le premier. Si pénible que fût le service de la tranchée, il semblait que le repos fût plus pernicieux aux troupes. Le froid fut, il est vrai, excessif, et le thermomètre descendit à 22 degrés. Le scorbut exerça d'abord de sérieux ravages, puis le typhus éclata et fit de nombreuses victimes parmi des hommes épuisés par dix-huit mois de la plus rude campagne. Dans cette guerre d'Orient, l'armée française perdit près de 100,000 hommes, dont 10,000 seulement tués à l'ennemi. Et jamais on ne la vit découragée, ni lorsque le choléra sévissait à Varna, ni lorsque, à l'ouverture du feu, le canon des Russes força les batteries françaises à suspendre leur tir, ni après l'ouragan du 14 novembre, ni pendant les nuits glaciales de janvier et de février, ni après l'assaut repoussé du 18 juin, ni sous les étreintes du typhus à la fin de l'hiver de 1856.

Au moins l'armée d'Orient fut-elle récompensée de sa constance par le succès et par la gloire. Le dévouement et les souffrances de la garnison de Milianah pendant l'année 1840 sont restés plus obscurs. L'histoire de nos guerres ne peut cependant, sans commettre une injustice, laisser dans l'oubli ce douloureux épisode.

Le 12 juin 1840, le maréchal Valée, gouverneur général de l'Algérie, quittait avec une colonne de 12 à 14,000 hommes la ville de Milianah, qu'il était venu occuper et que les Arabes avaient évacuée après y avoir mis le feu. Le maréchal y laissait une garnison de 1,232 hommes sous le commandement du lieutenant-colonel d'Illens, du 3e léger. Ces 1,232 hommes étaient fournis par un bataillon du 3e léger, un bataillon de la légion étrangère, une compagnie de sapeurs du génie et 45 canonniers avec 5 pièces. Ils furent bientôt cernés par les Arabes. Tout manquait dans la ville à peine échappée aux flammes, et le mur d'enceinte présentait de nombreuses brèches. Il fallut à la fois réparer ces brèches, créer des abris et se défendre contre les attaques incessantes de plusieurs milliers de Kabyles. L'approvisionnement de vivres laissé par le maréchal Valée était tout à fait insuffisant. Le colonel Changarnier parvint à faire entrer dans la place, le 22 juin, 53,000 rations de pain et autant de viande. Ce convoi était escorté par 4,600 hommes, avec lesquels repartit Changarnier, laissant dans la place une centaine de blessés: déjà le maréchal Valée en avait laissé autant. La revue

du 1er juillet fit ressortir un effectif de 1,297 hommes ;
la température augmenta rapidement, et le 13 juillet le
thermomètre marqua au soleil 58°. Les maladies écla-
tèrent avec violence, le tabac manqua dès les premiers
jours de juillet, et les fumeurs souffrirent cruellement
de cette privation. Les attaques de l'ennemi se multi-
pliaient ; presque journellement la garnison avait des
hommes tués ou blessés, mais la maladie faisait bien
autrement de ravages. Le 2 septembre, la revue d'effectif donnait un total de 722 présents, dont 387 à l'hôpital. A peine restait-il 150 hommes valides. A la date
du 25 septembre la force de la garnison n'était plus que
de 531 hommes dont 313 à l'hôpital.

Les Arabes, voulant s'assurer des pertes de la garnison, venaient tous les jours compter les fosses creusées
au pied des murs de la ville. Le commandant supérieur
ordonna qu'on fît ces fosses plus profondes et que dans
chacune on mît à la fois plusieurs cadavres. Les soldats
obéirent, mais ils n'avaient pas la force de creuser bien
avant. La fermentation des cadavres souleva la terre, et
un hideux spectacle vint s'offrir aux yeux des soldats
de la garnison. Le commandant supérieur dut s'imposer
le devoir de veiller lui-même à l'exécution de ses ordres,
en conduisant les convois chaque jour. Le sel allait
manquer, la ration de viande était réduite à deux hec-
togrammes. La maladie continuait ses ravages, le plus
grand nombre en mouraient, les autres étaient si affaiblis qu'ils ne pouvaient se tenir debout : il fallait donner le bras aux soldats qu'on plaçait en faction, les

aider à défaire leur sac et leur permettre de s'asseoir dessus en tenant leur fusil entre les jambes. Parfois on les retrouvait dans cette posture endormis de leur dernier sommeil, et il fallait, suivant l'expression du commandant supérieur, porter un mourant à la place du mort. Quelques-uns devinrent fous de nostalgie. Ceux qui avaient laissé en France une fiancée encore aimée d'eux furent les premiers atteints de cette triste maladie et n'en guérirent pas. On perdit ensuite les fumeurs. Il n'y avait plus dans chaque bataillon qu'un officier pouvant faire le service.

Un Piémontais, surnommé Abdallah, familier avec la langue et les habitudes des Arabes, était parvenu à sortir de la place le 16 août pour porter au gouverneur à Blidah une lettre chiffrée. Depuis deux mois la garnison était sans nouvelles ni communications aucunes. Abdallah ou plutôt Giacomo Martini, car tel était le nom de ce brave homme, revint le 21 septembre ; il avait rempli sa mission. Changarnier, devenu général, accourut avec 2,000 hommes escortant un convoi considérable. Les deux bataillons de la garnison furent relevés par un bataillon du 3e léger ; le commandant supérieur resta dans la place. La nouvelle garnison, forte de 786 hommes, eut bientôt des soldats malades ; l'ancienne en avait laissé dans les hôpitaux 207 qui moururent presque tous. Enfin, le 7 novembre, Changarnier vint relever la garnison et mettre un terme au blocus de Milianah.

Ce blocus avait duré 155 jours, dont 113 pour la première garnison ; 800 hommes avaient été enterrés lors-

qu'on releva les troupes le 4 octobre ; 400 hommes de
la première garnison moururent après cette date, soit à
Milianah, soit dans les hôpitaux de la province d'Alger,
70 hommes survivaient seuls au 31 décembre. Six mois
plus tard le colonel d'Illens tombait frappé d'une balle
à la tête.

Eh bien, pendant cette longue et douloureuse
épreuve, tout le monde remplit son devoir. 25 soldats
de la légion étrangère, Italiens ou Allemands, déser-
tèrent à l'ennemi. Mais, parmi les autres soldats de ce
même corps, comme parmi tous les Français, il n'y eut
pas un acte d'indiscipline. Au milieu de tant de mi-
sères et de privations, l'union, la concorde, le dévouement ne cessèrent pas de régner. Quel bel exemple de
constance et de fermeté à offrir aux soldats d'aujour-
d'hui et à ceux de demain pour leur apprendre, comme
dit l'auteur du récit auquel nous empruntons ces détails, que si leurs devanciers étaient bouillants dans
l'attaque, ils étaient tenaces dans la résistance, que s'ils
étaient parfois sujets à la nostalgie et au découragement, ils savaient mourir plutôt que de trahir leur
devoir. (*Revue d'infanterie.*)

XIV

COURAGE

Turenne à sa première bataille. — Mot du maréchal Lannes. — Le maréchal des logis d'ordonnance. — Le marquis de Grancey à Luzzara. — Villars à Seneff. — Le duc de Gramont à Fontenoy. — Le lieutenant Conrad à Marengo. — Le lieutenant Ramadan à Leipzig. — Le canonnier de Leipzig. — Le soldat de Friedland. — Le conscrit de 1814. — Le colonel Peugnet. — Le chef d'escadron Chipault à Heilsberg. — Le général Walhubert à Austerlitz. — Friant à la Moskowa. — Le colonel Sourd à Waterloo.

A l'encontre de la bravoure qui tient quelquefois au tempérament de l'homme, mais qui peut s'acquérir aussi par l'habitude des combats, le courage, tel que nous l'entendons ici, tient à la force du caractère et à l'empire que sait prendre une âme forte sur les sentiments qui naissent des circonstances.

On prétend que Turenne, assistant à sa première bataille et ressentant une émotion invincible causée par le bruit de la canonnade et de la fusillade, par le sifflement des balles et des boulets, se disait à lui-même : « Ah ! carcasse, tu as peur, mais je te mènerai en avant et il faudra bien que tu m'obéisses. » Vrai ou non, le fait n'aurait pas été rare. Le maréchal Lannes disait à un intime, quelques jours avant la bataille où il devait être frappé mortellement : « Je n'aime pas la guerre et chaque fois que j'apprends que la guerre est déclarée, je frissonne, mais une fois que j'y suis, je ne pense plus qu'au métier. » Dans un des combats de cavalerie qui suivirent l'entrée de la Grande-Armée à Moscou, le colonel qui commandait l'artillerie à cheval avait auprès de lui comme ordonnances un canonnier et un maréchal des logis ; celui-ci était un des plus braves du régiment. Toutes les pièces ayant été mises en batterie, il s'engagea de part et d'autre avec beaucoup de précision une canonnade bien nourrie. Le canonnier fut emporté par un boulet et, au même instant, le maréchal des logis eut son cheval tué sous lui. Il se baissa pour déboucler son portemanteau sur le cadavre du cheval, un boulet donna dans le portemanteau. A ces trois coups si près l'un de l'autre et si proches de lui, il perdit la tête et s'enfuit. Mais à quelques pas de là, il s'arrêta, cloué par l'honneur, serra les dents et revint à sa place, où il fit son service à pied le reste de la journée. (*Mémoires inédits du général baron G...*)

A la bataille de Luzzara, le marquis de Grancey, en chargeant à la tête du régiment qui portait son nom et dont il était le colonel, eut la main fracassée par une balle et fut emmené hors du champ de bataille. Apprenant tout à coup que son régiment, exposé à un feu terrible, commençait à plier, il court reprendre son poste, ranime ses soldats et finit par rester maître du terrain disputé avec acharnement depuis le matin.

A la bataille de Seneff, Villars, servant comme volontaire auprès du prince de Condé, prit part à la fameuse charge dirigée par le prince lui-même et dans laquelle deux escadrons de gardes du corps furent presque entièrement détruits. M. de Fourille, qui commandait ces deux escadrons, fut mortellement frappé. Villars lui-même fut assez fortement blessé et se battit encore pendant trois heures à côté de Condé ; mais enfin il s'évanouit, se ranima en buvant un coup d'eau-de-vie et ne quitta le champ de bataille qu'à onze heures du soir, quand il lui devint impossible de se tenir à cheval et que la sanglante bataille était presque finie. (*Les grands généraux de Louis XIV,* par Dussieux.)

Le matin de la bataille de Fontenoy, le duc de Gramont, colonel du régiment des gardes françaises, s'avançait avec le comte de Lowendahl en face d'une batterie anglaise: un boulet frappe le cheval du duc et le renverse : « Prenez garde à vous, crie le comte de Lowendahl, votre cheval est tué. — Et moi aussi », répond froidement Gramont. Il avait le haut de la cuisse fracassé du même coup ; on l'emporta, et quelques minutes après il était mort.

Le lieutenant Conrad, du 2ᵉ régiment d'artillerie à cheval, eut la cuisse emportée par un boulet dès le début de la bataille de Marengo. Renversé à terre, il renvoie à leurs pièces les canonniers qui voulaient l'enlever du champ de bataille et, restant à son poste, il se soulève avec effort pour observer le tir de sa batterie; avec un calme et un sang-froid qui ne trahissaient point les souffrances qu'il éprouvait, il criait : « Mes amis, pointez un peu plus bas, ou plus à gauche », etc. Il fut emporté sur un caisson, félicité sur le champ de bataille par le premier consul qui lui décerna un sabre d'honneur. Amputé, il se rétablit de sa blessure, fut mis à la retraite et mourut en 1807. (*Fastes de la Légion d'honneur.*)

Un ancien colonel de l'artillerie de la garde raconte qu'il fut témoin à la bataille de Leipzig d'un trait de courage absolument semblable à celui du lieutenant Conrad. Le lieutenant d'une des batteries sous ses ordres, frappé à mort, refusa de se laisser enlever, se fit porter au pied d'un arbre contre lequel il s'appuya le dos et, tant qu'il lui resta un peu de voix, il rectifia le tir de sa section comme s'il eût été au polygone. Mais, moins heureux que Conrad, il expira sur le champ de bataille même. C'était un tout jeune officier, sortant à peine de l'école et n'ayant encore, dit le colonel, que le duvet de sa barbe. Il se nommait Ramadan. (*Mémoires inédits du colonel baron G...*)

A la bataille de Leipzig, une batterie d'artillerie à pied de la vieille garde vint se placer en avant d'un moulin à vent près duquel se tenait l'Empereur. Un jeune canonnier de l'artillerie à cheval, qui avait été envoyé au parc demander un renfort d'hommes et de chevaux pour sa batterie, écrasée par le feu de l'ennemi, se trompa et vint adresser sa demande au colonel commandant l'artillerie à pied. Celui-ci, qui était loin de pouvoir fournir le renfort demandé, expliqua au canonnier à cheval l'erreur qu'il commettait et lui montra du doigt le grand parc situé à quelque distance : « C'est que, dit le canonnier, j'ai bien peur de mourir avant d'y arriver ; je viens d'avoir le pied brisé et je perds beaucoup de sang. » Le colonel s'aperçut alors que le pied du pauvre diable pendait au-dessous de l'étrier ; il avait en outre une balle dans le genou et le sang filtrait le long de sa jambe inerte. Malgré les souffrances que devait lui occasionner le trot de son cheval, il ne s'occupait nullement de sa jambe, mais uniquement de son message. Il tournait déjà bride pour s'en acquitter lorsque le colonel l'arrêta, confia sa mission à un de ses hommes et le fit coucher sur le gazon. Emmené sur une forge d'artillerie, il fut amputé le lendemain et se tira d'affaire, pour le moment du moins. (*Ibidem.*)

Les annales françaises sont pleines du récit d'actes de courage du même genre et bien d'autres plus nom-

breux encore sont restés ignorés, faute d'avoir eu des
témoins dont la voix autorisée aurait pu les faire connaître. On ne lit guère des mémoires inédits ou un
historique de régiment sans y découvrir quelques-uns
de ces actes. C'est ainsi que, dans ses *Souvenirs militaires*, le général baron Girod de l'Ain raconte le fait
suivant dont il fut témoin à la bataille de Friedland :

Le 1er bataillon du 9e léger, dans lequel il était sous-
lieutenant et qui appartenait à la division Dupont, était
chargé de protéger la grande batterie de Sénarmont[1].
Ce bataillon avait formé le carré, et comme l'artillerie
ennemie dirigeait une partie de son feu sur la batterie,
il recevait une quantité de boulets dont quelques-uns
emportaient des files entières. Il y avait dans les rangs
beaucoup de conscrits qui firent très bonne contenance.
Un entre autres, assis par terre au milieu du carré, man-
geait tranquillement un morceau de pain. Le lieutenant
s'approcha de lui pour lui ordonner de se lever et de
reprendre son rang. Pour toute réponse, il souleva le
coin de sa capote et montra une de ses jambes à moitié
emportée par un boulet de canon, puis, sans proférer
une parole, sans que l'on remarquât sur sa figure la
moindre altération, il continua à manger son pain. Le
soldat qui montrait tant de courage n'avait pas encore
de barbe au menton.

---

1. La victoire de Friedland fut décidée par l'action d'une batterie
de 36 bouches à feu audacieusement portée en avant par le général
Sénarmont.

N'était-il pas courageux entre tous ce conscrit de 1814 dont parle le maréchal Marmont dans ses mémoires. C'était aussi un imberbe, presque un enfant encore, appelé avant l'âge sous les drapeaux de la France envahie et qu'on avait envoyé rejoindre son ré-. giment devant l'ennemi avant de lui apprendre à se servir de son arme. Comme il restait immobile au plus fort de l'action sans faire usage de son fusil, le maréchal lui demanda : « Pourquoi ne tires-tu pas ? — Je tirerais bien, répondit-il, si quelqu'un voulait me charger mon fusil ; je ne sais pas le charger. » Et il resta sous le feu le plus violent sans reculer d'une semelle. (*Mémoires du duc de Raguse.*)

Quant aux vétérans qui, enrôlés ou déjà sous les drapeaux au début des guerres de la Révolution, figurèrent encore dans la Grande-Armée, leurs états de service montrent que sur le champ de bataille les blessures ne comptaient pas pour eux et qu'ils restaient au combat tant qu'ils en avaient la force. Tel fut Peugnet, volontaire en 1791 au 1er bataillon du Pas-de-Calais à l'âge de 27 ans, sous-lieutenant six mois après, capitaine en 1793, chef de bataillon en 1805 après la bataille d'Austerlitz, colonel en 1809 et baron de l'Empire, retraité en 1815 à l'âge de 52 ans. Chargé en 1792 de défendre le château de l'Abbaye, près du camp de Maulde avec un détachement de 42 hommes, il est assailli par de nombreux ennemis, perd 40 de ses compagnons tués ou grièvement blessés ; lui-même, atteint de deux coups de feu à la jambe droite, cherche à se retirer par le jardin avec les deux hommes qui lui restent : quatre grenadiers autrichiens lui barrent le chemin ; il en tue un avec son sabre, deux autres tombent sous les coups de ses soldats, le quatrième prend la fuite. Atteint, pendant la bataille de Novi, le 15 août 1799, d'une balle qui lui avait traversé la cuisse droite, il continue à commander sa compagnie de grenadiers jusqu'à ce qu'elle ait, en culbutant un bataillon russe, enlevé la position qu'il était chargé d'occuper. A la bataille d'Iéna, le 14 octobre 1806 (il était alors chef de bataillon au 14ᵉ de ligne, il fut grièvement blessé d'un coup de feu à la jambe gauche et eut son cheval tué sous lui ; il refusa obstinément de quitter le carré formé par son bataillon et ne consentit à aller se faire panser qu'après la victoire. A Wagram, il commandait comme colonel en second un régiment provisoire. S'étant jeté dans la mêlée, il tua trois Autrichiens, en blessa quatre autres et fut lui-même grièvement atteint d'un coup de feu qui lui traversa le bras droit. Continuant à combattre, il eut ses vêtements criblés de balles, un biscaïen vint frapper une des fontes de ses pistolets, cinq autres percèrent son manteau roulé sur le devant de sa selle.

A la bataille de Heilsberg, 10 juin 1807, le chef d'escadron Chipault, du 4ᵉ cuirassiers, au service depuis

1781 et déjà grièvement blessé dans plusieurs affaires où il s'était conduit de la façon la plus brillante, reçut 52 coups de sabre, dont plusieurs lui firent des blessures assez graves ; il continua à se battre jusqu'à ce qu'affaibli par la perte de son sang il fut obligé de s'éloigner du champ de bataille.

Le général Walhubert eut la cuisse emportée par un obus à la bataille d'Austerlitz. Les soldats, qui l'adoraient, se précipitent pour l'emporter. « Souvenez-vous de l'ordre de l'Empereur qui a défendu de quitter les rangs pour quelque motif que ce soit, s'écrie-t-il, et serrez vos rangs. Si vous revenez vainqueurs, on me relèvera après la bataille ; si vous revenez vaincus, je n'attache plus de prix à la vie. »

A la bataille de la Moskowa, l'illustre Friant reçoit une première blessure ; il se fait adosser à un arbre pour continuer à commander sa division ; un biscaïen vient le frapper à la jambe et le renverse : il est forcé alors de se laisser emporter à l'ambulance.

Il nous faut citer enfin le trait de courage héroïque du colonel Sourd, commandant le 2ᵉ régiment de lanciers dans la campagne de 1815. La brigade Alphonse Colbert, composée des 1ᵉʳ et 2ᵉ régiments de lanciers, eut à Genappe, le 17 juin, veille de la bataille de Waterloo, une affaire des plus brillantes dans laquelle fut culbutée une brigade de hussards anglais. « Le colonel

Sourd, dit l'illustre chirurgien Larrey, fut atteint dans cette charge de plusieurs coups de sabre au bras, à l'avant-bras et à la main droite. L'amputation fut jugée nécessaire. Pendant que je pratiquais cette opération, cet intrépide guerrier dicta à l'un des officiers de son régiment une lettre à l'Empereur pour le prier de lui conserver le commandement de ce corps et, à peine l'appareil de la plaie résultant de l'opération fut-il terminé, qu'il remonta à cheval et alla rejoindre son régiment pour suivre ses mouvements. » (Baron Larrey, *Campagnes chirurgicales.*)

XV

DEVOIR

Nelson et Saint-Arnaud. — La garnison de Landau en 1793. — Le régiment de *Picardie* à Hastembeck. — Le commandant Schwardin à Torfou. — Le maréchal Soult et le 3ᵉ de ligne. — Le Code militaire. — L'ordre du jour de Masséna à Gênes.

Un des plus cruels ennemis de la France, l'amiral Nelson, au moment d'engager la bataille de Trafalgar, dans laquelle il devait détruire les flottes française et espagnole et trouver lui-même sur son banc de quart une mort glorieuse, signalait aux capitaines de son escadre : « *L'Angleterre compte que dans cette journée chacun fera son devoir.* » Paroles aussi grandes que simples qui résument la légende du soldat dans un seul mot: *Devoir*.

« *Fais ton devoir, advienne que pourra* ; telle est ma devise » , disait le maréchal de Saint-Arnaud au moment de s'embarquer pour la Crimée avec des troupes décimées par le choléra.

Lorsque, après la reprise des lignes de Wissembourg, la place de Landau, assiégée depuis un an, étroitement

bloquée depuis quatre mois, exposée aux plus cruelles
privations, fut délivrée par les armées du Rhin et de la
Moselle réunies, sous le commandement de Hoche,
plusieurs officiers de la garnison qui s'était si glorieusement défendue furent envoyés à Paris pour porter
la nouvelle de cette délivrance. « Vous êtes une garnison bien étonnante, dit à l'un d'eux un membre de la
Convention. — Qu'y a-t-il d'étonnant, répondirent-ils,
à faire son devoir ? »

Ces officiers avaient raison. Et cependant le devoir
militaire, compris comme il doit l'être, a des exigences
si terribles qu'on ne saurait trop estimer et honorer le
soldat qui a rempli ce devoir sans restriction et sans
faiblesse. La base essentielle de l'accomplissement du
devoir, en temps de paix et dans les circonstances ordinaires, est l'obéissance : obéissance au chef, obéissance
à la loi, obéissance aux règlements, obéissance à la
consigne. Une fois le principe admis, tout en découle,
et le devoir est simple et facile à remplir. En temps de
guerre le devoir prend un caractère plus noble et plus
élevé, puisqu'il doit aller pour tout soldat jusqu'au sacrifice de la vie, non pas seulement en s'exposant aux
dangers de toute sorte qu'entraîne la guerre, mais encore en acceptant au besoin une mort certaine.

A la bataille d'Hastembeck, le 26 juillet 1757, l'illustre Chevert qui, chargé de tourner l'ennemi avec
quatre brigades d'infanterie, avait passé la nuit en face
d'un bois, donne l'ordre dès le point du jour de pénétrer dans ce bois, et saisissant la main du marquis de

Bréhant, colonel du régiment de *Picardie*, il lui dit :
« Jurez-moi, foi de chevalier, que vous et votre régiment
vous vous ferez tuer tous jusqu'au dernier plutôt que de
reculer. » Bréhant et ses soldats répondent par un cri
d'enthousiasme, pénètrent dans le fourré à travers le
bois, marchent jusqu'aux formidables retranchements
de l'ennemi, s'élancent sur les barricades, et après un
combat acharné mettent leurs adversaires en fuite. *Picardie* avait fait son devoir sans qu'il lui fût nécessaire
d'aller jusqu'au sacrifice auquel il s'était engagé par
serment.

Il arrive souvent à la guerre qu'une arrière-garde
laissée au passage d'un pont ou d'un défilé, afin de
couvrir la retraite d'une troupe (régiment, division,
corps d'armée ou armée), est sacrifiée jusqu'au dernier
homme pour le salut de cette troupe. Ici l'accomplissement du devoir touche au dévouement.

A la bataille de Torfou (19 septembre 1793), les
troupes républicaines, vaincues par les Vendéens après
un engagement des plus acharnés, battaient en retraite
sous le commandement de Kléber qui, bien que blessé
grièvement, était resté à cheval. Ayant perdu presque
toute leur artillerie et enveloppés de tous côtés, les va-
leureux Mayençais (on appelait ainsi les soldats de la
garnison de Mayence envoyés en Vendée après la capitulation de cette place) avaient battu en retraite pendant six lieues et étaient parvenus jusqu'au pont de la

Sèvre auprès de Clisson. Kléber fait placer deux pièces de canon, pour battre les abords du pont, et dit à Schwardin, commandant des chasseurs de Saône-et-Loire: « Faites-vous tuer là avec votre troupe. — Oui, mon général », répond froidement cet officier. Schwardin fait servir ses pièces avec vivacité, reste longtemps immobile dans ce poste périlleux et assure ainsi le salut de l'armée, car pendant qu'il résistait, Kléber avait rallié les Mayençais et se trouvait en mesure d'arrêter les Vendéens.

Pendant la campagne de 1814 dans les Pyrénées, Wellington suivait de près la retraite de l'armée française, commandée par le maréchal Soult: un régiment de cavalerie légère ayant négligé le service d'avant-poste et n'ayant pas signalé l'approche de l'ennemi, le maréchal Soult faillit être surpris et enlevé; il n'eut que le temps de monter à cheval et de faire appeler le colonel de Tracy, qui commandait le 3e de ligne: « Colonel, lui dit-il, vous allez vous enfermer avec votre régiment dans la ville, après en avoir barricadé les abords comme vous le pourrez; vous ne reculerez pas d'une semelle et vous vous ferez tuer, vous et votre régiment, jusqu'au dernier homme, pour permettre à l'armée de s'éloigner. » Ce qui fut dit fut fait: le colonel de Tracy, grièvement blessé, tomba aux mains des Anglais; son régiment fut entièrement détruit, mais le maréchal Soult pût se replier sans encombre sur une nouvelle position défensive.

La notion du devoir est simple, ainsi que nous venons de le dire, mais pour la mettre en pratique il faut souvent exercer toutes les vertus guerrières : la bravoure, l'adresse, le courage, l'audace, l'intrépidité, la fermeté, le dévouement, et jusqu'à l'héroïsme. L'article 209 de la loi du 4 juin 1857 porte la peine de mort contre « tout gouverneur ou commandant coupable d'avoir rendu la place qui lui était confiée, sans avoir épuisé tous les moyens de défense dont il disposait, et sans avoir fait tout ce que prescrivaient le *devoir* et l'honneur ». Par contre, le plus bel éloge qu'on puisse faire d'un gouverneur de place et d'une garnison, c'est de dire : ils ont fait leur devoir jusqu'au bout, de même qu'un gouverneur sommé de se rendre n'a rien de plus beau à répondre que ces simples mots : Je ferai mon *devoir*.

L'aile droite de l'armée d'Italie commandée par Masséna, enfermée dans Gênes et bloquée par l'armée autrichienne depuis le commencement du mois d'avril 1800, était en proie à toutes les tortures de la faim. On était arrivé au 31 mai. Toutes les herbes, jusqu'aux plantes médicinales des pharmaciens, avaient été consommées. Tous les animaux, chiens, chats, rats, étaient dévorés depuis longtemps ; la provision de vin allait être épuisée. On fabriquait un pain qui n'était qu'un horrible mélange de cacao, de son, d'amidon et de haricots. Encore n'en restait-il que pour trois jours à raison de 95 grammes par ration. Les derniers chevaux abattus régulièrement, permettaient de donner encore

pendant trois jours une ration de 385 grammes. Les
soldats étaient si affaiblis, qu'ils pouvaient à peine tenir
debout. Jusque-là modèles de patience et de fermeté, ils
commençaient à se répandre en imprécations. Masséna
crut alors devoir adresser à ses troupes la proclamation
suivante :

« Soldats ! Des rapports m'annoncent que votre patience et votre courage s'éteignent ; des plaintes et des
murmures s'élèvent dans vos rangs ; quelques-uns
d'entre vous désertent à l'ennemi, et il se forme des
complots pour exécuter en troupe d'aussi lâches des-
seins.

« Je dois vous rappeler à l'accomplissement de vos
devoirs..... »

Ici les exigences du devoir étaient parvenues à leurs
dernières limites.

XVI

DÉVOUEMENT

Le chevalier d'Assas. — Le caporal Morel. — La 38ᵉ demi-brigade
à Waldshut. — Le soldat Fortunas au siège de Dantzig. — Le
voltigeur Bénazet au siège de Sébastopol. — Le trompette Escoffier. — Le colonel Marizy. — Le maréchal des logis Bourseaux. — Le général Marulaz à Essling. — Ney à Waterloo. —
Le brigadier Tétard à Sidi-Brahim. — Georges de Lafayette à
Eylau. — Le chasseur Lepaumier à Wetzlar. — Le fourrier
Pioch. — Ponceton. — Le dragon Marente. — Le marquis d'Escars à Clostercamp. — Bonaparte et Lannes à Arcole. — Daumesnil et Lannes à Saint-Jean-d'Acre. — Le soldat Mathènes à
Tonneins. — Le caporal Marcher. — Marbot à Mölk. — Le
caporal Guillemain à Rivoli. — Franceschi à Gênes. — Le che-
valier de Pontis à Montauban. — Le sapeur Vallé au siège de
Dantzig. — Le carabinier Mauramble au siège de Constantine.
— Le capitaine Henri au siège de Saragosse. — Le grenadier
Guillemain. — Le canonnier Levillain au siège de Sébastopol.

Le devoir, le patriotisme et la confraternité com-
mandent également le dévouement. Il n'est donc pas
étonnant que les actes de dévouement soient si fréquents à la guerre.

Qui ne connaît l'histoire du chevalier d'Assas et
du régiment d'*Auvergne* à la bataille de Clostercamp.
Cette histoire a été souvent travestie. Voici comment
la raconte dans ses *Mémoires* le maréchal de Rochambeau, qui était alors colonel du régiment d'*Auvergne*.

Un corps anglo-hanovrien était parvenu à tromper la vigilance des troupes légères, et les Français allaient être surpris dans leur sommeil. « Un caporal de chasseurs, dit le marquis de Rochambeau, fut le premier qui découvrit l'ennemi dans cette nuit très noire. Il me mena sur cette colonne qui fit feu sur nous. Je revins aux grenadiers et chasseurs et leur ordonnai de périr à leur poste plutôt que de l'abandonner, en attendant l'arrivée de la brigade; d'Assas, un des capitaines de chasseurs, fut attaqué et se défendit vigoureusement. Un officier lui criant qu'il tirait sur ses propres gens, il sortit du rang, reconnut l'ennemi et cria : « Tirez, chasseurs, ce sont les ennemis ! » Mais il fut criblé de coups de baïonnette et voua ainsi à sa patrie le sacrifice de sa vie. » (Susane, *Histoire de l'infanterie.*)

On trouvera dans l'histoire militaire de la France plus d'un chevalier d'Assas. Dans un combat près d'Ost-Capelle, au mois de juillet 1793, un caporal nommé Morel est envoyé à la découverte la nuit par un brouillard épais. A peine a-t-il fait quelques pas qu'il tombe dans un poste autrichien. Tous se précipitent sur lui, en menaçant de le tuer s'il dit un seul mot. Morel crie d'une voix forte: « Capitaine, feu, feu sur l'ennemi! » et tombe presque aussitôt percé de coups. Avertis par son cri, les Français accourent et repoussent les Autrichiens après un combat glorieux. (*Victoires et Conquêtes.*)

Pendant la campagne de 1796, le premier bataillon de la 38ᵉ, chargé de garder la frontière suisse, tenait garnison dans quelques villes de la Forêt-Noire. La 4ᵉ compagnie, commandée par le capitaine Roux, occupait ainsi Waldshut, lorsqu'elle fut attaquée, le 4 octobre pendant la nuit, par un détachement de cavalerie qui arriva dans la ville à l'improviste. « Le capitaine Roux, réveillé par le bruit de l'escadron, descend de sa chambre le sabre à la main et crie : Aux armes ! Il est entouré aussitôt par un peloton ennemi qui le menace de le tuer s'il ne se tait et ne se rend prisonnier. Le capitaine, résolu à se dévouer pour avertir sa compagnie de la présence de l'ennemi, s'écrie : « A moi, soldats ! « ce sont les Autrichiens qui m'entourent, faites feu. » Aussitôt plusieurs coups de fusil partis des croisées atteignent trois cavaliers qui tombent sur place ; l'officier qui les commande a son cheval tué sous lui, mais au même moment le capitaine Roux tombe percé de coups. » (*Historique du 38ᵉ de ligne.*) La petite garnison parvint à se faire jour et à passer le Rhin.

Pendant le siège de Dantzig en 1807, le 2ᵉ léger fit partie des troupes chargées de s'emparer de l'île de Holm. Dans la nuit du 5 au 6 mai, un soldat nommé Fortunas, envoyé en éclaireur, tombe au milieu des Russes. Menacé d'être tué à l'instant s'il dit un mot, il crie de toutes ses forces : « Tirez, tirez, mon capitaine, ce sont les Russes ! » et il tombe mort.

M. le général Fay, dans ses *Souvenirs de la guerre de Crimée,* raconte ainsi un trait de dévouement dont le héros fut le voltigeur Bénazet, du 86ᵉ de ligne : Les cheminements du génie contre le petit redan étaient gênés par le feu des patrouilles ennemies, qui prenaient adroitement nos tranchées d'enfilade. Pour seconder le travail, on dut occuper en face de Malakoff un tas de pierres, derrière lequel les Russes se postaient habituellement ; à cet effet on traça de jour un petit canal dans lequel des voltigeurs du 86ᵉ se glissèrent au coucher du soleil, le 23 août, pour prévenir l'ennemi. Mais les Russes les avaient gagnés de vitesse et se tenaient silencieusement cachés dans cette sorte d'embuscade. Lorsque le voltigeur Bénazet qui marchait en tête, arrivé près du tas de pierres, le franchit d'un bond, il se trouva tout à coup au milieu des Russes ; son lieutenant le suivait immédiatement. « N'avancez pas, je suis prisonnier, s'écrie aussitôt le brave soldat, les Russes sont en force ! » « C'est le cri du chevalier d'Assas, disait le général Bosquet dans son rapport, je voudrais bien apprendre qu'il a été épargné par l'ennemi. » Bénazet rentra, en effet, sain et sauf en France après la guerre, nous apprend M. le général Fay.

L'acte de dévouement du trompette Escoffier a eu, comme celui du chevalier d'Assas, les honneurs de la popularité. Dans un combat livré par le général Lamoricière à l'émir Abd-el-Kader en personne, le capitaine de Cotte chargea l'infanterie régulière de l'émir avec deux escadrons du 2ᵉ chasseurs d'Afrique. Cette attaque fut repoussée, et les deux escadrons se replièrent en désordre. Au milieu de la bagarre, le capitaine de Cotte eut son cheval tué et allait tomber au pouvoir de l'ennemi, lorsque le trompette Escoffier, mettant pied à terre, lui offrit son propre cheval en lui disant : « Ce n'est pas moi, mais c'est vous qui devez rallier l'escadron. » Quelques instants après, le brave trompette était fait prisonnier ; les Arabes ayant vu avec admiration l'action qu'il avait si noblement et si simplement accomplie, le traitèrent avec des égards tout à fait en dehors de leurs habitudes. Le gouvernement français lui envoya la décoration de la Légion d'honneur, qui lui fut remise avec une certaine solennité par Abd-el-Kader, et il fut échangé l'année suivante.

Le fait du trompette Escoffier s'était produit dans des circonstances particulièrement émouvantes, mais les faits de ce genre sont loin d'être rares dans l'histoire de notre armée. Nous avons cité déjà l'aventure arrivée au chef de brigade Marisy, dans la campagne de 1796, lorsqu'il fut dégagé des mains de l'ennemi par une charge spontanée de son régiment et revint monté sur le cheval d'un de ses hussards, qui avait mis pied à terre et était resté à son tour prisonnier.

Au combat de Martigné-Bruyant, 15 juillet 1793, le 8e hussards chargea trois fois les Vendéens et les mit en déroute. Pendant une de ces charges, le maréchal des logis Bourseaux voit le chef d'escadron Danican enveloppé par l'ennemi et étendu sous son cheval, qui venait d'être tué. Il s'élance intrépidement sur les Vendéens, délivre son chef, met pied à terre et force Danican à monter sur son cheval.

A la bataille d'Essling, le général Marulaz charge avec le 14e et le 23e chasseurs sur un carré autrichien, pénètre dans ce carré et tombe sous son cheval tué, au moment où les chasseurs battaient en retraite : le lieutenant Carron, du 14e chasseurs, lui donne son cheval sur lequel Marulaz monte pour rallier sa cavalerie et s'ouvrir un chemin à travers les escadrons ennemis.

Le soir de la bataille de Waterloo, le maréchal Ney, démonté, marchait péniblement sur le champ de bataille, suivi de près par la cavalerie prussienne. Un officier le reconnaît dans l'obscurité, met pied à terre et lui donna son cheval, se résignant à être pris par l'ennemi.

Au combat de Sidi-Brahim, le brigadier Tétard, du 2e hussards, donna son cheval au commandant Courby de Cognord, qui venait d'avoir le sien tué et combattit à pied au plus fort de la mêlée. Blessé et fait prisonnier, il fut du petit nombre de ceux qui échappèrent plus tard au massacre ordonné par Abd-el-Kader, et fut rendu à la liberté en même temps que le commandant Courby de Cognord.

A la bataille d'Eylau, le général Grouchy, commandant une division de dragons, fut renversé de son cheval tué pendant la grande charge de cavalerie. Son aide de camp, Georges de Lafayette, saute à terre, force le général à monter sur son cheval pour s'éloigner;

voyant l'ennemi revenir au galop, il s'enroule la queue
du cheval autour de son bras et se tient ainsi supendu
jusqu'à ce que son général et lui soient en sûreté.

Au combat de Wetzlar, le 17 juin 1796, le général
Lefebvre, commandant la division d'avant-garde de l'armée de Sambre-et-Meuse, tombe de cheval au milieu
de la mêlée et est pris par trois uhlans. Lepaumier,
soldat au 9e régiment de chasseurs à cheval, quoique
blessé d'un coup de feu au côté droit, se précipite sur
l'ennemi, le sabre à la main, tue deux chevaux, parvient à dégager son général et l'emporte sur ses épaules.

Pendant une sortie de la garnison de Mantoue, le
23 novembre 1796, les troupes du général Chabot sont
forcées de battre en retraite, après un combat acharné,
à travers un terrain coupé de fossés pleins d'eau. Le
capitaine Montot, tombé dans un de ces fossés pleins
d'eau, était sur le point de se noyer, lorsque le fourrier
de sa compagnie, nommé Pioch, s'apercevant de la dis-
parition du capitaine, revient sur ses pas, est chargé
par deux uhlans, tue le premier d'un coup de fusil,
met l'autre en fuite, se jette dans le fossé et en retire
son capitaine sous le feu de deux pelotons autrichiens
postés sur la rive opposée.

Lors du siège de Kehl, le 6 janvier 1797, le chef de
brigade d'artillerie Ruty, qui devint plus tard général
de division, resta dangereusement blessé dans une redoute emportée d'assaut par les Autrichiens. Le sergent

Ponceton, qui se trouvait seul avec lui, attend la nuit couché à ses côtés, le charge sur ses épaules et le transporte jusqu'au pont de Kehl à travers l'armée ennemie. (*Fastes de la Légion d'honneur.*)

Le 7 octobre 1805, au passage du Lech, pendant la campagne d'Autriche, un capitaine du 4e dragons tombe à l'eau. Le dragon Marente, cassé de son grade de maréchal des logis quelques jours auparavant, sur le rapport de ce même capitaine, lui sauve la vie. L'Empereur lui donne la croix de la Légion d'honneur et le félicite. « Je n'ai fait que mon devoir, répond le brave dragon ; mon capitaine m'avait cassé pour quelque faute contre la discipline, mais il sait que j'ai toujours été un bon soldat. » (*Bulletin de la Grande-Armée.*)

Que de chefs ont été sauvés par le dévouement de leurs soldats ! Au combat de Clostercamp, le 16 octobre 1760, le marquis d'Escars, colonel du régiment de *Picardie*, blessé d'un coup de feu et de plusieurs coups de sabre, était tombé aux mains de l'ennemi. Sept soldats de son régiment l'en arrachèrent ; l'un d'eux, Mathé, dit *la Presse*, tua un des cavaliers qui emmenaient le colonel ; Alary, dit *la Fortune*, donna un coup de baïonnette à un autre et lui fit lâcher prise ; les cinq autres furent tués ou blessés à mort. Alary et Mathé purent seuls obtenir la récompense due à leur dévouement. (Susane, *Histoire de l'infanterie.*)

Napoléon Ier, adoré de son armée, fut l'objet d'un

grand nombre d'actes de dévouement, surtout dans ses premières campagnes ; à l'un des assauts du siège de Saint-Jean-d'Acre, il se trouvait près de la tranchée avec Eugène Beauharnais, Bessières et Duroc, lorsqu'une bombe tombe à leurs pieds. Daumesnil, alors sous-officier aux Guides, s'élance d'un bond en avant du projectile et couvre de son corps le général en chef en entourant sa tête de ses bras. La bombe éclate, mais par un bonheur providentiel un des fragments atteint à peine Beauharnais et projette seulement de la terre sur Bessières et Duroc.

Le jour de la bataille d'Arcole, le général Lannes était à l'hôpital de Milan pour soigner une blessure reçue quelque temps auparavant. A la nouvelle du danger de l'armée, il quitta son lit pour accourir auprès de Bonaparte ; il reçut alors, en conduisant une colonne à l'attaque de la digue, deux nouvelles blessures. On l'emporte à l'ambulance de Ronco et on le panse ; tout à coup, il apprend que les troupes sont repoussées et qu'Augereau, s'élançant un drapeau à la main sur la digue, n'a pas été suivi par les soldats ; il remonte à cheval, rejoint la colonne et arrive au moment où Bonaparte, voulant renouveler la tentative d'Augereau et entraîné dans le mouvement de recul des grenadiers, venait d'être précipité dans le marais. Ses aides de camp et plusieurs officiers lui faisaient un rempart de leur corps. Lannes se joignit d'abord à eux, puis il se mit en tête des grenadiers, et d'un mouvement irrésistible refoula l'infanterie autrichienne. Il reçut là une troisième blessure et ne voulut pas quitter Bonaparte. « Ce fut la journée du dévouement », disait plus tard Napoléon dans l'exil de Sainte-Hélène.

Le général Lannes lui-même fut sauvé plus tard au siège de Saint-Jean-d'Acre par le dévouement d'un capitaine de grenadiers. Les grenadiers, à la tête desquels s'était placé le général de brigade Rambeaud, avaient escaladé les remparts et se croyaient maîtres de la place, lorsqu'une seconde enceinte construite depuis quelques jours en arrière de la première, leur barra brusquement le chemin ; en même temps, un feu très vif de mousqueterie accueillait les colonnes qui marchaient pour les soutenir. Rambeaud et ses grenadiers furent tués ou faits prisonniers ; les troupes qui les suivaient redescendirent en désordre dans le fossé. Lannes, restant intrépidement sur la brèche, parvint à les rallier et à les porter de nouveau en avant ; mais il tomba frappé d'une balle au cou. Ses soldats reculèrent encore une fois et l'abandonnèrent sur la brèche. Un capitaine de grenadiers, s'apercevant de son absence, remonta sur la brèche avec cinq ou six hommes pour le ramener. Tous ces hommes furent tués ou blessés grièvement ; le capitaine, resté seul, parvint à descendre au pied du talus le général Lannes qui, soigné par l'illustre Larrey, guérit de sa blessure.

Une aventure presque semblable était arrivée en 1622, au chevalier de Pontis, lieutenant au régiment de *Picardie,* pendant le siège de Tonneins. Trente ou quarante hommes de ce régiment étaient parvenus à se loger sur la brèche ; le régiment, accablé par le nombre, était forcé de battre en retraite ; ces braves gens se trouvèrent abandonnés. Pontis, percé de part en part d'un coup d'épée, fut sauvé par le dévouement du soldat Mathènes, qui reçut un coup de feu au moment où il emportait son officier dans ses bras ; il se laissa alors tomber à terre et rouler avec son fardeau du haut en bas de la brèche. De là il put rejoindre le camp où il ramena le lieutenant.

Au passage du Mincio, le 25 décembre 1800, Marcher, caporal à la 2ᵉ demi-brigade de ligne, venait, avec l'aide de quelques braves, de s'emparer d'une pièce de canon, lorsqu'il aperçoit un chef de bataillon grièvement blessé, que trois grenadiers hongrois dépouillaient. Il laisse à ses camarades le soin d'emmener la pièce, court sur les trois Hongrois, les met en fuite, charge le chef de bataillon blessé sur son épaule, l'emporte et le met hors de danger. « Ne me quitte pas, lui dit cet officier, tu m'as bravement secouru, je te récompenserai. — Je vous remercie, j'ai reçu ma récompense puisque j'ai eu le bonheur de vous sauver. »

Maintes fois aussi le dévouement s'est manifesté dans l'accomplissement de missions du succès desquelles dépendent le salut de l'armée, ou la réussite des plans de son général. Pendant la campagne de 1809, Napoléon, vainqueur des Autrichiens à Eckmühl et à Ratisbonne, marchait sur Vienne en suivant la rive droite du Danube.

La portion principale de l'armée autrichienne, commandée par l'archiduc Charles, était passée sur la rive gauche du fleuve ; l'autre portion formant l'aile gauche, sous les ordres du général Hiller, avait été battue à Landshut, mais Napoléon ne savait pas si cette aile gauche était restée sur la même rive, ou si elle avait rejoint l'archiduc Charles sur la rive gauche. Il était de la plus haute importance d'être fixé sur ce point, car si l'armée française n'avait plus d'ennemis devant elle, il n'y avait qu'à marcher au plus vite pour arriver à Vienne par la rive droite, avant que l'archiduc Charles y fût rendu par la rive gauche. On était au 8 mai ; le quartier général était établi sur la rive du Danube, dans la grande abbaye de Mölk, d'où l'on apercevait au loin dans la nuit sur la rive gauche briller les lumières d'un camp considérable. Le fleuve était large, grossi par la fonte des neiges ; ses flots débordés coulaient avec une vitesse effrayante, entraînant des troncs d'arbres et des débris de toute sorte. Napoléon et le maréchal Lannes appellent le commandant Marbot, aide de camp du maréchal, et du haut du balcon de l'abbaye lui montrant les lumières lointaines, lui demandent s'il veut risquer sa vie pour aller, en traversant le fleuve sur une barque, essayer de faire quelques prisonniers dans le camp ennemi. Marbot accepte avec enthousiasme cette mission dangereuse.

On choisit la meilleure barque du pays, et pour la conduire les mariniers les plus expérimentés, qu'on décide par les promesses et par les menaces à affronter une mort presque certaine. Marbot s'embarque avec eux et un détachement de dix grenadiers et un caporal de la garde impériale, choisis parmi ceux réputés les plus braves. La barque s'éloigne de la rive ; vingt fois elle risque d'être submergée par les débris qu'entraîne le fleuve, ou brisée contre la cime des arbres émergeant des îles couvertes par les flots grossis. On parvient enfin, après une longue et pénible navigation, au milieu des arbres qui bordent la rive gauche, et que l'inondation recouvrait en partie ; on l'amarre par une corde à l'un de ces arbres, et tandis que plusieurs grenadiers tiennent en respect, en les couchant en joue, les mariniers forcés de se coucher à plat ventre au fond de la barque, Marbot descend à terre avec le reste du détachement ; il est assez heureux pour saisir et faire bâillonner trois soldats autrichiens qui venaient pour puiser de l'eau ; il se rembarque avec cette prise, mais le bruit que fait la barque en manœuvrant à travers les arbres, donne l'éveil aux sentinelles ; une vive fusillade s'allume sur tout le front de bandière ; le canon tonne, et c'est au milieu d'une grêle de balles et de boulets que la barque s'éloigne de la rive gauche, comme pour avertir l'Empereur et Lannes, qui du balcon de l'abbaye interrogeaient avec impatience l'ombre et le silence de la nuit, que la mission de Marbot s'accomplissait. La barque échappe enfin aux coups des Autrichiens, mais le courant rapide l'entraîne, et lorsqu'après une grande demi-heure d'une nouvelle traversée, elle atteint la rive droite, c'est en face d'un camp français dont les troupes, la prenant pour une barque autrichienne, l'accueillent à coups de fusil. Marbot avec grande peine parvient à se faire reconnaître ; il est à plus de 12 kilomètres au-dessous de Mölk et du quatier général de l'Empereur, où il revient avec son détachement de grenadiers, ses mariniers et ses prisonniers sur des chariots traînés en poste. Les prisonniers appartenaient précisément au corps de Hiller, dont il s'agissait de trouver les traces. L'Empereur est fixé, l'ordre est donné aux avant-postes de se porter rapidement devant elles, puisque aucun obstacle ne devait les arrêter. Les grenadiers furent tous décorés de la Légion d'honneur, Marbot fut nommé major ; les mariniers reçurent en pièces d'or le double de la récompense qui leur avaient été promise, et l'Empereur dans sa munificence, donna même une assez forte somme aux prisonniers qui, une fois arrivés à Vienne, furent renvoyés aux avant-postes autrichiens. (*Mémoires inédits du général de Marbot.*)

Avant la bataille de Rivoli, le 12 janvier 1797, le 3e bataillon de la 22e demi-brigade de ligne, posté sur le Monte-Baldo, n'ayant pu être prévenu du mouvement rétrograde de la division Joubert, fut cerné et attaqué vers 5 heures du matin. Son brave commandant, le capitaine Paul, imagina pour le sauver de le déployer sur un seul rang, et ce stratagème fit suspendre l'attaque. Le général autrichien reconnaissant au jour sa méprise, somma de se rendre le capitaine Paul, qui lui répondit par un feu nourri de mousqueterie. Toutefois, comme sa résistance ne pouvait être longue, il dépêcha au général Joubert le caporal Guillemain qui, bravant risques et dangers, se laissant glisser à travers les précipices, au milieu des avant-postes ennemis put, comme par miracle, parvenir jusqu'à Rivoli et en revenir avec la promesse d'un prompt secours ; mais à peine retourné à son bataillon sur le Monte-Baldo, ce brave soldat tomba mort de fatigue. (*Mémoires de Masséna.*)

Pendant le siège de Gênes, le chef d'escadron Franceschi-Delonne, aide de camp du général Soult, fut chargé par Masséna d'aller exposer au premier consul Bonaparte la situation de l'armée d'Italie, étroitement bloquée et manquant de tout. Parti le 26 avril 1800 dans une nacelle avec six rameurs, il traversa la flotte anglaise, essuya son feu pendant quatre heures, fut obligé pour échapper à l'ennemi après quatorze heures de traversée, de se jeter à la mer et aborda à la nage la plage de la Pietra, d'où il gagna l'armée de réserve. Après avoir vu le premier Consul, il revient à Gênes, porteur des dépêches les plus importantes. Parti d'Antibes avec ses rameurs et deux grenadiers, il touche d'abord à l'île de Capraja et traverse heureusement la croisière anglaise, en rasant le vaisseau amiral. Mais surpris par le jour à 5 kilomètres du port, il est poursuivi par les bateaux croiseurs. Il fixe alors ses dépêches sur sa tête et se jette à la mer ; puis s'apercevant qu'il a laissé ses armes sur le canot, il y revient, prend son sabre, le serre entre ses dents et après avoir nagé long-temps il aborde enfin au pied du Môle, d'où on le porte épuisé chez le général en chef, à qui il remet les dé-pêches du premier Consul. (*Ibidem*.)

Au siège de Montauban par Louis XIII en 1621, le chevalier de Pontis, lieutenant au régiment de *Picardie,* fut chargé d'aller reconnaître la brèche. En vue de toute l'armée il se dirigea vers le pied de cette brèche, revêtu d'une cuirasse et coiffé d'un casque ; puis il monta en grimpant à plat ventre. Arrivé en haut, il voulut d'abord reconnaître le terrain dans cette même posture, mais ne pouvant voir ainsi ce qu'il y avait au delà du bastion, il se leva tout à coup et courut jusque sur le bord du bastion d'où il découvrit le bas, qui était un épouvantable retranchement dans lequel il y avait un bataillon de plus de 2,000 hommes, dont moitié de mousquetaires. Aussitôt il essuya une décharge fu-rieuse de tous les hommes armés de mousquets. Deux balles seulement frappèrent sa cuirasse, et comme il avait vu tout ce qu'il avait besoin de voir, il se laissa tomber de son haut et rouler jusqu'en bas de la brèche ; il y arriva tout étourdi, reprit rapidement ses sens et s'en fut rendre compte au Roi et au maréchal de Schomberg de ce qu'il avait vu. Le rapport qu'il fit sauva l'armée d'un grand désastre, en empêchant de donner l'assaut dans des conditions aussi défavorables.

On doit encore citer le trait de dévouement du soldat d'infanterie Vallé au siège de Dantzig en 1807. L'assaut avait été résolu pour le 21 mai au soir, la brèche était praticable, ou plutôt les palissades qui interdisaient l'accès des talus en terre à escalader, avaient été détruites sur une largeur de 90 pieds. Mais trois énormes poutres suspendues par des cordes au sommet des talus en terre étaient prêtes à rouler sur les assaillants. François Vallé, chasseur au 2ᵉ léger, offrit d'aller couper les cordes qui soutenaient les poutres, de manière à les faire tomber avant l'assaut. Il prit une hache, gravit les escarpes gazonnées, coupa les cordes et ne fut atteint d'une balle qu'en terminant cet acte de dévouement. Ajoutons avec M. Thiers qu'il ne fut pas frappé mortellement.

Lors du premier siège de Constantine, la colonne expéditionnaire se trouvait partagée en deux : le général de Rigny commandait sur le Coudiat-Aly ; le maréchal Clauzel, avec la plus forte portion de la colonne, occupait le plateau de Mansourah ; ces deux positions étaient séparées l'une de l'autre par le ravin où coule, de rocher en rocher, le Rummel, torrent large et profond. Le maréchal ayant résolu de tenter une attaque de vive force, simultanément par les deux points de Coudiat-Aly et de Mansourah, voulut faire parvenir l'ordre d'attaque au général de Rigny. Tous les cavaliers à qui l'on confia successivement cet ordre se jetèrent hardiment à l'eau, mais entraînés par le torrent et roulés par ses flots tumultueux au milieu des blocs de rochers, ils ne parvinrent qu'à grand'peine à regagner le bord d'où ils étaient partis, sans pouvoir continuer leur entreprise. C'est alors qu'un carabinier du 2ᵉ léger, nommé Mauramble, sort des rangs et s'offre pour porter le message. Il se déshabille, on lui suspend au cou une bouteille dans laquelle on a renfermé la dépêche, et il se met à la nage. La lutte fut longue et pénible ; cependant, après des efforts inouïs, le nageur réussit à rompre le courant ; il atteint la rive opposée, mais au moment où il sort de l'eau une vive fusillade part des murs de la ville et une grêle de balles tombe autour de lui. Il prend sa course à toutes jambes vers le Coudiat-Aly, où il arrive sain et sauf, et tandis qu'il remet la dépêche au général de Rigny, un officier de l'état-major jette son manteau sur lui. Le brave Mauramble échappa aux dangers de toutes sortes qu'il avait courus, et après l'expédition il reçut la croix de chevalier de la Légion d'honneur, certes bien méritée.

Le capitaine Henri fut moins heureux au siège de Saragosse. C'était le 21 décembre 1808 ; il n'y avait pas encore de communications entre les deux rives de l'Èbre. Le maréchal Moncey demanda des nageurs de bonne volonté pour porter un ordre à la division Gazan sur la rive gauche. Il s'en présenta plusieurs, parmi lesquels furent choisis le capitaine Henri et un jeune sapeur du génie. Ils s'élancèrent nus dans le fleuve avec quelques vêtements noués en paquet sur leur tête. Le fleuve était très gros et les eaux glacées ; les deux nageurs entraînés avec une vitesse effrayante, disparurent à la tombée de la nuit dans les roseaux de la rive opposée. L'officier ne fut pas retrouvé; le sapeur put se traîner jusqu'à la division et remplir sa mission, mais il expira de froid malgré les soins dont il fut entouré.

A ce même siège de Saragosse un obus étant tombé dans la tranchée, le grenadier Guillemain le prit et le jeta au delà du parapet où il éclata presque aussitôt après. Ce trait de bravoure fut mis à l'ordre de l'armée.

Au siège de Sébastopol, le 7 mai 1855, une bombe tombe sur un magasin destiné au chargement des projectiles creux; les lambourdes du toit s'écartent et laissent passer des morceaux de sacs à terre enflammés dans l'intérieur du magasin, tout près et tout autour d'un tonneau de poudre découvert. Un canonnier nommé Levillain se précipite dans le magasin, arrache et éteint ces débris enflammés, et réussit ainsi à préserver la batterie. « Ce brave garçon, ajoutait le général Bosquet dans son rapport, auquel ce récit est emprunté textuellement, est canonnier de deuxième classe à la 5ᵉ batterie du 1ᵉʳ régiment, je le propose pour la Médaille militaire. » (Général Fay, *Souvenirs de la guerre de Crimée.*)

Nous avons vu à Torfou et dans les Pyrénées une arrière-garde d'infanterie se sacrifier pour donner le temps à la colonne dont elle fait partie de se mettre hors des atteintes de l'ennemi. Que de fois, en retour, une troupe de cavalerie s'est-elle jetée au-devant d'un assaillant, sans tenir compte de son nombre, pour le tenir en respect jusqu'à l'arrivée de l'infanterie! Que de fois la cavalerie s'est sacrifiée en se jetant à corps perdu sur un ennemi victorieux pour couvrir la retraite de l'infanterie! Deux mois après la bataille de Fonte- noy, le 7 juillet 1745, le maréchal de Saxe avait dirigé un corps de troupes sur Gand, pour essayer de s'em- parer de cette ville; il avait en même temps posté quelques régiments de manière à observer les mouve- ments de l'ennemi et couvrir la marche sur Gand. Les Anglais surprirent le régiment d'infanterie de Crillon, culbutèrent ses avant-postes et s'emparèrent de ses ca- nons; après quoi ils se lancèrent le plus vivement pos- sible dans la direction de Gand. Ils allaient y arriver, lorsque le capitaine de Saint-Sauveur, du régiment du *Roi-cavalerie,* placé en grand'garde à côté de la chaus- sée avec 50 cavaliers, se précipita au-devant des pre- miers escadrons et engagea avec eux une lutte dans laquelle il devait être infailliblement écrasé sous le nombre. Il lutta avec un tel acharnement, qu'il donna le temps au régiment d'infanterie de *Normandie* d'arri- ver à son secours. Les Anglais furent mis en déroute.

En 1806, le général anglais Stuart avait débarqué dans le golfe de Sainte-Euphémie avec un corps d'ar- mée d'une quinzaine de mille hommes. Le général Rey- nier, dont la division était très inférieure en nombre, marcha au-devant de lui pour le jeter à la mer. L'in- fanterie française se précipita sur l'ennemi tête baissée, la baïonnette en avant : un feu des plus meurtriers l'acceuillit à très courte distance et joncha le terrain de ses morts et de ses blessés. Malgré la bravoure des troupes, Reynier se vit forcé d'ordonner la retraite, qui se fit en bon ordre, mais avec des pertes considérables. L'ennemi, profitant de ses avantages et de sa supériorité numérique, manœuvra avec sa réserve pour tourner la gauche de la ligne française. Ce mouvement pouvait avoir des résultats désastreux, lorsque le général Franceschi, à la tête du 9e chasseurs à cheval comptant seulement 150 chevaux, se lança vigoureusement sur le front de l'armée anglaise; la colonne qui s'était portée en avant fut refoulée dans ses lignes; bientôt cependant le 9e chasseurs, menacé d'une perte certaine, dut se replier à son tour, mais il avait dégagé notre infanterie, qui put se retirer sans être inquiétée.

Parmi les charges, dites de sacrifice, dans lesquelles la cavalerie s'est dévouée pour le salut de l'armée, celles des deux journées de la bataille d'Essling, 21 et 22 mai 1809, peuvent être citées parmi les plus émouvantes. Le premier jour, l'armée française, réduite, par la rupture du grand pont, à 24,000 hommes d'infanterie et 5,000 de cavalerie, pour faire face à environ 80,000 Autrichiens, menacée de manquer de munitions, acculée à un fleuve sans cesse grossissant, se trouvait dans la position la plus critique. Masséna et Lannes luttaient avec acharnement pour conserver les deux points d'appui de la ligne, les villages d'Aspern et d'Essling.

Aspern allait être enlevé par le corps de Hohenzollern, lorsque le maréchal Bessières lança sur ce corps la division de cavalerie légère de Marulaz (3e, 14e, 19e, 26e chasseurs). L'artillerie autrichienne fut mise en fuite; plusieurs carrés d'infanterie furent sabrés; mais six régiments ouvrirent un feu si meurtrier, que nos chasseurs durent se retirer, laissant sur le terrain un grand nombre d'hommes et de chevaux. Le général Marulaz eut trois chevaux tués sous lui; son chef d'état-major fut tué à ses côtés; lui-même ne dut la vie qu'au dévouement d'un officier.

En même temps, Lannes lançait sur le corps d'armée du prince de Lichtenstein, au centre, la division de cuirassiers Espagne et la cavalerie légère de Lasalle qui, par des charges réitérées, retardent la marche des Autrichiens, et sont forcés de se replier après avoir subi des pertes considérables. Le village d'Essling étant menacé, Espagne renouvelle ses charges désespérées sur les masses ennemies. Enfin, vers sept heures du soir, les cuirassiers, déjà réduits d'un tiers par la mitraille, épuisés de fatigue, s'élancent audacieusement sur la cavalerie et l'infanterie autrichiennes. Écrasés par des forces supérieures, ils sont ramenés en perdant leur chef percé de coups. Lasalle, avec ses chasseurs, prend en flanc la cavalerie autrichienne victorieuse et la culbute; mais il est écrasé à son tour et, jusqu'au milieu de la nuit, les charges incessantes des cuirassiers de Nansouty, qui venaient de passer le Danube, joints aux cuirassiers Espagne et à la cavalerie légère, parviennent à arrêter les progres de l'ennemi, mais au prix des plus sanglants sacrifices.

Le lendemain 22, l'armée française, renforcée par les troupes qui ont passé le Danube pendant la nuit, commence par pousser vivement les Autrichiens devant elle ; mais lorsque le pont est définitivement rompu, et que la retraite dans l'île Lobau est devenue une impérieuse nécessité, par suite du manque de munitions, les divisions Lasalle, Marulaz, Nansouty et Espagne, celle-ci privée de son chef, soutiennent la retraite. Le général Marulaz est blessé à la cuisse, sans vouloir quitter sa division ; cinq fois la cavalerie légère de Lasalle et les cuirassiers chargent sur les rangs serrés des Autrichiens, et cinq fois la fusillade, en les décimant, les oblige de rétrograder. Mais chacune de ces charges retardait la marche en avant des masses autrichiennes, et elles permirent à l'armée française de gagner en bon ordre le débouché du pont pour se retirer dans l'île Lobau.

XVII

DISCIPLINE

Le maréchal Suchet en Aragon. — Le maréchal Lannes à Saragosse. — Rochambeau. — La Tour d'Auvergne. — Conquête de la Hollande. — Les vélites de la garde à Iéna. — Richelieu à Port-Mahon. — Le début de la Révolution. — Désordres de Valenciennes et de Lille. — La Convention nationale. — Dugommier. — L'armée de la Moselle. — Curély. — Auguste Colbert. — Drouot.

La discipline, c'est-à-dire la soumission à la loi, aux règlements et aux ordres des chefs à tous les degrés de la hiérarchie, est la base fondamentale d'une armée. Sans la discipline, en effet, au lieu d'une armée on n'a qu'une réunion d'hommes sans consistance, « une vile populace plus dangereuse à l'État que l'ennemi même », a dit le maréchal de Saxe. — « Des troupes indisciplinées, disait le ministre de la guerre Duportail à l'Assemblée nationale, le 10 mars 1791, sont au dehors le mépris de l'ennemi, au dedans elles sont l'effroi du citoyen. » La discipline a existé du jour où l'on s'est préoccupé d'assurer au soldat la satisfaction de ses besoins; jusque-là les troupes, obligées de pourvoir elles-mêmes à leur subsistance, n'obéissaient aux ordres de leurs chefs qu'après s'être procuré, de gré ou de force, ce qui leur manquait. La discipline peut donc être envisagée à deux points de vue, celui de l'obéissance absolue aux ordres supérieurs et celui des relations avec les populations qui habitent le pays, théâtre de la guerre. La guerre est un fléau, et on doit chercher toujours à la porter chez ses adversaires au lieu de s'exposer à la recevoir chez soi ; mais lorsque l'armée d'invasion est commandée par un chef à la fois ferme, bienveillant et juste, attentif à maintenir dans ses troupes une discipline exacte et sévère, les maux de la guerre sont singulièrement atténués. C'est ce qui arriva, par exemple, pendant les guerres du premier Empire en Aragon, où la sage administration du général Suchet et la discipline maintenue dans son corps d'armée furent un véritable bienfait pour le pays. Lorsque ce maréchal rentrait dans Saragosse après une expédition de quelque durée, il y était accueilli avec enthousiasme par les habitants, qui lui savaient gré de tous les maux qu'il leur épargnait.

Déjà la population de Saragosse avait éprouvé les bienfaits de la discipline, lorsque le maréchal Lannes y était entré vainqueur à la suite du siège qui a rendu cette ville à jamais illustre dans l'histoire. Après plusieurs mois d'une résistance qui avait dû exaspérer les soldats français, toutes les velléités de représailles furent contenues par la discipline, et pas un individu appartenant à l'armée ou à la population ne fut molesté. D'autres généraux encore ont laissé dans les pays occupés une mémoire chère aux habitants, par suite de la discipline de leurs troupes ; tels furent Mortier en

Hanovre, Latour-Maubourg en Andalousie, Jourdan dans le nord de l'Italie, etc.

La discipline a beaucoup varié dans l'armée française, suivant les temps et les circonstances. Pendant la guerre d'Amérique, sous le règne de Louis XVI, l'armée commandée par le marquis de Rochambeau fut un modèle de discipline. Rochambeau lui-même raconte, dans ses *Mémoires*, comment les sauvages qui visitaient le camp ne revenaient pas de leur étonnement de voir les pommiers chargés de fruits au-dessus des tentes que les soldats habitaient depuis trois ans.

A l'armée des Pyrénées-Occidentales, pendant la campagne de 1795, la colonne infernale commandée par La Tour d'Auvergne, le *premier grenadier de France*, voulut rivaliser avec les soldats de Rochambeau ; les grenadiers campés dans des vergers pleins de cerisiers n'osaient pas, tant la discipline était sévère, cueillir les cerises aux branches qui pendaient sur leurs tentes.

Pendant l'hiver de 1794 à 1795, Pichegru, commandant en chef l'armée du Nord, fit son entrée dans Amsterdam à la tête d'une division d'infanterie dont les soldats, vêtus de haillons, avaient les pieds enveloppés de chiffons. Rien n'ayant été préparé pour le logement de ces troupes, elles restèrent pendant plusieurs heures par un froid des plus vifs sur les places d'Amsterdam, sans proférer un murmure, et lorsqu'on rompit les rangs, ces soldats, à peine nourris, passèrent devant les plus brillantes boutiques sans s'y arrêter; pas un pain ne fut dérobé aux riches étalages des boulangers.

La discipline ne comporte pas seulement la soumission aux ordres supérieurs; elle implique l'obéissance muette. A la bataille d'Iéna, 14 octobre 1806, le succès de l'armée fut si bien décidé dès le début, que la garde impériale n'eut pas besoin de donner. Cette garde, est-il dit au 5e bulletin de la Grande-Armée, voyait avec un dépit qu'elle ne pouvait dissimuler tout le monde aux mains et elle dans l'inaction. Plusieurs voix firent entendre les mots : En avant, en avant. « Qu'est-ce, dit l'Empereur, ce ne peut être qu'un jeune homme qui n'a pas de barbe qui peut vouloir préjuger ce que je dois faire ; qu'il attende qu'il ait commandé dans trente batailles rangées avant de prétendre me donner des avis. » C'était effectivement des vélites dont le jeune courage était impatient de se signaler.

Les moyens de maintenir la discipline diffèrent suivant la nature des soldats. Avant la révolution de 1789 l'armée française était recrutée presque exclusivement par la voie des enrôlements volontaires. Les soldats étaient attirés sous les drapeaux par l'appât d'une prime, souvent dépensée même avant l'arrivée au régiment. Vis-à-vis de pareils hommes, qui n'avaient à espérer aucun avenir, auxquels, sauf de rares exceptions, l'épaulette d'officier était refusée d'avance, il fallait, pour les assujettir au bon ordre, montrer plus de sévérité et de rigueur qu'à l'égard des soldats d'aujourd'hui, devenus, de par la loi, les égaux de leurs chefs en dehors de l'obéissance commandée par les lois de la discipline. En ce temps-là les mois ne comptaient en administration que pour trente jours. Il n'était donc, le 31, ni fait de distribution de pain, ni payé de solde. Eh bien! ces jours-là on n'osait pas faire manœuvrer les troupes; elles auraient refusé de marcher, n'étant ni nourries, ni payées.

Après la bataille de Rosbach, dans laquelle, le 5 novembre 1757, l'armée du prince de Soubise avait été honteusement battue par le roi de Prusse Frédéric II, le comte de Saint-Germain commandant le corps d'arrière-garde chargé de protéger la retraite, se plaignait d'avoir à conduire une bande de voleurs et d'assassins, toujours prêts à se révolter et à lâcher pied au premier coup de fusil.

Et cependant la crainte des punitions n'était ni le seul, ni le plus sûr mobile à faire agir sur les soldats de ce temps. Lorsqu'au printemps de 1756 l'armée commandée par le maréchal duc de Richelieu débarqua dans l'île de Minorque, les cas d'ivrognerie furent nombreux sous ce climat chaud, au vin abondant et généreux. Le duc de Richelieu s'avisa de mettre à l'ordre de l'armée que tout soldat, pris en état d'ivresse, serait privé de l'honneur de monter à l'assaut. Immédiatement l'ivrognerie cessa. C'est encore avec des soldats de cette espèce que l'armée de Rochambeau fut admirée pour sa discipline par les populations des États-Unis d'Amérique.

Les premiers jours de la Révolution furent funestes pour la discipline. Les excitations des partis avancés, les complaisances des municipalités et des populations amenèrent dans les régiments les désordres les plus graves. Ceux-là mêmes, députés ou journalistes, qui avaient le plus contribué à amener ces désordres, devinrent les plus ardents à vouloir le réprimer lorsqu'en présence de l'ennemi il eut pour conséquence la défaite et la mise en danger de la patrie. Il y a plus, ce furent les soldats les plus compromis par la rébellion qui, honteux de leurs propres actions, vinrent faire amende honorable et réclamer le rétablissement de la règle.

Quoi de plus hideux, en effet, que l'aspect d'une troupe qui a brisé tous les liens de la discipline et qui, par sa licence, est devenue pour la patrie une cause irrémédiable de désolation et de ruine.

Au moment où commencèrent les guerres de la Révolution, la rébellion se déclara dans les troupes réunies à Valenciennes et à Lille. Dix mille hommes étaient sortis de la première de ces deux villes, sous les ordres de Biron; une panique se déclara dans deux régiments de dragons qui marchaient en tête de la colonne; ils montent à cheval, s'écrient qu'ils sont trahis et tournent bride au galop. Toute la colonne les imite et rentre à Valenciennes dans le plus grand désordre ; la municipalité dérobe à grand'peine Biron à la fureur de ses soldats, qui voulaient le massacrer. Dans la colonne de Lille, le mal est encore pis : Dillon cherche à arrêter la troupe qui fuyait devant quelques hussards autrichiens ; il tombe frappé de deux coups de pistolet tirés par les mutins, qui le traînent à terre et l'achèvent, puis ces hommes égarés rentrent furieux dans Lille, saisissent et pendent le colonel du génie Berthois.

L'excès du mal produisit le bien ; l'indignation publique éclata de toutes parts ; les partisans les plus déclarés du désordre réclamèrent des mesures de rigueur, et la Convention nationale comprit qu'en dehors de la discipline il n'est pas de salut pour les armées.

Ce fut le moment des représailles terribles, mais nécessaires. Les représentants du peuple à l'armée du Nord firent fusiller des volontaires, pendant la campagne de 1794, pour avoir pris des œufs dans des cours de ferme.

Nous avons vu ce qu'était devenue alors la discipline dans les armées du Nord et des Pyrénées-Occidentales. Il en fut de même à l'armée des Pyrénées-Orientales. Là aussi, la répression du désordre fut sanglante et impitoyable, et ceux qui avaient déchaîné la licence, effrayés du résultat qu'ils avaient obtenu, se crurent forcés d'avoir recours à l'échafaud révolutionnaire pour arrêter le mal. La plus coupable insouciance régnait dans les hôpitaux, où les soldats blessés ou malades expiraient faute de soins ; on alla jusqu'à fusiller des infirmiers pour avoir transporté dans la salle des morts des agonisants qui n'avaient pas encore rendu le dernier soupir. « Mais ce qui mieux que le sang versé retrempa la discipline, dit un historien de cette guerre, le colonel Fervel, ce fut la persistance des efforts de Dugommier appelé au commandement en chef de l'armée, sa sollicitude constante pour l'instruction et l'entretien du soldat, le soin des armes, la précision des manœuvres. Les généraux sous ses ordres l'aidèrent dans l'accomplissement de cette tâche, en mêlant à la fermeté qui impose le devoir, l'exemple qui le persuade et l'art qui l'embellit, en soufflant dans le cœur de leurs soldats l'amour des vertus militaires, et en prenant l'initiative des actes d'abnégation. »

Lorsque le 9 août 1794 l'armée de la Moselle, commandée par René Moreaux, entra dans Trèves à la suite de plusieurs brillants combats, les habitants admirèrent l'abnégation de ces jeunes soldats, dénués de tout et restant désintéressés en face des trésors qu'ils envoyaient à la République. (*Rapport des conventionnels Goujon et Bourbotte.*)

Cette époque (1794-1795) fut l'apogée des armées républicaines et de leur discipline. Lorsque le gouvernement, échappé des mains de fer de la Convention, fut livré aux faiblesses du Directoire, on vit ces mêmes soldats de l'armée du Nord, si admirables en Hollande, devenir, par le pillage et la maraude dans leur marche sur le Rhin, la terreur des populations, et vivre misérablement, parce qu'ils n'obtenaient rien que par la contrainte et la violence.

Les grandes armées du premier Empire connurent aussi le fléau de la maraude, si funeste à la discipline. On distinguait au milieu du désordre général les corps d'armée commandés avec une sévérité salutaire. Tel fut surtout le célèbre 3ᵉ corps, celui du maréchal Davout. La réputation de sévérité de ce maréchal était telle qu'il avait, moins que beaucoup d'autres, besoin de punir. On savait qu'au besoin il n'hésitait pas à le faire ; mais aussi il veillait avec un soin tout particulier à la subsistance de ses troupes, en ne laissant aucun prétexte à la maraude.

Lorsqu'en 1811 et 1812 le général Curély commandait comme chef d'escadron la portion du 20ᵉ chasseurs détachée en Catalogne, jamais un des chasseurs sous ses ordres ne prit rien chez son hôte. Il réclamait au chef d'escadron ce qui lui était dû, et Curély le lui faisait donner sur l'heure.

Un des plus brillants généraux de cavalerie de cette époque, Auguste Colbert, qui fut tué prématurément en Espagne au mois de janvier 1809, commandait, à l'âge de 23 ans, le 10ᵉ régiment de chasseurs à cheval. Voici ce qu'il écrivait en 1801 : « Il faut : 1° punir modérément, mais sans rémission, chaque faute ; 2° mesurer les punitions sur le caractère connu de l'homme ; « 3° avoir un moyen de chasser les hommes déshonorés « et joindre alors la plus grande rigueur à la plus « grande ignominie pour frapper et rendre l'exemple « plus salutaire ; 4° assurer la discipline par l'administration. »

Ajoutons à cela qu'il faut toujours traiter le soldat avec autant d'égards et de politesse que de fermeté ; ainsi se comportait toujours l'illustre Drouot qui, dans les dernières batailles de l'Empire, sut faire des grandes batteries d'artillerie un usage si terrible et si efficace. Un ancien canonnier de la garde impériale, qui avait servi sous ses ordres à la bataille de Wagram, lui écrivait au mois de décembre 1831, c'est-à-dire vingt-deux ans après cette bataille : « Je n'ai jamais trouvé un colonel qui sût comme vous parler à un soldat ; vous étiez sévère, j'en conviens, mais juste ; jamais un mot plus haut l'un que l'autre ; jamais de jurements, jamais de colère ; enfin, vous parliez à un soldat comme s'il eût été votre égal. Il y a des officiers qui parlent aux soldats comme s'ils étaient les égaux des soldats, mais ça ne vaut rien du tout selon moi. »

Le même Drouot, appelé après la révolution de juillet 1830 au commandement de la 3e division militaire à Metz, trouva les sous-officiers de la garnison en état d'effervescence, ne parlant de rien moins que de chasser les officiers pour prendre leur place. Il les réunit et leur dit : « Je suis votre père indulgent aujourd'hui, mais sévère demain, si vous oubliez la discipline. Croyez-moi, vous n'êtes quelque chose que par la discipline ! elle a fait la gloire de vos pères. » Ces sages et paternelles remontrances rétablirent l'ordre dans la garnison de Metz.

XVIII

DRAPEAU (CULTE DU)

Régiments de *Picardie* et du *Roi.* — Double signification du drapeau. — Retraite de Russie; Waterloo. — Les drapeaux de la 76e demi-brigade à Innsbruck. — La 55e demi-brigade à la Trebbia. — Le 132e de ligne à Görlitz. — Le 4e de ligne à Austerlitz. — Le 9e léger à Mohrungen. — La division Broussier à Wagram. — Le 6e de ligne à Inkermann.

A la bataille d'Hastembeck, gagnée sur les Hanovriens le 26 juillet 1757 par le maréchal d'Estrées, le lieutenant-colonel de Gascoing, du régiment de *Picardie,* fut frappé mortellement sur les retranchements de l'ennemi, qu'il venait d'enlever. Il expira en recommandant aux soldats qui l'avaient suivi de maintenir l'honneur du drapeau.

Un jeune sous-lieutenant du régiment d'infanterie du Roi, M. de Bouthillier, âgé de 17 ans, est frappé par une balle pendant l'émeute militaire de Nancy, le 3 juin 1790. On veut le porter à l'hôpital. «Non, s'écrie-t-il, si j'en dois mourir, portez-moi sous les drapeaux du régiment. » Tel était alors le culte voué au drapeau.

Le drapeau a pour ainsi dire une double personnalité. Pour le régiment il représente la patrie. Transporté des vallées profondes des Pyrénées aux mers glacées de la Hollande, des plaines fertiles de la Lombardie aux rives du Nil et du Jourdain, des montagnes de la Calabre aux boues de la Pologne, des sierras de l'Andalousie aux steppes de la Russie, le soldat de la République et du premier Empire sous les plis du drapeau tricolore se croyait toujours en France. De même en voyant flotter sur les remparts du Trocadéro et d'Alger le drapeau blanc fleurdelisé d'or, le soldat de la Restauration semblait n'avoir pas quitté son pays. En Crimée, au Mexique, en Chine, au Tonkin, nos soldats d'hier et d'aujourd'hui trouvaient et trouvent encore le drapeau, c'est-à-dire la patrie !

Le drapeau est aussi la plus haute personnification du régiment, dont il porte, gravés en lettres d'or, le nom et le numéro. Tenir le drapeau haut et ferme, sous les balles et la mitraille, sacrifier sa vie pour le garantir des mains sacrilèges de l'ennemi, est le premier devoir de quiconque appartient au régiment. « Maintenez bien l'honneur du drapeau », criait le lieutenant-colonel de Gascoing aux soldats de *Picardie*. « Portez-moi sous le drapeau du régiment, pour que je rende le dernier soupir à l'ombre de cet emblème sacré », disait aux officiers du régiment du *Roi*, ses camarades, le jeune de Bouthillier.

Deux détails empruntés à l'histoire des guerres de l'Empire démontrent éloquemment les soins pris alors pour la conservation du drapeau. Pendant la retraite de Russie, alors que des milliers d'hommes sans armes et sans discipline militaire encombraient les routes, tous les drapeaux de régiment étaient entourés d'une garde qui ne les a pas abandonnés, et pas un seul n'est tombé au pouvoir des Russes. L'Empereur les fit tous brûler à Bobr le 23 novembre, avant le passage de la Bérézina, donnant ainsi un exemple qu'on aurait dû se rappeler au milieu de nos derniers désastres. Chose plus extraordinaire encore : à la bataille de Waterloo l'armée ne perdit que deux aigles, enlevées au corps de Drouet d'Erlon par la charge des dragons anglais de Ponsonby. Encore une des deux fut-elle reprise par le 4e régiment de lanciers, qui arrêta si vigoureusement la charge des dragons.

Le 76e régiment faisait partie en 1805 du corps d'armée du maréchal Ney chargé d'occuper le Tyrol. Ce régiment avait perdu autrefois, pendant la campagne de 1800, un drapeau portant le nom et le numéro de la 76e demi-brigade. Ce fut lui qui précisément entra le premier dans la ville d'Innsbruck, à la suite du maréchal Ney. Plusieurs soldats, se promenant dans l'arsenal de la ville, y découvrirent le drapeau de la 76e. Tout le régiment accourut aussitôt pour contempler ce vieux trophée, que le maréchal Ney fit rendre au 76e dans une cérémonie des plus imposantes et des plus touchantes. « Les vieux soldats, dit le *Bulletin de la*

Grande-Armée, avaient les yeux mouillés de larmes, et les jeunes conscrits étaient fiers d'avoir servi à reprendre ces enseignes enlevées à leurs aînés par les nécessités de la guerre. L'Empereur a ordonné que cette scène touchante soit représentée par un tableau. Le soldat français a pour ses drapeaux un sentiment qui tient de la tendresse ; ils sont l'objet de son culte comme le présent reçu des mains d'une maîtresse. »

Que de combats glorieux ont été livrés et que de sang a été versé pour empêcher le drapeau du régiment de tomber au pouvoir de l'ennemi. A la bataille de la Trebbia, le 21 juin 1799, le sergent Plomion, de la 55e demi-brigade de ligne, avait été envoyé avec trente volontaires pour s'emparer de deux pièces de canon, qui portaient le ravage dans les rangs de la demi-brigade. Écrasé par le nombre, après s'être emparé de ces deux pièces, ayant vu tomber autour de lui les trente braves qui l'accompagnaient, il s'était fait jour les armes à la main et rejoignait son bataillon qui, pendant ce temps, avait été forcé de battre en retraite. Tout à coup il s'entend appeler, et il aperçoit au milieu d'un groupe de Russes le porte-drapeau qui, mortellement blessé, faisait un dernier effort pour reprendre le drapeau qu'on venait de lui enlever. Il s'élance sur les Russes, tue et disperse à coups de baïonnette tout ce qui s'oppose à son passage, arrache le drapeau des mains du soldat qui s'en était emparé, l'emporte, et rejoint son bataillon au milieu d'une grêle de balles ; puis, après avoir remis son précieux dépôt entre les mains de son sergent-major, il retourne au combat. (*Fastes de la Légion d'honneur.*)

A la bataille de Solférino, le 24 juin 1859, le 91ᵉ de ligne était chargé d'enlever le plateau de Castiglione ; le sous-lieutenant de Guiscal plante le drapeau sur la position que le régiment venait d'enlever ; il tombe grièvement blessé ; le drapeau, brisé par la mitraille, est relevé par M. Tollet, qui est frappé à mort ; le sergent Bourragné le prend des mains du mourant ; il est blessé à son tour. Le commandant Pontgibaud est tué en ralliant autour du drapeau les débris de son bataillon, mais le drapeau est sauvé. Déjà lors de l'assaut de Sébastopol ce drapeau avait disparu dans l'explosion de la courtine avec neuf officiers qui l'entouraient. Le lendemain matin au jour, on creusa le sol pour déterrer le drapeau ; l'aigle apparut enfin entourée de cadavres mutilés ; le porte-drapeau la serrait convulsivement dans ses mains.

Pendant la campagne de 1813, le 23 août, au combat de Görlitz, les soldats du 132ᵉ régiment de ligne combattaient corps à corps avec les Prussiens : dans un moment de confusion l'aigle du régiment disparaît. Le colonel Tridoulet la croit tombée entre les mains de l'ennemi et, ne voulant pas survivre au déshonneur, il se jette au plus fort de la mêlée ; son cheval tombe renversé par un boulet ; il est lui-même grièvement blessé d'un coup de feu dans les reins ; ses habits sont criblés de balles. Mais l'aigle n'était pas perdue ; un chef de bataillon l'avait défendue contre les entreprises de l'ennemi, et la remit après le combat entre les mains du colonel insensible, malgré ses graves blessures, à toute autre chose qu'à la perte et à la conservation de son *aigle*. (On appelait ainsi sous l'Empire les drapeaux et les étendards, parce qu'ils portaient à l'extrémité de la hampe un aigle aux ailes déployées.)

C'est que pour un chef de corps la perte d'une aigle ou d'un drapeau était un coup terrible. A la bataille d'Austerlitz, le 24ᵉ léger et le 4ᵉ de ligne, qui formaient la brigade Ferrey, venaient d'enlever les hauteurs de Pratzen. Le major commandant le 4ᵉ en l'absence de Joseph Bonaparte, colonel en titre de ce régiment, fut invité à porter son 1ᵉʳ bataillon en avant, pour compléter la déroute de l'ennemi. Ce bataillon s'ébranle au pas de charge en remontant un versant couvert de vignes et d'arbres fruitiers ; arrivé à peu de distance de la crête, il se trouve en présence de sept bataillons soutenus par autant d'escadrons, se retirant au pas dans le meilleur ordre. Le commandant du bataillon, se voyant près d'être assailli par la cavalerie ennemie, fit former le carré ; mais bientôt, craignant d'être débordé sur ses deux ailes par l'infanterie russe, qui avait fait demi-tour, il déploya le carré, et porta le demi-bataillon de gauche sur la crête. Accueilli par la mitraille de trois bouches à feu, culbuté par la cavalerie russe, ce bataillon se débanda et entraîna dans sa retraite précipitée les pelotons de droite. Au milieu de ce mouvement de retraite confuse le porte-drapeau, blessé mortellement, tomba avec son aigle sans que personne s'en aperçût.

Quelques jours après la bataille, l'Empereur, passant la revue du 4ᵉ de ligne, s'arrêta devant le 1ᵉʳ bataillon et demanda aux soldats ce qu'ils avaient fait de leur aigle. Ils lui expliquèrent ce qui était arrivé, et comment l'aigle avait disparu avant qu'on eût le temps de se reconnaître. Ils demandèrent à grands cris un autre drapeau, en échange de deux drapeaux russes dont ils s'étaient emparés. L'Empereur sourit, leur fit jurer qu'ils ne s'étaient pas aperçus de l'enlèvement de l'ancienne aigle, et qu'ils se feraient tuer jusqu'au dernier pour défendre celle qu'il leur donnerait, et il leur en promit une. Toutefois, le major et le commandant du 1ᵉʳ bataillon furent obligés de quitter le régiment et d'aller à Naples demander du service au roi Joseph.

Pendant le combat de Mohrungen, le 25 janvier 1807, le 9ᵉ léger, un des meilleurs régiments de l'armée, surnommé *l'Incomparable*, illustré par la bataille de Marengo et par les combats de Haslach, de Diernstein et de Halle, perdit son drapeau dans des circonstances assez singulières. Le deuxième bataillon de ce régiment, qui était à l'avant-garde, se trouva tout à coup, après s'être emparé d'un village, en face de sept bataillons russes déployés et appuyés par une nombreuse artillerie; il ne put soutenir le choc et repassa en désordre à travers le village. Le maréchal Bernadotte, sous les ordres duquel se trouvait le 9e léger, accourut au galop au milieu des fuyards, parvint à les rallier, les fit soutenir par de nouvelles troupes, et rétablit le combat. Un parti nombreux de Cosaques avait, au plus fort de l'action, pénétré dans la ville de Mohrungen et s'était emparé de tous les équipages du corps d'armée; or, dans la déroute du deuxième bataillon du 9e léger, trois porte-aigle avaient été successivement tués. Un carabinier avait saisi le drapeau et l'emportait en se sauvant, lorsqu'il fut atteint par un officier russe à cheval. Le carabinier lança le drapeau par-dessus une clôture de jardin; mais cela n'empêcha pas qu'il ne tombât aux mains de l'ennemi. Par un heureux hasard l'aigle même, s'étant détaché quelques jours auparavant de son piédestal, avait été mis dans un fourgon qui échappa aux Cosaques, en sorte que le bâton seulement, avec le piédestal portant le numéro du régiment, tomba au pouvoir des Russes. Le colonel fit retirer l'aigle du fourgon; on le fixa au bout d'une longue perche, et l'on écrivit dans le *Moniteur* que le 9e léger ayant perdu une aigle, les soldats s'étaient précipités au milieu des ennemis et avaient glorieusement reconquis ce trophée. Mais l'Empereur, informé par les gazettes russes, sut à quoi s'en tenir, et deux ans après le colonel Meunier ayant été proposé pour le grade de général de brigade, Napoléon raya de sa propre main son nom de l'état de proposition, en disant: « Ce colonel a perdu une aigle à

Mohrungen. » Perdre une aigle était un malheur que ce grand homme de guerre ne pardonnait pas.

Pendant la campagne de 1809 en Autriche, le 65ᵉ de ligne, commandé par le colonel Coutard, fut laissé à Ratisbonne pour garder la ville, pendant que le corps de Davout allait rejoindre l'Empereur et le gros de l'armée. Les Autrichiens apparurent bientôt sur les deux rives du Danube ; un combat corps à corps acharné s'engagea pour la possession du faubourg de Stadt am Hof ; le 65ᵉ fit 400 prisonniers, prit un drapeau et 3 guidons ; l'ennemi perdit 1,500 hommes ; le 65ᵉ eut 800 hommes tués ou blessés. Les cartouches étant épuisées, le colonel Coutard fut obligé de se rendre ; mais avant de traiter avec l'ennemi, il fit enterrer profondément l'aigle du régiment, et, après la prise de Ratisbonne, il la représenta à l'Empereur, enveloppée dans le drapeau qui avait été pris à l'ennemi.

A la bataille de Wagram, la division Broussier, appartenant à l'armée d'Italie, fit partie de la fameuse colonne de Macdonald et fut, ainsi que nous l'avons vu, citée au *Bulletin de l'armée*, comme s'étant ce jour-là couverte de gloire. Sur un effectif de moins de 5,000 hommes elle était réduite, vers 8 heures et demie du soir, à 300 hommes, lorsqu'elle parvint en face de Sussenbrunn. Le général Broussier la fit former en un seul carré, avec les 8 aigles au centre et l'artillerie sur les angles ; puis il fit jurer à ses 300 braves de ne pas

faire un pas en arrière et de mourir tous jusqu'au dernier, chacun à son rang autour de leurs aigles.

On a vu de nos jours le 6ᵉ de ligne à Inkermann, le
5 novembre 1854, soutenir un combat acharné pour
sauver son drapeau. Ce régiment, qui faisait partie de
la brigade Bourbaki, avait été lancé sur une colonne
russe pour secourir les Anglais écrasés et battant
péniblement en retraite. Un instant surpris par cette
brusque attaque, les Russes reculent puis reviennent
à la charge. Le colonel de Camas, du 6ᵉ de ligne, est
frappé d'une balle en pleine poitrine ; le lieutenant-
colonel Goze accourt pour remplacer le colonel ; il
prend le drapeau des mains de l'officier et l'agite
au-dessus de sa tête en criant avec force : « Enfants ! au
drapeau. » Il est atteint d'une balle au bras droit, remet
le drapeau au lieutenant Bigotte, et demeure sur le
champ de bataille pour continuer à commander le régiment. (*Souvenirs de la guerre de Crimée*, par le général
Fay.)

XIX

ÉLOQUENCE MILITAIRE

Henri IV à Coutras et à Ivry. — Bonaparte en Italie. — Napoléon en 1815. — Les troupes de Vaubois à San-Michele. — Kléber à l'armée d'Égypte. — Le régiment de Navarre à Speyerbach. — Masséna à Bassano. — Le premier consul à Marengo. — Larochejacquelein. — Le sergent Rousselet. — Le caporal Lafontaine. — Curély au 7e hussards. — Canrobert à Zaatcha. — Le régiment *d'Auvergne* à Raucoux. — Kléber à Héliopolis. — Richepanse à Hohenlinden. — Marulaz à Wagram. — Le général Bosquet à Sébastopol. — *Je suis du régiment de Champagne.* — Waterloo. — Le passage du Rhin. — Reparties de soldats et d'officiers.

Parmi les généraux qui possédèrent le secret de parler aux troupes le langage propre à les enflammer d'ardeur, ou à ranimer leur courage, nul ne se montra l'égal de Napoléon Ier, surtout lorsqu'il n'était encore que le général Bonaparte. Henri IV trouva cependant plus d'une fois ce secret; l'allocution qu'il adressa à ses soldats, le matin de la bataille de Coutras, est restée classique. L'armée protestante qu'il commandait était pauvre et sévère dans sa tenue; l'armée catholique qu'il avait à combattre comptait dans ses rangs une foule de courtisans opulents. Le commandant en chef, duc de Joyeuse, venait de s'enrichir par un mariage, et le luxe régnait dans toute l'armée : « Mes

amis, dit Henri de Navarre à ses soldats, voici une
curée qui se présente bien autre que vos butins passés ;
c'est un nouveau marié qui a encore l'argent de son
mariage dans ses coffres, toute l'élite des courtisans
est avec lui. Courage, il n'y aura si petit entre vous
qui ne soit désormais monté sur des grands chevaux
et servi en vaisselle d'argent. Qui n'espérerait la victoire vous voyant si bien encouragés. Ils sont à nous,
je le jure par l'envie que vous avez de combattre ; mais
pourtant nous devons tous croire que l'événement en
est en la main de Dieu, lequel sachant et favorisant
la justice de nos armes, nous fera voir à nos pieds
ceux qui devraient plutôt nous honorer que combattre.
Prions-le donc qu'il nous assiste ; cet acte sera le plus
grand que nous ayons fait ; la gloire en demeurera à
Dieu ; le service au Roi, notre souverain seigneur ;
l'honneur à nous et le salut à l'État. »

Henri IV n'en dit pas aussi long à la bataille d'Ivry,
et sa brève allocution est restée gravée dans toutes les
mémoires. C'est celle qui se termine par ces mots :
« Ralliez-vous à mon panache blanc, vous le trouverez
toujours au chemin de l'honneur et du devoir. »

Les ordres du jour de Napoléon ont été cités presque
tous comme des modèles, tel celui qu'il adressa aux
troupes de l'armée d'Italie, en prenant possession du
commandement en chef :

« Soldats, vous êtes nus, mal nourris ; le gouverne-

ment vous doit beaucoup, il ne peut rien vous donner ;
votre patience, le courage que vous montrez au milieu
de ces rochers sont admirables, mais ils ne vous pro-
curent aucune gloire ; aucun éclat ne rejaillit sur vous.
Je veux vous conduire dans les plus fertiles plaines du
monde : de riches provinces, de grandes villes seront
en votre pouvoir, vous y trouverez honneur, gloire et
richesses. Soldats d'Italie, manqueriez-vous de courage ou de constance ? »

Qui ne connaît également le début de l'ordre du
jour du 15 mai 1796, lors de l'entrée de Bonaparte
dans Milan :

« Soldats, vous vous êtes précipités comme un torrent du haut de l'Apennin ; vous avez culbuté, dispersé
tout ce qui s'opposait à votre marche.....'»

Et cette fin du même ordre du jour :

« Le peuple français libre, respecté du monde entier,
donnera à l'Europe une paix glorieuse. Vous rentrerez
alors dans vos foyers et vos concitoyens diront en vous
montrant : Il était de l'armée d'Italie. »

On a reproché avec raison au premier ordre du jour
de l'armée d'Italie de faire appel à des sentiments peu
nobles en offrant à l'armée l'appât des richesses à con-
quérir, mais pendant vingt ans Napoléon fit vibrer
dans le cœur de ses soldats la corde du patriotisme et
de l'amour de la gloire. Son dernier ordre du jour, à la
veille du désastre de Waterloo, respire bien la sombre
résolution. La fin en est sublime : « Les insensés, un
moment de prospérité les aveugle, l'oppression et l'hu-

miliation du peuple français sont hors de leur pouvoir; s'ils entrent en France, ils y trouveront leurs tombeaux. Soldats, nous avons des marches forcées à faire, des batailles à livrer et des périls à courir; mais avec de la constance la victoire sera à nous, les droits, l'honneur et le bonheur de la patrie seront reconquis. Pour tout Français qui a du cœur le moment est venu de vaincre ou de périr. »

Quelque beaux que soient les ordres du jour de Napoléon, ses paroles improvisées dans le feu de l'action l'emportent cependant sur eux. La division Vaubois, attaquée le 1er novembre 1796 à San-Michele, dans la vallée de l'Adige, par les troupes autrichiennes de Laudon, avait été repoussée et forcée de reculer jusqu'au plateau de Rivoli. Bonaparte se porta à toute bride au-devant de cette division et parla aux soldats avec sévérité :

« Soldats, leur dit-il, je ne suis pas content de vous ; vous n'avez montré ni discipline, ni constance, ni bravoure ; aucune position n'a pu vous rallier ; vous vous êtes abandonnés à une terreur panique ; vous vous êtes laissé chasser de positions où une poignée de braves devait arrêter une armée. Soldats de la 39e et de la 85e, vous n'êtes pas des soldats français. » Puis, se tournant vers le chef d'état-major, il lui dit : « Faites écrire sur les drapeaux que la 39e et la 85e ne font plus partie de l'armée d'Italie. »

Ces reproches, d'après le rapport de Bonaparte au Directoire, allèrent droit au cœur des soldats ; ils témoignèrent le plus violent désespoir, et entourant Bonaparte, ils lui demandèrent d'être placés à l'avant-garde pour montrer qu'ils étaient encore dignes d'appartenir à l'armée d'Italie.

Après les ordres du jour de Bonaparte, et sur le même rang, on peut placer celui de Kléber, lors de la rupture du traité d'El-Arish. Lord Keith, commandant en chef les forces navales de l'Angleterre dans la Méditerranée, avait refusé de reconnaître la convention conclue entre Kléber et le grand vizir, par l'entremise de sir Sidney Smith, pour l'évacuation de l'Égypte. Alors que l'armée française, exécutant le traité avec la plus entière bonne foi, avait déjà rendu aux Turcs plusieurs places importantes, lord Keith osait sommer cette armée de se rendre prisonnière de guerre entre les mains des Anglais. Kléber fit mettre à l'ordre la lettre de lord Keith, en la faisant suivre de ces mots : « On ne répond à de pareilles insolences que par la victoire. Soldats, préparez-vous à combattre ! »

L'histoire militaire de la France abonde en allocutions énergiques, en mots heureusement trouvés sur le champ de bataille même. A la bataille de Speyerbach, le 15 novembre 1703, le régiment de Navarre avait en face de lui les gardes du prince de Hesse-Cassel. En voyant ces soldats magnifiquement vêtus, tandis que

les siens n'avaient que des sarraux de toile, le lieutenant-colonel de Pionsac dit en riant : « *Enfants, habillez-
vous.* » Les soldats de Navarre s'élancent la baïonnette
en avant, pénètrent comme un ouragan au milieu des
Hessois, et sur 1,300 hommes en tuent 1,100.

Dans le même ordre d'idées, Masséna dit aux soldats
de la 18ᵉ demi-brigade, en leur donnant le signal de
l'attaque sur le champ de bataille de Rivoli : « Camarades, vous avez devant vous 4,000 jeunes gens appartenant aux plus riches familles de Vienne ; ils sont
venus en poste jusqu'à Bassano ; je vous les recom-
mande. » « Cette harangue, parfaitement comprise,
nous fit rire, » dit, dans ses *Mémoires militaires*, un
ancien soldat de la 18ᵉ, devenu général de division.

Le même jour, et sur le même champ de bataille,
Bonaparte faisait appel à de plus nobles sentiments
lorsqu'il disait à la même demi-brigade : « Brave 18ᵉ,
je vous connais ; l'ennemi ne tiendra pas devant vous. »
A ces paroles, les soldats répondirent : « En avant, en
avant ! »

Lorsque, pendant la première partie de la bataille de
Marengo, les troupes de Lannes et de Victor, écrasées
par le nombre, reculaient devant les colonnes autrichiennes, Bonaparte, premier consul, parcourant les
rangs au pas de son cheval, disait : « Rappelez-vous,
soldats, que j'ai l'habitude de coucher sur le champ de
bataille. » Et Murat, à Ostrowno, se précipitant la cravache à la main sur les escadrons russes, criait simplement : « Qui m'aime, me suive ! »

De tous les discours adressés par un général à ses
soldats, je n'en connais pas de plus beau que celui de
Henri Larochejacquelein aux Vendéens, lors de sa première affaire (combat de Chemillé, le 11 avril 1793),
alors qu'il n'avait que 20 ans. Au moment de marcher
à l'attaque des troupes républicaines : « Mes amis, s'é-
cria-t-il, si mon père était avec vous, vous auriez confiance en lui. Pour moi, je ne suis qu'un enfant, mais
par mon courage je me montrerai digne de vous commander. Si j'avance, suivez-moi ; si je recule, tuez-
moi ; si je meurs, vengez-moi. » Les soldats de Larochejacquelein renversèrent ce jour-là tout ce qu'ils
avaient devant eux.

Le sergent Rousselet du régiment de Navarre, au
combat de Marcon, près de Condé, le 17 mai 1792,
se retirait avec huit jeunes soldats de recrues, lorsqu'il
est attaqué par un escadron de uhlans : « Si je recule,
dit-il à ses soldats, tuez-moi ; si quelqu'un de vous
recule, je le tue. » Un de ses hommes, se sentant blessé,
lui dit : « Sergent, je crois que j'ai la jambe cassée. —
Marches-tu encore ? — Oui. — Eh bien, recharge ton
fusil. » Il rentre dans Condé, en vue des uhlans, n'ayant
que trois hommes blessés.

Lors de la marche de l'armée de Flandre du camp
de Wignamont au pont d'Espierre, dans la campagne
de 1694, quelques soldats du régiment de Piémont,
démoralisés par la fatigue, murmuraient ; le caporal de
grenadiers Lafontaine leur imposa silence en ces mots :
« Le roi vous paye toute l'année pour le servir un jour ;

ce jour est venu, vous devez vous conduire en braves gens. »

Curély était adjudant lorsqu'à la tête de vingt hussards du 7e régiment, avant-garde d'un détachement de 100 hommes, choisis dans le régiment pour une importante expédition, il se trouva subitement, dans la campagne de 1805, en face du régiment de Meerfeld-uhlans. Ce régiment, fort de 500 chevaux, arrivait sur les hussards au galop dans un chemin creux; il n'y avait pas moyen de les éviter. Curély, qui avait choisi lui-même ses vingt hommes dans le détachement, se retourna vers eux et leur cria : « Vous êtes tous les meilleurs du régiment, en avant et chargeons. » Il se précipita en même temps au-devant de l'ennemi qui, après un combat de quelques minutes, tourna bride et s'enfuit à toute vitesse.

Au moment d'entraîner les zouaves à l'assaut de Zaatcha, le colonel Canrobert leur dit : « Mes amis, souvenez-vous que, quoi qu'il arrive, il faut que nous montions sur ces murailles, et que si la retraite sonne, elle ne sonne pas pour les zouaves. »

Les plus longs discours, lorsqu'il s'agit de combattre, ne sont pas toujours les meilleurs. Au début de la bataille de Raucoux, l'aumônier du régiment d'Auvergne adressait aux soldats une exhortation qui parais-

sait un peu longue. Le lieutenant-colonel de Chaumou-
roux, impatienté, s'écria : « Soldats, M. l'abbé veut dire
qu'il n'y a pas de salut pour les lâches; vive le roi, et
en avant ! »

A la veille de la bataille d'Héliopolis, dans laquelle
Kléber devait combattre avec 6,000 hommes contre une
armée de 35,000 Turcs, il dit au savant mathématicien
Fourrier, président de l'Institut d'Égypte : « L'armée
est dans une position des plus critiques; nous avons
besoin de toute notre énergie pour nous tirer d'affaire;
je voudrais trouver quelques paroles pour enflammer le
cœur de mes soldats. » Fourier et Kléber préparèrent
alors une petite allocution qui se terminait ainsi : « Soldats, nous ne possédons plus dans l'Égypte que ce que
vous couvrez de la semelle de vos souliers; un pas rétrograde, et nous sommes égorgés et foulés aux pieds
des chevaux. »

Lorsque, le lendemain matin, la vue de l'armée
ennemie annonça que la bataille allait commencer,
Kléber s'empressa d'essayer l'effet du discours préparé par lui et Fourier; mais, au bout de quelques
mots, s'apercevant qu'il n'était écouté qu'à moitié, il
s'interrompit et s'écria aussitôt : « Ce n'est pas de tout
cela qu'il s'agit, regardez ces gens-là, ils sont 40,000
et nous 6,000; si nous nous laissons battre par eux,
nous sommes tous f..... »

A la bataille de Hohenlinden, Richepanse, tombant
par une manœuvre audacieuse au milieu des colonnes
de l'armée autrichienne, laissa deux demi-brigades

pour contenir la partie de la colonne qui était en arrière de lui, et avec la seule 48ᵉ demi-brigade il se lança dans le défilé derrière la première partie de la colonne. « Que dites-vous de ces gens-là », demanda-t-il aux soldats de la 48ᵉ, en leur montrant du doigt les Autrichiens entassés dans le défilé? « Général, ils sont tous morts, s'écrièrent d'une voix unanime les soldats français. »

A la bataille de Wagram, le général Marulaz, voyant tomber le général Lasalle, frappé au front par une balle en chargeant sur les carrés autrichiens, vient le remplacer à la tête de sa division qui commençait à reculer. S'adressant au 8ᵉ hussards dont il avait été autrefois colonel : « Hussards du 8ᵉ, s'écrie-t-il, pendant treize ans je vous ai commandés ; mon nom vous est connu, vous ne démentirez pas votre ancienne valeur. Voici l'ennemi ! chargeons ! »

Les ordres du jour de Napoléon ont été non seulement admirés, mais quelquefois aussi imités. Arrivant, pendant la marche sur le Caire, en vue des pyramides d'Égypte, il s'était écrié : « Soldats, du haut de ces pyramides quarante siècles vous contemplent. » Le général Clauzel, au moment de traverser la chaîne de l'Atlas, au col de Mouzaïa, adressa aux troupes un ordre du jour dans lequel, après avoir rappelé les paroles de Napoléon, il ajoutait : « Moi aussi je vous dirai que du haut de ces montagnes quarante siècles vous contem-

plent. » Cette allusion à un passé que la plupart d'entre
eux ignoraient produisit peu d'effet sur les soldats ; il
n'y avait plus là ni l'à-propos, ni la grandeur de la
scène d'Égypte.

Les mots qui terminaient la fameuse proclamation
de Milan : « *Il était de l'armée d'Italie* », reproduits par
Napoléon lui-même après la bataille d'Austerlitz, tra-
duisaient une pensée tellement naturelle que presque
tous les généraux en chef l'ont exprimée à leur tour.
L'ordre du jour du général Canrobert à l'armée d'O-
rient, le 28 novembre 1854, se terminait ainsi : « Rappelez-vous tous, officiers, soldats et marins, qu'avoir
appartenu à une armée qui représente si dignement
la France, sera le plus beau titre d'honneur que vous
puissiez emporter dans votre pays. »

L'ordre du jour adressé par le général Bosquet au
2ᵉ corps de l'armée d'Orient, le matin de l'assaut de
Sébastopol, ne manque pas de grandeur ; il se terminait ainsi : « C'est un assaut général, armée contre
armée ; c'est une immense et mémorable victoire dont
il faut couronner les jeunes aigles de la France. En
avant donc, enfants ; à nous Malakoff et Sébastopol, et
vive l'Empereur ! »

Il est des mots énergiques dont la trivialité, on serait
tenté de dire la grossièreté, trouve son excuse dans les
circonstances, et que les historiens se sont crus obligés
de travestir pour en consacrer le souvenir. Pour les

comprendre, il faut se reporter par la pensée aux lieux et à l'heure où ils ont été prononcés.

Au mois d'octobre 1652, pendant les guerres de la Fronde, le régiment de Champagne, tenant pour le parti du roi, s'était enfermé dans la place de Miradoux. Le grand Condé somme le lieutenant-colonel Lamothe-Vedel de se rendre, le menaçant, s'il tarde trop, de le faire pendre et de passer son régiment au fil de l'épée. Je m'en f...., répond Lamothe; ce que les historiens ont traduit par ces mots restés célèbres : « *Je suis du régiment de Champagne!* »

C'est ainsi que nous avons vu travestir le mot de Cambronne à Waterloo, on lui fait dire: « *La garde meurt et ne se rend pas* », tandis que, aux sommations des officiers anglais, lui ou un autre répliqua M.....

On n'a même pas essayé de traduire le mot dit par Kléber, lors du passage du Rhin à Uerdingen par l'armée de Sambre-et-Meuse. Tout était prêt pour ce passage, et plusieurs fois déjà le général en chef Jourdan avait donné contre-ordre, au moment de l'embarquement des troupes. Enfin le 5 septembre 1795 au soir, la division Lefebvre, avec laquelle marchait Kléber commandant l'aile gauche de l'armée, était déjà embarquée. Kléber lui-même, monté sur une barque avec tout son état-major, avait donné le signal de gagner le large, lorsqu'un aide de camp du général en chef accourt et l'invite à suspendre le mouvement, parce que la lune donnait. « Je.... *crache* sur la lune, et je pars », s'écrie Kléber d'une voix retentissante. Un cri d'enthousiasme répond à cette parole plus qu'énergique. Ce ne sont pas là, toutefois, les exemples à suivre; il faut être un Kléber pour se permettre de telles excentricités de langage.

On ferait un volume avec les saillies de nos soldats et les reparties de nos officiers. Au mois de septembre 1759, le prince Ferdinand de Brunswick sommait la place de Giessen de se rendre. « Il y a trente ans que je sers le roi, répondit le commandant français, M. de Blaisel, et quelque temps que je suis guéri de la peur. Quand M. le prince Ferdinand voudra, nous commencerons. »

Le général Déclaye, commandant la place de Cambrai, le 7 août 1793, sommé de se rendre, fit au général autrichien cette courte réponse : « Je n'ai qu'une réponse à vous faire ; je ne sais pas me rendre, je ne sais que me battre. »

Le général Daumesnil, amputé d'une jambe après la bataille de Wagram et gouverneur du fort de Vincennes en 1814, répondit aux sommations des généraux alliés : « Quand vous m'aurez rendu ma jambe, je vous rendrai Vincennes. »

La Tour d'Auvergne, dont le souvenir est resté sous le surnom de premier grenadier de France, commandait à l'armée des Pyrénées-Orientales la *Colonne Infernale*; le représentant du peuple lui demanda un jour ce qu'il pouvait faire pour lui. « Es-tu bien puissant? — Oui. — Eh bien ! donne-moi une paire de souliers. »

Pendant le siège de Mayence en 1793, un grenadier

français fait prisonnier par les assiégeants fut conduit
au roi de Prusse, qui voulut l'interroger lui-même et
s'amusa de ses réponses. Le roi ayant voulu amener
l'interrogatoire sur le dommage causé à la France par
le renversement de la monarchie : « Pour cela, citoyen
Guillaume, fit le grenadier, n'en parlons pas, car nous
ne pourrions nous entendre. » Le citoyen Guillaume
rit beaucoup de cette scène.

Le grenadier de Mayence était un loustic, comme le
factionnaire qui, pendant la campagne de 1814, était
de garde devant la tente de Napoléon, lorsque M. de
Noailles, prince de Poix, se présenta pour pénétrer
auprès de l'Empereur, à qui il apportait des nouvelles
importantes. Ce factionnaire, obéissant à sa consigne,
croise la baïonnette pour empêcher le visiteur de passer. « Mais, s'écrie ce dernier, je suis le prince de
Poix. — Quand vous seriez encore le roi des haricots,
je vous dis, que vous ne passerez pas. »

Ce sont là des mots pour rire ; il en est de plus sérieux.

Le capitaine Lorrain, de la 64ᵉ demi-brigade, était
cerné avec sa compagnie par les Russes dans une redoute. Le général ennemi envoie un officier supérieur
sommer Lorrain de se rendre, menaçant de faire passer
tous ses hommes à la baïonnette. — « Ton général nous
prend-il pour des lâches, répond Lorrain, et croit-il
nous épouvanter par ses menaces ; va lui dire que

les grenadiers français n'ont jamais reculé devant les baïonnettes russes. » La compagnie du capitaine Lorrain résista victorieusement aux attaques réitérées de l'ennemi, jusqu'à ce qu'on vînt à son secours.

Le 8 avril 1797, le capitaine Cruchet, commandant un détachement de la même demi-brigade, fut pris par les insurgés lombards. « Mets-toi à genoux, qu'on te fusille, » lui dirent ces insurgés. — « Jamais, répond Cruchet ; si vous êtes assez lâches pour me fusiller, je veux être debout pour recevoir vos balles. » Il fut épargné.

XX

ÉNERGIE

Le soldat Thiou au siège de Bristone-Hill. — Le régiment d'*Artois* au col de l'Assiette. — Le général Sanson à Saint-Jean-d'Acre. — Desgenettes à Jaffa. — Le colonel Peugnet. — Les soldats Combe et Duquesne. — Le maréchal Lannes à Tudela. — Saint-Arnaud à l'Alma. — Le maréchal de Saxe à Fontenoy. — Le général Dagobert à Urgel. — Augereau à Eylau. — Les surprises de Crémone et de Berg-op-Zoom. — Masséna à Gênes et à Essling. — Le maréchal Ney dans la retraite de Russie.

L'énergie est la force morale qui dompte la douleur et soutient le courage au milieu d'épreuves prolongées. C'est par l'énergie seule qu'une armée et ses soldats se tirent d'une position difficile. C'est l'énergie qui donne la victoire et qui empêche une défaite de se transformer en désastre.

Au siège de Bristone-Hill, dans l'île Saint-Christophe, en 1782, un jeune soldat du régiment de Touraine (33e de ligne), âgé de 17 ans, portait des bombes du dépôt de tranchée aux batteries. Pendant un de ses voyages, un boulet lui coupe le bras droit qui ne tenait plus que par un tendon ; il emprunte le couteau d'un camarade, coupe le tendon, fait recharger la

bombe sur son épaule gauche, la porte tranquillement
à la batterie et va se faire panser. Cet énergique soldat se nommait Thiou, et il fut admis aux Invalides,
où il mourut sous l'Empire.

A l'attaque des retranchements du col de l'Assiette,
le 19 juillet 1747, le colonel de Brienne, du régiment
d'Artois, eut d'abord un bras fracassé, et ses grenadiers
lui disaient de quitter le champ de bataille pour aller
faire panser son bras. « Il m'en reste un », dit-il froidement, et il continuait à combattre avec la même énergie, lorsqu'un coup mortel le frappa en pleine poitrine.
Le même jour, l'enseigne Martial de Brie, du même
régiment, âgé de 12 ans, mortellement blessé, ne voulut remettre le drapeau qu'il portait à son sergent d'escorte que lorsqu'il se sentit mourir. (Général Susane,
Histoire de l'infanterie française.)

Au siège de Saint-Jean-d'Acre, le chef de brigade
du génie Sanson, chargé de reconnaître le fossé de la
place, s'avança pendant la nuit en se traînant sur les
mains et sur les genoux jusqu'à ce que, le terrain lui
manquant, il comprit qu'il était au bord du fossé; il
porta la main en avant pour tâter le talus, afin de voir
si le fossé était revêtu. A ce moment une balle de mitraille lui traversa la main de part en part; il eut la
présence d'esprit et le courage de supporter la douleur
sans pousser le plus léger cri, et de continuer sa mission jusqu'à la fin.

Lorsqu'après la prise et le pillage de Jaffa, la peste
éclata dans l'armée expéditionnaire de Syrie, Desge-

nettes, médecin en chef, s'efforça de démontrer que
la maladie n'était pas contagieuse, afin de remonter
le moral de l'armée. A cet effet, il se piqua pendant sa
visite à l'hôpital avec sa lancette qu'il avait trempée
dans un bubon pestilentiel. Quelques jours après, sur
la demande du quartier-maître de la 75e demi-brigade,
qui se mourait, il avala ce qui restait dans le verre de
cet officier du breuvage qui lui avait été donné.

Un des soldats les plus énergiques de la Grande-
Armée fut le baron Peugnet, dont j'ai déjà parlé plus
haut (page 159). Il était capitaine à la 14e demi-brigade,
lorsqu'au combat d'Avio, le 27 janvier 1797, il reçut
l'ordre de s'emparer d'une redoute qui défendait le passage de l'Adige. Il se met en marche avec 17 hommes,
par une nuit noire et sous une pluie torrentielle; les
hommes qui l'accompagnaient s'égarent. Il arrive avec
deux soldats seulement; entouré de postes ennemis, il
se jette dans un ruisseau, où il plonge dans l'eau jusqu'au cou (on était au mois de janvier); il attend ainsi
le jour, et, les Autrichiens ayant quitté la place, il re-
gagne tranquillement sa troupe.

Combe, soldat au 2e chasseurs à cheval, au combat
du 1er décembre 1794 devant Mayence, dans une charge
fournie par son régiment, reçoit quatorze coups de
sabre, dont un lui fit perdre l'œil gauche; il continua
de combattre jusqu'à la fin de l'affaire. (*Fastes de la
Légion d'honneur.*)

Au siège de la place du Quesnoy, par l'armée du Nord, au mois d'août 1794, le soldat Duquesne, du 5ᵉ de ligne, étant dans la tranchée, a la jambe fracassée par un boulet ; ses camarades, interrompant leur travail, s'empressent autour de lui pour le secourir ; il ne veut accepter le bras d'aucun, les renvoie tous à leur poste, et se traîne de lui-même à l'ambulance, où il supporte l'amputation avec un sang-froid héroïque. Lorsque cette opération est terminée : « Ce n'est pas ma jambe que je regrette, dit-il, c'est de me trouver dans l'impuissance de concourir désormais avec mes braves camarades à la reprise de Valenciennes, quand le Quesnoy sera en notre pouvoir. » (*Victoires et conquêtes.*)

Au passage de la Piave, le 8 mai 1809, le lieutenant Meyssin, du 22ᵉ léger, a la cuisse gauche emportée par un boulet. Il reste debout sur la jambe droite et dit aux soldats de sa compagnie qui s'empressaient autour de lui : « Mes amis, asseyez-moi par terre et continuez de marcher, nous n'en aurons pas moins la victoire. » (*Ibidem.*)

Que de généraux sont cités dans l'histoire pour être restés à cheval, au milieu de leur armée, pendant la bataille, malgré leurs blessures ou les souffrances de la maladie. Le maréchal Lannes, entrant en Espagne avec l'empereur Napoléon, au mois de novembre 1808, fait une affreuse chute de cheval dans les montagnes de Vittoria ; on le croyait écrasé, le ventre broyé sous sa monture. L'illustre chirurgien Larrey fait abattre et écorcher un énorme mouton, et, dans la peau saignante et chaude de cet animal, il enveloppe le maréchal. Au bout de trois jours celui-ci est debout. Quoique endurant des souffrances aiguës, il va retrouver l'Empereur qui lui donne le commandement des troupes chargées de combattre l'armée espagnole de Castaños. Il rejoint ces troupes à plusieurs journées de distance, les anime du feu de son intrépidité, remporte le 23 novembre l'éclatante victoire de Tudéla, redevient, le soir de la bataille, perclus de douleur et de fatigue ; mais soutenu par son énergie, il remonte à cheval quelques jours après, accourt près de l'Empereur à Madrid et l'accompagne dans le pénible passage de la montagne du Guadarrama, près de succomber à chaque instant, mais « ne connaissant pas, écrit-il lui-même, de meilleur médecin que la victoire ».

A la bataille de l'Alma, le 20 juillet 1854, le maréchal de Saint-Arnaud, dont le corps miné par la maladie offrait déjà une proie assurée à la mort prochaine, dompte la souffrance pour se tenir à cheval depuis la première heure du jour jusqu'au soir, et dirige la bataille avec autant de sang-froid que s'il eût possédé la vigueur de la jeunesse et de la santé. Une brillante victoire le récompensa de cet effort énergique. Transporté à bord du *Berthollet*, il mourut quelques jours après en pleine mer.

Lorsque le maréchal de Saxe gagna la bataille de Fontenoy, le 11 mai 1745, il venait de subir quelques jours auparavant l'opération de la ponction (il était hydropique) et souffrait de la pierre. Il pouvait à peine se tenir étendu dans une petite carriole d'osier. Opposant à toutes les douleurs une indomptable énergie, il monte à cheval au moment décisif de la bataille, pour entraîner les troupes par sa présence.

Le vieux général Dagobert, qui était, à l'armée des Pyrénées-Orientales, la terreur des Espagnols, grelottait de la fièvre lorsque, le 10 avril 1794, il enleva avec sa division la ville d'Urgel; il resta au milieu de ses soldats qui l'adoraient et le portaient sur une litière.

Au combat de Hornbach, le 24 septembre 1794, le général Moreaux, commandant l'armée de la Moselle, dont les blessures s'étaient rouvertes et qui souffrait de la fièvre, se fit lier sur son cheval pour parcourir les rangs de ses troupes et exciter leur enthousiasme.

Le jour de la bataille d'Eylau, le 8 février 1807, le maréchal Augereau, commandant le 7e corps de la Grande-Armée, était également pris de la fièvre. Il monte à cheval et, sous un ouragan de neige, il marche à la tête de son corps d'armée contre le centre des Russes; écrasé par la mitraille, aveuglé par la neige, ce corps d'armée recule presque entièrement détruit. Augereau, assez grièvement blessé, fut apporté auprès de l'Empereur dans le cimetière d'Eylau. Indifférent à la souffrance, il ne pensait qu'à son beau corps d'armée qui venait d'être anéanti en quelques instants.

A ces actes individuels d'énergie on peut en ajouter

qui ont fait la gloire d'une armée et de ses chefs. Les soldats français sont peut-être ceux de tous les soldats du monde qui se sont montrés le plus capables de suppléer par leur initiative énergique à l'absence des officiers. La surprise de Crémone, le 1er février 1702, offre un exemple mémorable à l'appui de cette observation. Crémone était occupé par une garnison de 8,000 hommes et par le quartier général de l'armée d'Italie, dont le général en chef était Villeroy, resté célèbre pour son incapacité. Le prince Eugène, qui commandait l'armée ennemie, informé de la négligence avec laquelle cette garnison se gardait, résolut de s'emparer par surprise de la place. Grâce à la connivence d'un curé et de quelques habitants, 400 grenadiers déguisés sont introduits et se tiennent cachés dans une église ; d'autres troupes les suivent par l'aqueduc ; une porte murée est démolie pendant la nuit, et le prince Eugène se tient prêt à barrer le passage avec l'élite de son armée à tout ce qui pourrait sortir de la ville. A la pointe du jour, les principales communications étaient occupées ; tout à coup retentit le cri : l'ennemi est dans la ville. Des ordonnances, allant réveiller les officiers d'un bataillon qui devait manœuvrer dans la matinée, avaient aperçu les Autrichiens et donné l'alarme. Chacun s'éveille et accourt ; le maréchal de Villeroy est pris dans son logement ; tous les généraux, excepté deux, sont tués, blessés ou faits prisonniers. Il n'y a plus de chef ; les troupes surprises dans leur lit, à demi vêtues, cherchant vainement à rejoindre leurs officiers, sont livrées à elles-mêmes. Elles combattent avec acharnement pendant douze heures. Enfin elles chassent l'ennemi et restent maîtresses de la place. La garnison avait trouvé son salut dans son énergie.

Dans la campagne de 1814, en Belgique et en Hollande, la garnison de Berg-op-Zoom, réduite à 3,000 hommes et commandée par le général Bizanet, donna, dans des circonstances différentes, une preuve analogue d'énergie. Le général anglais Graham, qui se trouvait à peu de distance de Berg-op-Zoom, résolut de profiter de l'insuffisance de la garnison pour s'emparer de cette place par surprise. Dans la nuit du 8 au 9 mars, 4,800 hommes, partagés en quatre colonnes, se dirigèrent vers les remparts. Les deux premières colonnes devaient tenter l'escalade, la troisième était chargée de simuler une fausse attaque, la quatrième devait entrer dans la ville par le port en profitant de la basse marée. L'attaque de la troisième colonne donna l'alarme à la garnison, qui prit les armes. La première colonne, échouant dans son escalade, fut repoussée avec perte comme la troisième; la première et la dernière réussirent à pénétrer dans la place, mais ne purent parvenir à s'emparer d'une porte pour ouvrir l'accès au général Graham et au reste de ses troupes. Le jour venu, le général Bizanet ayant réuni toutes ses troupes, marcha contre l'ennemi et accula les deux colonnes anglaises à un ouvrage de fortification, d'où l'artillerie les cribla de mitraille; elles furent forcées de mettre bas les armes. Sur 4,800 hommes, 1,200 avaient été

tués, 600 blessés, dont deux officiers généraux, et
2,177 prisonniers; 4 drapeaux étaient tombés au pouvoir de la garnison.

Un des exemples d'énergie les plus célèbres est
celui de Masséna au siège de Gênes, en 1800. Après
avoir le plus longtemps possible défendu les abords de
la place, il avait fini par y être enfermé complètement
avec une partie de son armée, dont l'effectif ne dépas-
sait pas 9,000 hommes. Les vivres faisaient absolument
défaut; la population, excitée par des agitateurs, était
sans cesse près de se soulever. Successivement réduite,
la ration du soldat avait été abaissée de 367 à 150 grammes d'un pain confectionné avec des graines de toutes
sortes, et à 244 grammes de viande de cheval. Les
habitants étaient plongés dans la plus profonde misère;
on ne rencontrait dans les rues que des troupes de femmes affamées, implorant de la pitié de nos soldats quelques lambeaux de nourriture. Il mourait plus de 100
personnes par jour. On avait ramassé toutes les substances susceptibles d'être avalées, telles que graines
de lin, amandes, son de blé et de maïs, amidon, avoine,
orge, cacao, gomme arabique, et on avait fabriqué un
pain ressemblant à du mastic, couleur de chocolat,
pesant, malpropre, puant et d'un goût insuppor-
table. Tous les animaux que renferment les grandes
villes, tels que les chiens, les chats, les mulets, les
rats, étaient, jusqu'au dernier, dévorés depuis long-

temps ; les chevaux avaient tous été abattus. Lorsqu'enfin Masséna se décida à entrer en pourparlers avec l'ennemi, il ne restait plus que pour trois jours seulement d'une ration ainsi composée : 95 grammes de pain fait de 20 parties de cacao, 10 de son, 4 d'amidon, 4 de haricots ; 385 grammes de viande de cheval et un litre de vin. Quant à la population, elle n'avait plus rien absolument à manger. Masséna tint bon cependant jusqu'au dernier moment, et tant qu'il put espérer que l'armée commandée par Bonaparte arriverait à son secours, il ne céda que devant les conditions les plus honorables, se montrant toujours prêt à rompre les négociations. Il y eut un moment où les Autrichiens, s'obstinant à repousser ses demandes, il se leva brusquement et se dirigea vers la porte, en saluant avec fierté les généraux alliés : « Eh bien, Messieurs, dit-il, à demain. » La convention fut signée, lorsque Masséna, n'ayant plus aucun espoir, dut se résigner à ne pas laisser mourir ses troupes de faim. Au moment où les généraux se quittèrent, lord Keith, prenant la main du défenseur de Gênes, lui dit : « Général, si l'Angleterre et la France pouvaient s'entendre, elles domineraient le monde. — La France suffit », répondit Masséna, et montant à cheval il rentra dans la ville.

Le 18 novembre 1812, le maréchal Ney, sorti de Smolensk la veille avec son corps d'armée, rencontra à Krasnoé l'armée russe qui lui barrait le passage, interceptant complètement ses communications avec le reste de l'armée. Il avait recueilli sur sa route les débris de la division Ricard, coupée du 3ᵉ corps d'armée dans les combats de la veille. Il se trouvait ainsi à la tête de 6,000 combattants, appuyés par six pièces de canon ; sa cavalerie était réduite à un seul peloton d'escorte. Les Russes étaient au nombre de 80,000.

Aussitôt que les colonnes françaises apparurent, un parlementaire fut envoyé au maréchal pour le sommer de se rendre ; pour toute réponse il fit arrêter le parlementaire, sous le prétexte de quelques coups de canon qui avaient été tirés pendant la négociation, puis il ordonna l'attaque. Les divisions Ricard, Razout et Ledru furent successivement écrasées par la mitraille. Le maréchal Ney fit sa retraite en bon ordre dans la direction de Smolensk. Les généraux russes, qui le regardaient comme une proie certaine, ne se donnèrent pas la peine de le poursuivre. L'intention du maréchal ne pouvait être, en effet, de reculer jusqu'à Smolensk. Au bout d'une demi-lieue, il prit sa direction à gauche, à travers champs, perpendiculairement à la route. Le projet qu'il avait conçu devait le sauver. Voyant auprès de lui un officier de son état-major, il lui dit à demi-voix : « Nous ne sommes pas bien. — Qu'allez-vous faire, répondit l'officier? — Passer le Dniéper. — Où est le chemin? — Nous le trouverons. — Et s'il n'est pas gelé? — Il le sera. — A la bonne heure, dit l'officier. »

Tel était, en effet, le plan du maréchal : traverser le Dniéper et gagner Orcha par la rive droite du fleuve.

Un ruisseau gelé, dont on cassa la glace pour reconnaître le sens du courant, indiqua la direction à suivre. On fit mine de s'arrêter dans un village pour tromper l'ennemi et, sous la conduite d'un paysan qu'on enleva, la colonne parvint au Dniéper. Le fleuve était à cet endroit très encaissé et assez gelé pour qu'on pût le traverser à pied sec ; pendant qu'on cherchait un passage, Ney dormit d'un profond sommeil. Vers le milieu de la nuit on se remit en marche ; la glace était si peu épaisse qu'il fallut abandonner à l'ennemi sur la rive gauche l'artillerie, les bagages, les voitures de toute espèce et les blessés qui ne pouvaient marcher. Quelques chevaux seulement purent passer. On était à plus de 15 lieues d'Orcha, et il fallut pour y arriver traverser des pays inconnus, avec une poignée de fantassins épuisés, au milieu d'une nuée de Cosaques. On vécut exclusivement de vivres pris dans les villages.

Bientôt le grand chef des Cosaques, l'hetman Platow, avec plusieurs milliers de cavaliers et des pièces d'artillerie transportées sur des traîneaux, ne cessa pas de harceler les malheureux soldats de Ney, dont la route était marquée par les morts et les blessés laissés en arrière. On s'arrêtait à peine quelques instants le soir, et l'on se remettait en marche à une heure du matin. Platow, précédé de son artillerie, voulut essayer d'une charge à fond ; le maréchal Ney forma un carré de chacune de ses divisions, prit lui-même un fusil et repoussa les Cosaques qui ne purent même atteindre les carrés. Vingt fois cette attaque fut renouvelée dans la

journée, et toujours en vain. Un officier polonais, envoyé à Orcha, donna à l'Empereur des nouvelles du
maréchal Ney ; le prince Eugène se porta au-devant
de lui avec sa division et le reçut avec la plus vive
émotion. Le 3° corps était sauvé ; mais à quel prix !
6,000 hommes avaient combattu à Krasnoé ; sur ce
nombre 800 ou 900 arrivèrent à Orcha. (Fezensac, *Souvenirs militaires.*)

XXI

ESPRIT DE CORPS

L'ancienne armée. — Régiments de *Picardie, de Navarre, de Champagne, de Normandie, de Bretagne, du Bourbonnais, de Sault, du Roi. — Royal-Auvergne* à Yorktown. — 18e, 32e et 57e demi-brigades. — 84e de ligne. — 2e et 17e légers. — Les 24e et 25e demi-brigades à Gênes. — Denis Batten. — Jean Theuriet.

« On n'est soldat que quand on n'a plus la maladie du pays, quand le drapeau du régiment est considéré comme le clocher du village, quand on est prêt à mettre le sabre à la main toutes les fois que l'honneur du numéro est attaqué, quand on a confiance dans ses chefs, dans son voisin de droite et de gauche, quand on les aime, quand on a mangé longtemps la soupe ensemble. » Ainsi s'exprimait, il y a cinquante ans, le maréchal Bugeaud, dans un discours prononcé à la Chambre des députés. Ce qui était vrai alors est encore vrai aujourd'hui, et l'esprit de corps est, après le patriotisme et l'amour de la gloire, le mobile des grandes actions. Lorsqu'un homme aime sa famille, il n'en aime pas moins sa patrie. Bien au contraire; il est d'autant plus attaché à sa patrie et prêt à se sacrifier pour elle, qu'il a plus d'affection pour ceux qui lui tiennent de près. Eh bien ! pour le soldat le régiment est la famille, l'armée est la patrie. C'est en aimant son régiment qu'il apprend à pratiquer l'amour de la patrie.

Autrefois, il est vrai, quand le soldat restait sous les drapeaux pendant de longues années, lorsque chaque régiment avait son drapeau particulier, qui n'était pas celui de la France, l'esprit de corps était nécessairement plus prononcé qu'il ne peut l'être aujourd'hui, avec la faible durée du service militaire, sous l'empire de la loi qui rappelle la plupart des réservistes dans d'autres régiments que ceux où ils ont servi au début. Aussi cet esprit fut-il porté quelquefois jusqu'à l'exagération, en créant des rivalités et des querelles qui aboutissaient parfois à des conflits sanglants. Plusieurs de ces inimitiés de régiments durèrent fort longtemps, et des corps qu'on avait séparés, se retrouvant après quelques années, reprenaient la série de duels que leur séparation avait interrompue. L'esprit de corps, ainsi mal entendu, est aujourd'hui relégué dans les vieilleries du passé, mais l'émulation entre les divers régiments est restée un des moyens d'action les plus puissants sur le cœur du soldat.

A la bataille de Parme, le 29 juin 1734, le régiment de *Picardie,* le plus ancien des régiments d'infanterie, avait résisté à tous les efforts de l'armée ennemie ; il fut enfin écrasé par le nombre et dispersé, à l'exception du premier bataillon qui, sous les ordres du lieutenant-colonel Blaisel, fit une résistance désespérée. Il restait à peine 100 hommes autour du drapeau ; le canon avait emporté le reste. On voulut remplacer le régiment par d'autres corps ; il répondit *qu'on ne relevait jamais Picardie*. Il continua de supporter un feu épouvantable et se trouvait le soir réduit à 300 hommes ; 20 officiers, 60 sergents et 800 soldats étaient tués. Presque tous les autres officiers et un millier de soldats étaient blessés.

Un autre régiment, celui de *Navarre,* qui forma plus tard les 5e et 6e de ligne, avait pris pour devise ces mots : *Recommandons-nous à Dieu et à Notre-Dame de Frappefort.*

Le régiment de *Champagne* (7e et 8e de ligne) avait son vieux dicton : *Je suis du régiment de Champagne,* que chaque soldat prononçait avec fierté. A un bal donné en 1747 au palais de Versailles, un personnage inconnu s'était assis sur une banquette réservée. « Monsieur, lui dit un garde du corps, cette place ne vous appartient pas, veuillez vous retirer ! » L'inconnu ne répond rien et ne bouge pas. « Je vous répète, Monsieur, que vous ne pouvez rester là. » Même silence et même immobilité. « Encore une fois, Monsieur, retirez-vous, votre place n'est pas là. — Je m'en f.... : si cela ne vous convient pas, je suis le colonel du régiment de Champagne ! » Le garde du corps ne trouva rien à répondre.

A l'attaque des retranchements du Pont-de-Cé, le

lieutenant Comminges arrive le premier sur les retranchements et, à cheval sur la crête, il crie au maréchal de Bassompierre : « Je vous demande pardon, Monsieur le Maréchal, de vous avoir précédé, mais il est de tradition qu'à l'assaut *Champagne* doit être le premier. » A la bataille de Gondelour, Bussy, près d'être enveloppé, crie à ses soldats : « Souvenez-vous que vous êtes des enfants de *Champagne*. » Les soldats d'Austrasie se précipitent sur les Anglais et les culbutent (le régiment d'Austrasie, 8ᵉ de ligne, avait été formé par le dédoublement de celui de Champagne).

Le régiment de *Normandie* marchait toujours à l'attaque aux cris de : *Vive Normandie !* depuis le 15 juin 1645, jour où un soldat du régiment s'empara de la ville de Saint-Paul, près de Castres, par un coup d'audace inouï. Son capitaine avait reçu l'ordre de faire un logement près du fossé. Cette besogne étant terminée, le soldat, croyant qu'on allait donner l'assaut, se jeta dans le fossé, grimpa le long d'une saillie du rempart, s'attachant aux palissades, et combattit en désespéré sans vouloir lâcher prise. Ses camarades, l'apercevant, volèrent à son secours, suivis bientôt de tout le régiment, qui enleva la place en criant sans relâche : *Vive Normandie !*

Le régiment de *Bretagne* avait pris pour devise, à cause des hermines de ses drapeaux : *Potius mori quam*

fœdari (plutôt mourir que de souffrir une souillure);
il resta toujours fidèle à cette belle devise.

La devise du régiment de *Bourbonnais*, 13e de ligne,
était: *Bourbonnais sans tache.* A l'attaque du col de l'Assiette, ce régiment, placé en tête de colonne, arriva au
pied des retranchements en marchant sous un feu de
flanc et de front; il y resta quatre heures, et ne se retira
que quand l'ordre de la retraite fut donné. Il perdit là
60 officiers, dont le colonel, et 800 soldats.

Le régiment de *Flandre* s'appelait en 1629 régiment
de *Sault,* du nom de son colonel ou mestre de camp.
Lors de l'attaque des retranchements du pas de Suze,
15 compagnies de ce régiment furent chargées d'escalader les hauteurs pour tomber sur les derrières de
l'ennemi, pendant que les gardes françaises et suisses·
attaquaient de front. Ce mouvement fut exécuté avec
autant de bonheur que d'audace. Les Piémontais surpris furent complètement défaits. De ce jour date le
dicton : *Gardez-vous du feu, de l'eau et du régiment de
Sault.*

Le régiment d'infanterie du *Roi* avait pour devise :
Par decori virtus (le courage vaut l'honneur). Le duc
de Biron commandait ce régiment d'élite, lors du siège
de Prague par les Autrichiens; il fut grièvement blessé
de deux balles, dont l'une lui fracassa la mâchoire et
l'autre, pénétrant dans la tête, l'obligea à se faire tré-
paner. Pendant qu'on posait l'appareil sur ses blessures,
il disait : « Peu m'importe ce qui arrivera; je suis content, mon régiment a soutenu sa réputation. »

Enfin, voici un fait qui prouve la puissance de l'esprit de corps dans l'ancienne armée. Un certain nombre de régiments d'infanterie avaient été dédoublés en 1776. Le régiment d'Auvergne, illustré par l'acte de dévouement du chevalier d'Assas, et portant fièrement le surnom d'*Invicta legio* (la légion invincible ou plutôt *invaincue*), qui lui avait été donné pour son éclatante bravoure, fut de ce nombre ; les 1er et 3e bataillons formèrent le nouvel *Auvergne* ; les 2e et 4e formèrent le régiment de *Gâtinais*. Envoyé en Amérique, lors de la guerre de l'indépendance des États-Unis, *Gâtinais* se trouvait au siège de Yorktown, sous les ordres du général marquis de Rochambeau, ancien colonel du régiment d'Auvergne. Au moment de l'assaut, Rochambeau étant venu dans la tranchée, dit aux soldats de Gâtinais : « Mes enfants, si j'ai besoin de vous cette nuit, j'espère que vous n'avez pas oublié que nous avons servi ensemble dans le régiment d'Auvergne. « Ils lui répondirent que si on leur promettait de leur rendre leur ancien nom, ils se feraient tuer jusqu'au dernier. Rochambeau le leur promit, et de leur côté ils firent tout ce qu'il fallait pour tenir parole. Rochambeau, voulant tenir aussi la sienne, termina son rapport au roi par la demande du titre *Royal-Auvergne* pour le régiment de *Gâtinais*. Louis XVI écrivit en marge, de sa main : *Bon pour Royal-Auvergne*.

Les demi-brigades de la République, les régiments

qui leur ont succédé, étaient et sont encore désignés par des numéros au lieu de noms. Peut-être ce système se prête-t-il moins que l'ancien au culte de la tradition. Cependant certaines demi-brigades ou certains régiments se sont acquis des réputations égales à celle des vieux régiments, et leur numéro a été porté avec fierté par les soldats qui en faisaient partie. Témoin la 32e demi-brigade, celle dont Bonaparte disait dans un rapport au Directoire : « *J'étais tranquille, la 32e était là* », paroles qu'il fit inscrire sur les drapeaux de ce corps ; la 18e, à qui Bonaparte disait sur le champ de bataille de Rivoli : « *Je vous connais, brave 18e, vous battrez l'ennemi* » ; la 57e, surnommée la *Terrible*, depuis la bataille de la Favorite ; la 9e légère, dite l'*Incomparable*; le 84e de ligne portait sur son aigle cette inscription : *Un contre dix*, en mémoire du combat de Grätz. Témoins encore les 2e et 17e légers, les 26e et 48e de ligne en Algérie, les zouaves, les chasseurs d'Afrique, etc. Si l'esprit de corps donna lieu plus d'une fois, comme nous l'avons dit, à des rivalités regrettables, il engendra le plus souvent une émulation qui fut la source des plus nobles actions.

Lorsque Masséna prit, dans les premiers jours de l'année 1800, le commandement de l'armée d'Italie, plusieurs demi-brigades, entraînées par la misère, désertaient pour rentrer en France. Masséna forcé, dans l'intérêt de la discipline, de faire un exemple, ordonna de désarmer la 24e, et chargea de cette mission la 25e. Plus tard, touché du repentir des soldats de la 24e, il leur fit rendre leurs armes. Mais ces soldats gardèrent rancune à ceux qui avaient été chargés de les punir. De là, entre les deux corps, pendant la défense de Gênes, une animosité que rien ne pouvait apaiser, et des duels fréquents, que toute la vigilance des généraux ne parvenait pas à empêcher. Le hasard rapprocha ces deux demi - brigades pendant le combat de Monte-Faccio (10 mai). La vue de l'ennemi réveilla en elles une noble émulation : elles rivalisèrent d'élan, au point qu'entraînés dans un effort commun, leurs rangs se confondirent, et qu'à la fin de la journée les deux demi-brigades semblaient n'en plus faire qu'une.

Il n'était pas rare de voir, sous la première République et au commencement du premier Empire, des officiers et des soldats qui servaient dans le même régiment depuis trente ou quarante années et plus. En 1805, le 1er régiment de carabiniers était commandé par le colonel Cochois, engagé au corps le 18 février 1774, et ayant passé, sans le quitter pendant 31 ans, par toute la filière des grades. Lataye, colonel du 10e cuirassiers en 1806, y servait depuis le 9 mars 1773, c'est-à-dire depuis 33 ans. Thuillier, colonel du 9e chasseurs en 1808, s'était enrôlé au corps le 1er avril 1773, c'est-à-dire 35 ans auparavant.

Denis Batten, nommé colonel du 29e de ligne sur le champ de bataille de Neerwinden en 1793, était au régiment (alors *Dauphin-Infanterie*) depuis l'année 1741 ; il avait assisté, dans ses rangs, à la bataille de Fontenoy en 1745, et ne les avait pas quittés depuis lors. On voulut, après le siège de Valenciennes, le nommer général ; il refusa, en disant : « Je suis entré, il y a plus de cinquante ans, dans le régiment que je commande, je ne veux pas en sortir ; j'ai vu arriver tous mes soldats ; ils me nomment leur père. » Et il resta à son vieux régiment.

Le régiment de Touraine, devenu à la Révolution le 33e de ligne, avait dans ses rangs, en 1792, un soldat nommé Jean Theuriet qui, né le 8 septembre 1699, s'était engagé dans ce régiment le 17 septembre 1716, y avait servi, tout d'abord, pendant 22 ans sans interruption ; était passé, en 1738, dans la cavalerie ; était revenu au régiment de Touraine en 1750, et ne l'avait plus quitté. Il avait 60 ans, lorsqu'à la bataille de Minden, le 1er août 1759, il reçut 17 coups de sabre, dont 6 sur la tête. Il en avait 83 lorsque, pendant la guerre d'Amérique, il vit tomber à côté de lui son fils, caporal dans la même compagnie. Il fut retraité le 22 janvier 1792, et mourut en 1809, à l'âge de 108 ans. Il avait servi pendant 76 ans, dont 64 dans le même régiment de Touraine.

L'armée moderne ne saurait rien voir de pareil. L'esprit de corps ne peut pas et ne doit pas y être exclusif comme dans l'ancienne armée. Chaque régiment n'en est pas moins une famille dont tous les membres sont solidaires les uns des autres, dans les succès comme dans les revers, dans la bonne comme dans la mauvaise fortune. Cette solidarité, jointe au patriotisme, au sentiment de l'honneur et du devoir, fait la force de l'armée.

XXII

FERMETÉ

De toutes les qualités qui sont nécessaires à un chef pour exercer le commandement en guerre, la plus essentielle est la fermeté, indispensable également au soldat pour maintenir son courage au niveau des positions les plus difficiles. Notre histoire militaire fournit ici, comme ailleurs, un large contingent d'exemples à citer.

Dans la campagne de 1799, en Suisse, le général Souvarow descendait la vallée de la Reuss pour aller rejoindre l'armée de Korsakof, qui se trouvait à Zurich en face de l'armée française, commandée par Masséna. Il apprit la défaite de Korsakof par Masséna et se décida à se jeter dans les montagnes, sur sa droite, pour aller attaquer les Français par leur gauche; il partagea son armée en deux colonnes et traversa avec une de ces colonnes les défilés couverts de neige, pour tomber dans la vallée de Glaris. Le passage était gardé par le général de brigade Molitor, qui n'avait sous ses ordres que deux bataillons et trois compagnies. Malgré les pertes subies par la colonne de Souvarow pendant sa marche pénible dans la montagne, il lui restait encore 6,000 hommes, tous vieux soldats habitués à vaincre sous les ordres de leur illustre chef. Le général russe fit sommer Molitor de mettre bas les armes. Molitor lui répondit que c'était à lui, Souvarow, à se rendre, puisqu'il était entouré d'une armée victorieuse. Pendant deux jours, Molitor repoussa bravement toutes les attaques de l'avant-garde ennemie, mais celle-ci ayant franchi la passe du Pragel, Molitor eut, le troisième jour, toute l'armée russe sur les bras. Il battit alors en retraite, lentement et par échelon, jusqu'à une position admirablement choisie, en arrière de Netsthal. Les Russes le poussèrent vivement et se précipitèrent avec une telle force et en si grand nombre sur le pont de Netsthal, que ce pont s'écroula, laissant les plus braves d'entre eux à la merci des Français qui les rejetèrent dans le lit du torrent (la Linth). Excités par Souvarow, les Russes revinrent trois fois à la charge avec des colonnes fraîches ; à la troisième charge ils étaient parvenus à repousser les soldats de Molitor jusqu'au pont de Næfels. Déjà ils y avaient mis le pied, quand un lieutenant de la 84e demi-brigade, faisant volte-face avec son peloton, tua d'un coup d'épée le chef de la colonne ennemie. Molitor saisit l'à-propos et fit battre la charge. Les Russes furent de nouveau chassés de Næfels.

Cependant, les renforts n'arrivaient pas, et la position devenait de plus en plus critique ; malgré une belle charge du 10ᵉ chasseurs, qui déboucha enfin sur le champ de bataille et dégagea la droite de Molitor, celui-ci se trouva encore une fois forcé de repasser le pont de Næfels. A ce moment entra en ligne la 3ᵉ demi-brigade helvétique : Molitor l'électrise en lui rappelant, dans une brève harangue, la gloire acquise par ses ancêtres sur ce même champ de bataille[1]. Les Suisses traversent le pont sous le feu des Russes, renversent leurs masses et, soutenus par deux bataillons français, les refoulent jusqu'à Netsthal. Mais une colonne de troupes fraîches revient à la charge et les repousse à leur tour. Enfin paraissent successivement le général Gazan avec un bataillon de grenadiers et le général Lochet avec la 94ᵉ. Repoussés pour la sixième fois, les Russes renoncèrent enfin à forcer le passage. Il était neuf heures du soir, le combat durait depuis le point du jour.

Malgré leurs efforts désespérés, les Russes, au nombre de 6,000, n'avaient pu triompher de la fermeté de Molitor qui, pendant la plus grande partie de la journée, n'eut à leur opposer que 1,500 hommes. L'ennemi perdit 400 hommes tués, 1,700 blessés et 200 pri-

---

1. Une poignée de Suisses avait battu les Autrichiens à Næfels en 1388.

sonniers. Du côté des Français, la perte s'éleva seulement à 140 hommes tués et 200 blessés ; mais le plus beau résultat de ce combat fut la ruine complète de l'armée de Souvarow qui, vivement poursuivie dans la vallée d'Engi, se jeta dans le col de Panix et n'arriva dans les environs de Coire qu'après avoir perdu toute son artillerie, tous ses bagages et presque tous ses chevaux.

Dans la campagne d'Autriche de 1805, alors que la Grande-Armée se dirigeait sur Vienne par la rive droite du Danube, l'empereur Napoléon avait détaché sur la rive gauche, pour flanquer sa marche, le maréchal Mortier avec les trois divisions Gazan, Dupont et Dumonceau. Une flottille devait descendre le fleuve et se maintenir à hauteur du détachement de Mortier, pour assurer sa communication avec le gros de l'armée. Le maréchal Mortier, entraîné par la rapidité avec laquelle Murat, commandant l'avant-garde, marchait sur la rive droite, et voulant se maintenir à sa hauteur, n'attendit pas la flottille. En outre, il échelonna ses trois divisions à une journée de marche d'intervalle. Il suivait, en conséquence, avec la seule division Gazan, la route étroite resserrée entre les montagnes de la Bohême et le fleuve, lorsque, tout à coup, après avoir franchi Dirnstein, il se trouva en face d'une avant-garde russe.

L'armée de Kutusof, se dérobant à la poursuite

de Murat, avait brusquement abandonné la route de
Vienne et, après avoir franchi le Danube sur le pont
de Krems, avait brûlé ce pont. Un officier d'état-major
autrichien du plus haut mérite, le colonel Schmidt, fit
concevoir à Kutusof le projet d'écraser les troupes de
Mortier, au secours desquelles le gros de l'armée française ne pouvait accourir. Le colonel Schmidt dirigea
l'exécution de ce projet en homme qui connaissait à la
fois le métier militaire et le théâtre de la guerre.
Pendant que l'avant-garde se portait au-devant de la
division Gazan, deux colonnes formant ensemble une
masse de 12,000 à 15,000 hommes filèrent le long des
hauteurs, dont elles occupèrent les crêtes, et descendirent sur les derrières de la division française. Cependant le maréchal Mortier, rencontrant les Russes au
delà de Dirnstein, les attaqua vivement et engagea avec
eux un combat des plus acharnés. Il parvint enfin à
les repousser en leur enlevant 1,500 prisonniers, et
ses troupes victorieuses s'apprêtaient à se reposer sur
le terrain conquis par elles, lorsqu'une fusillade des
plus vives se fit entendre sur leur flanc gauche et
sur leurs derrières. On reconnut bientôt que Dirnstein
était occupé par les Russes en forces supérieures et
que la division Gazan, qui ne comptait pas 5,000
hommes, était cernée par plus de 30,000 ennemis
sans aucune chance de s'échapper, puisque la flottille
était encore loin. Dans cette conjoncture, il n'y avait
qu'une chose à faire : tenter de percer par Dirnstein
pour marcher au-devant de la division Dupont. En

conséquence, le maréchal Mortier ordonna de rebrousser chemin et de foncer à la baïonnette sur le corps russe qui avait tourné la division Gazan. La lutte prit alors une violence extrême, mais tous les efforts des Français échouèrent contre la masse qui, après avoir été enfoncée, se refermait toujours sur eux. Le maréchal, l'épée à la main, combattait au milieu de ses grenadiers ; on lui proposa de s'embarquer seul sur une nacelle, pour ne pas laisser un maréchal de l'Empire aux mains de l'ennemi : « Non, répondit-il, on ne se sépare pas d'aussi braves gens, on se sauve ou on périt avec eux. »

Tout à coup on entend au delà de Dirnstein un feu des plus violents. La division Dupont, apprenant le danger que couraient Mortier et Gazan, avait doublé l'étape pour accourir les dégager. Un combat aussi acharné que le premier s'engage de ce côté, tandis que les soldats de Gazan, ranimés par l'espoir, revenaient à la charge avec furie. Bientôt les deux colonnes se rejoignaient au milieu de Dirnstein en flammes. L'heureuse initiative et l'ardeur de la division Dupont, la fermeté du maréchal Mortier et de la division Gazan avaient sauvé celle-ci d'un désastre complet. Le combat avait été rude : les Russes perdirent 4,000 hommes morts, blessés ou prisonniers. Le colonel Schmidt était au nombre des morts. Les Français eurent 3,000 hommes hors de combat, la division Gazan perdit la moitié de son effectif.

Le second jour de la bataille d'Essling (22 mai 1809), la rupture du grand pont de bateaux jeté sur le Danube coupa l'armée française en deux. Les corps de Lannes et de Masséna se trouvèrent seuls sur la rive gauche avec les cuirassiers de Nansouty, ceux de la division Espagne, dont le chef avait été tué la veille, et la cavalerie légère de Lasalle et de Marulaz. Les parcs d'artillerie étant restés sur la rive droite, ces troupes allaient manquer de munitions. Napoléon ordonna la retraite dans l'île Lobau, retraite qui devait s'opérer sur l'unique pont de bateaux construit à cet effet par les pontonniers. Tandis que Masséna disputait énergiquement à l'ennemi la possession du village d'Aspern, Lannes se repliait lentement avec le centre de l'armée. Cet illustre guerrier étant frappé à mort, tout le poids du commandement retomba sur Masséna, que l'Empereur chargea de contenir l'ennemi jusqu'à ce que les blessés eussent traversé le pont : « Allez dire à l'Empereur, répondit Masséna à l'officier qui lui apportait cet ordre, que nulle puissance au monde ne me fera reculer d'ici et que j'y resterai quatre heures ! vingt-quatre heures ! toujours ! » Une heure plus tard, la fusillade étant devenue beaucoup plus violente, un second officier d'ordonnance vint de la part de l'Empereur conjurer Masséna de tenir jusqu'à la nuit : « Tenir ! s'écria le maréchal, dont les yeux brillaient d'un éclat extraordinaire, non ; non, je ne tiens pas, je ne me défends point, j'attaque, dites-le bien à l'Empereur, et que j'attaquerai jusqu'à la nuit close. »

Lorsqu'enfin il fallut évacuer Aspern, Masséna exécuta, avec toute la régularité d'une parade, le passage du défilé en retraite par 12 divisions, sous un épouvantable feu d'artillerie. A une heure du matin, Masséna reçut l'ordre de lever le pont sur le petit bras du Danube aussitôt que toute l'armée serait passée. Le 23, vers 6 heures du matin, il ne restait plus sur la rive gauche que l'infanterie de la vieille Garde et la division Legrand, qui avait défendu Aspern. Masséna dirigea lui-même les manœuvres des derniers bataillons ; enfin l'extrême arrière-garde, formée par les grenadiers de la division Legrand, réduits à 300 hommes, vint se ranger derrière l'épaulement de la tête de pont, qui n'avait pas plus d'un mètre de remblai. Les grenadiers entamèrent aussitôt une vive fusillade avec les tirailleurs autrichiens. Un capitaine de pontonniers vint demander alors à l'aide-major général Dumas s'il fallait replier le pont ; Masséna, l'ayant entendu, s'écria : « Il n'est pas temps encore, je passerai ici toute la journée plutôt que de laisser aux Autrichiens une seule cuirasse, un seul cheval. » Il ordonna en effet de pourchasser les chevaux et de ramasser les cuirasses abandonnées par les blessés, fit défiler devant lui les grenadiers tambour battant et repassa le dernier de tous dans l'île Lobau.

Dans la courte et funeste campagne de 1815, la division Teste sauva, par sa fermeté, l'aile droite de l'armée française, qui se repliait sur la frontière après le désastre de Waterloo. Cette division, réduite à 2,300 hommes, arrêta tout un jour devant Namur 15,000 ou 20,000 Prussiens en leur infligeant une perte de 2,000 hommes, et, par cette héroïque résistance, donna à l'armée le temps nécessaire pour faire filer sur Givet son matériel, ses équipages, ses blessés et jusqu'à l'artillerie enlevée la veille aux Prussiens. L'effet produit par ce combat d'arrière-garde fut que les chefs ennemis n'osèrent pas pousser au delà de Namur.

La fermeté, indispensable dans la défensive, n'est pas moins nécessaire dans l'offensive. C'est la fermeté du régiment de Piémont qui valut au duc de Broglie, en 1759, la victoire de Bergen. Assaillis au débouché du village de Bergen par une troupe qui les fusillait à vingt pas et leur tua beaucoup de monde, les deux premiers bataillons mirent la baïonnette au bout du fusil et, s'élançant avec impétuosité, repoussèrent l'ennemi. Ils furent à leur tour délogés de la position par des troupes fraîches, revinrent à la charge et, par une heureuse manœuvre de flanc, redevinrent maîtres du terrain : tout le canon de l'ennemi tomba en leur pouvoir. Un second retour offensif, opéré par des troupes trop supérieures en nombre, semblait avoir raison d'eux, lorsque le colonel d'Esparbès porte en avant les deux bataillons qui n'avaient pas encore donné, place les deux premiers en seconde ligne, et, avec les quatre réunis, aborde si vigoureusement l'ennemi que celui-ci est définitivement forcé de battre en retraite.

On a souvent admiré l'héroïque résistance des défenseurs de Saragosse, pendant le fameux siège de 1808-1809. La fermeté déployée par les assiégeants ne fut pas moins admirable. Une petite armée de 18,000 hommes à peine, entourée d'un pays insurgé, dénuée de toutes ressources, soutenue par le seul sentiment du devoir et de l'honneur, encouragée par l'énergie de son chef, le maréchal Lannes, a dû venir à bout d'une ville protégée par 150 canons de gros calibre, défendue par 45,000 soldats et par la partie valide d'une population de 50,000 âmes fanatisée par les moines. Les couvents formaient, au milieu de la ville, autant de forteresses dont les murs ne pouvaient être abattus qu'à coups de canon, toutes les maisons étaient crénelées, toutes les rues barricadées ; on ne pouvait avancer dans ce labyrinthe inextricable qu'en faisant jouer sans cesse la mine.

Il y eut cependant un moment où le moral de l'armée parut faiblir. « Elle travaillait et se battait depuis cinquante jours, dit un historien anglais, elle avait renversé tous les murs de la ville, fait sauter un grand nombre de couvents, emporté les brèches à la pointe de la baïonnette, combattu dessus et dessous la surface de la terre. Ses braves avaient péri dans l'obscurité d'une guerre souterraine ; la famine se faisait sentir, et Saragosse n'était pas encore vaincue. — Avant ce siège, disaient les soldats, a-t-on jamais ouï dire que 20,000

hommes en eussent assiégé 50,000 ? A peine s'était-on
emparé du quart de la ville et déjà ils étaient excédés... »
Inébranlable dans sa résolution, le maréchal Lannes
chercha à ranimer le moral du soldat. Il lui représenta
que les pertes des assiégés surpassaient de beaucoup
celles des assiégeants, que leurs forces seraient bientôt
épuisées ainsi que leur courage, que déjà la défense
faiblissait, que si, contre toute attente, les Espagnols
renouvelaient l'exemple de Numance [1], la guerre, la
misère et la peste amèneraient bientôt leur entière
destruction. Ces exhortations produisirent leur effet, et
bientôt tout fut prêt pour un assaut général.

La chronique des sièges soutenus par les Français
abonde aussi en sublimes exemples de fermeté. Une
des défenses de place les plus célèbres dans l'histoire
du moyen âge est celle de la ville de Rouen, assiégée
en 1419 par le roi d'Angleterre Henri V. Les Anglais
étaient déjà maîtres de toute la Normandie. Rouen leur
résistait encore. Henri V vint l'enserrer dans un blocus
étroit par huit ou neuf corps d'armée communiquant
ensemble par des tranchées et défendus par des fossés
profonds revêtus d'épines ; la Seine était barrée avec un
pont de bois, des chaînes et des navires, de sorte que
rien ne pût passer. Les Rouennais, dont le principal
chef était un arbalétrier nommé Alain Blanchard, har-

---

1. Ville d'Espagne restée à jamais célèbre par le siège qu'elle soutint contre les Romains en l'année 134 avant J.-C. Les habitants périrent tous dans les flammes plutôt que de se rendre.

celaient les assiégeants par de continuelles sorties dans lesquelles ils avaient souvent l'avantage, mais sans pouvoir forcer la ligne du blocus. Bientôt ils furent réduits aux plus dures extrémités : il fallut faire sortir de la place 12,000 vieillards, femmes et enfants, bouches inutiles. Ces malheureux furent repoussés par les Anglais et durent rester dans les fossés entre la ville et le camp ennemi, où ils mouraient de faim. La résistance dura sept mois, au bout desquels, voyant qu'ils ne pouvaient espérer de secours et n'ayant plus rien à manger, les Rouennais se rendirent. Alain Blanchard fut pendu par ordre du roi d'Angleterre. Son nom doit être honoré comme celui d'un des plus illustres martyrs du patriotisme.

A cette même époque, seule de toutes les places de la Normandie, la forteresse du mont Saint-Michel défiait les attaques des Anglais ; sa résistance dura vingt-six ans. Les assiégés repoussèrent tous les assauts et supportèrent la famine sans fléchir.

La défense de Grave par le marquis de Chamilly, en 1674, dura 93 jours ; elle coûta 16,000 hommes aux Hollandais qui l'assiégeaient. La garnison ne comptait que 4,000 hommes ; elle ne se rendit que sur l'ordre formel du roi Louis XIV, lorsque rien ne restait plus debout dans la ville de Grave.

Le maréchal de Boufflers défendit Lille et sa citadelle, depuis le 12 août jusqu'au 9 décembre 1708, contre l'armée du prince Eugène ; il capitula lorsque les vivres furent complètement épuisés.

Au début des guerres de la Révolution, deux vétérans de l'ancienne armée, les généraux Gilot et Laubadère, s'immortalisèrent par la défense de Landau. Investie au mois d'avril 1793, la place supporta, du 27 au 29 octobre, un violent bombardement. Plus de 2,000 bombes furent jetées dans la ville ; le feu prit à l'arsenal, un magasin à poudre sauta; nombre de maisons furent démolies ; la garnison refusa de se rendre, et au bombardement succéda le blocus le plus étroit. Les vivres étaient épuisés et les défenseurs de Landau ne vivaient plus que des mets les plus dégoûtants, lorsque la place fut débloquée par Hoche, le 27 décembre, après neuf mois de résistance.

Déjà la garnison et la population de Lille avaient fait preuve de la plus glorieuse fermeté en supportant pendant sept jours, du 29 septembre au 6 octobre 1792, un des bombardements les plus violents dont l'histoire fasse mention. Les Autrichiens lancèrent sur la ville 60,000 boulets rouges et environ 30,000 bombes ou obus. Des quartiers entiers furent incendiés, plus de 700 maisons furent brûlées, un grand nombre d'autres à moitié démolies par les projectiles ; le faubourg de Fives n'existait plus. Plus de 2,000 personnes avaient péri victimes du bombardement. La fermeté des troupes et de la population ne se démentit pas un instant. Comme on annonçait à un canonnier bourgeois qui servait une pièce sur les remparts que sa maison brûlait :

« Je suis ici à mon poste, répondit-il, rendons-leur feu pour feu. » Le capitaine Ovigneur, commandant la compagnie des canonniers bourgeois, répondit à des personnes qui le pressaient d'accourir parce que sa maison aussi était la proie des flammes: « Je suis à mon poste et j'y reste. »

Parmi les nombreuses places étrangères glorieusement défendues par les Français à la fin des guerres du premier Empire, on peut citer Badajoz, Burgos, Saint-Sébastien, le fort de Monzon en Aragon, Dantzig, Hambourg, Anvers.

Badajoz fut assiégée deux fois par l'armée anglaise. La première fois, avril et mai 1811, elle fut bloquée par une armée de 40,000 hommes que commandait en personne le duc de Wellington ; la garnison était de 3,000 hommes ; le général Philippon, gouverneur de Badajoz, était assisté d'un chef de bataillon du génie, nommé Lamarre, qui fut l'âme de la défense. Une batterie anglaise de 20 bouches à feu ouvrit plusieurs brèches dans les murs du château ; les assiégés rendirent ces brèches impraticables en faisant éclater au bas des terres ébranlées une foule de grenades et d'obus, élevèrent un retranchement intérieur en arrière et disposèrent sur les flancs des brèches une nombreuse artillerie. Les assiégeants reportèrent alors leurs attaques sur le fort Saint-Christoval et y ouvrirent deux nouvelles brèches ; ils tentèrent deux assauts qui furent repoussés. La place fut délivrée par les maréchaux Marmont et Soult. Attaquée de nouveau en 1812 par 50,000 hommes, elle succomba par une surprise que ne put prévenir la garnison trop peu nombreuse, après avoir repoussé un assaut de nuit dans lequel l'ennemi perdit 3,600 hommes.

La place de Saint-Sébastien, assiégée en 1813 par une armée et une flotte anglaises, défendue par une garnison de 2,000 hommes, supporta 59 jours de tranchée ouverte et cinq assauts. Au dernier assaut, une bombe, en éclatant, mit le feu à un tas de grenades et d'obus préparés au sommet de la brèche ; l'explosion renversa les défenseurs et les Anglais en profitèrent pour s'élancer dans la place. La garnison se retira alors dans le château et s'y défendit jusqu'à ce que les vivres, étant épuisés, elle fut forcée de se rendre.

La fermeté déployée par le général Dubreton dans le château de Burgos en 1812, recula d'un an la perte de l'Espagne. Ce général tint tête, pendant 34 jours, avec 2,000 hommes, derrière de vieilles murailles et dans des réduits palissadés, à toute l'armée de Wellington. En vain le général anglais, furieux de cette résistance inattendue, essaya tour à tour des attaques brusquées, des cheminements réguliers, des explosions de mines : tout échoua ; les 2,000 hommes de Dubreton en tuèrent 3,000 à l'ennemi.

A la fin de 1813, le fort de Monzon, près de Lérida, en Catalogne, était défendu par 90 gendarmes avec deux officiers ; il était armé de deux canons de cam-

pagne et un obusier, lorsque le célèbre chef de guérillas
Mina vint l'assiéger avec 3,000 hommes ; l'âme de la
défense fut le garde du génie Saint-Jacques. La place
résista pendant quatre mois et demi. Lorsque les vivres
manquèrent, le commandant capitula et obtint de sortir
avec les honneurs de la guerre et de rentrer en France
avec armes et bagages ; mais quand l'ennemi vit par
quel petit nombre d'hommes il avait été tenu en échec,
il éprouva une telle fureur qu'il viola la capitulation.

Le général Rapp, laissé avec son corps d'armée dans
la place de Dantzig, au mois de décembre 1812, supporta
pendant treize mois le bombardement, la famine et une
épidémie meurtrière. La faim le força seule à se
rendre.

Plus heureux que Rapp, le maréchal Davout se
maintint dans le camp retranché de Hambourg avec
30,000 hommes, contre l'armée ennemie commandée
par Benningsen et forte de 100,000 hommes, dont
7,000 à 8,000 périrent ; il n'abandonna la place que sur
l'ordre qui lui en fut envoyé par le roi Louis XVIII.
Carnot se comporta de même à Anvers ; supportant
avec héroïsme le bombardement, avec fermeté le blocus,
il ne se rendit qu'à l'ordre du roi.

Des détachements peu nombreux ont donné en
maintes circonstances des preuves d'une fermeté inébranlable.

Dans les premiers jours du mois de juillet 1810,
3,000 hommes appartenant aux bandes de Mina, le plus
célèbre partisan d'Espagne, assaillirent à l'improviste
un poste de 40 gendarmes français, occupant près de la
frontière, au point culminant des hauteurs qui séparent
Irun d'Ernani, un poste qui consistait en une simple
grange ; cette grange donnait directement sur la route,
les murs en avaient été crénelés et la porte était protégée par un simple tambour. La défense dura deux jours :
« La toiture entière brûla, dit le colonel de Gonneville
dans ses *Souvenirs militaires*, mais le feu ayant commencé par un bout, elle s'était effondrée avant que son
extrémité s'enflammât. Ce fut donc sur des charbons
ardents que les défenseurs de la grange se réfugièrent
avec leurs munitions, pour ne pas être écrasés par la
chute du reste de la toiture. L'ennemi les croyait presque brûlés et s'imagina n'avoir plus qu'à entrer dans la
grange pour s'emparer de ce qui restait ; il paya cher
cette croyance. Pas un gendarme n'était hors de combat,
et de cette ruine partit un feu meurtrier. Deux cents
guérillas avaient été tués, quand on vint d'Irun et
d'Ernani au secours de la petite garnison. »

Le camp de Djemilah, situé à quelques lieues de
Sétif, était occupé en 1838 par 670 hommes du bataillon
d'infanterie légère d'Afrique, sous les ordres du commandant Chadeysson. Fermé par une simple enceinte
palissadée, dominé de toutes parts et de niveau avec le
terra... l'environnait, ce camp fut investi à l'improviste, le 18 décembre, par les Kabyles, dont le nombre,

d'abord de 4,000 environ, augmentait sans cesse. Nos soldats se défendirent pendant cinq jours et quatre nuits. N'ayant que 40 cartouches par homme, ils ménageaient leurs munitions et ne tiraient qu'à coup sûr. Un ruisseau qui passait à quarante pas du camp fut détourné par les Kabyles ; il resta seulement dans le camp quelques bidons d'eau que l'on réserva pour les blessés. Les assaillants offrirent au commandant Chadeysson de cesser leur attaque s'il voulait leur promettre qu'ils ne paieraient plus de contributions. Il leur répondit qu'ils n'avaient qu'une chose à faire : se retirer. Enfin, le général qui commandait à Sétif, averti de ce qui se passait, envoya au secours du camp le 26ᵉ de ligne, qui en délivra la vaillante garnison. (Pellissier, *Annales algériennes*.)

Du 2 au 6 février 1840, 123 hommes du 1ᵉʳ bataillon d'infanterie légère d'Afrique furent attaqués avec fureur par 12,000 Arabes dans le réduit fortifié du village de Mazagran, auprès de Mostaganem, dont la garnison, trop faible pour les délivrer, chercha du moins à les appuyer par une diversion en attaquant les Arabes. Ceux-ci, fatigués après quatre jours de se heurter à des murailles, finirent par s'éloigner.

Le 30 avril 1863, quelques jours avant la prise de Puebla (Mexique), une compagnie du régiment étranger, forte de 3 officiers et 62 hommes de troupe, se rendait de Chiquihuite à Palo-Verde, distants d'environ

24 kilomètres, lorsqu'elle fut attaquée à l'improviste par
le colonel mexicain Milans, à la tête de 1,200 à 1,500
fantassins et 800 cavaliers. Le capitaine Danjou, qui
commandait cette compagnie, repoussa deux assauts suc-
cessifs et parvint à gagner la maison de Camaron, qu'il
organisa défensivement. Les Mexicains l'attaquèrent
avec furie ; vers 11 heures du matin, il était tué et
remplacé par le sous-lieutenant Vilain. La défense était
continuée avec la même énergie et le sous-lieutenant
Vilain, frappé à son tour mortellement vers deux heures
du soir, était remplacé par le sous-lieutenant Maudet.
Enfin, vers six heures du soir, les Mexicains essayèrent
un assaut général, le sous-lieutenant Maudet fut blessé
à mort et les débris de la compagnie enveloppés et faits
prisonniers. Les trois officiers avaient été tués ainsi que
20 sous-officiers et soldats, 23 sous-officiers et soldats
blessés, dont 7 moururent de leurs blessures ; 16 hommes seulement étaient intacts. Les Mexicains avaient
eu 200 hommes tués et 100 blessés. L'énergie de la
compagnie Danjou eut en outre ce résultat que le colonel Milans, intimidé, rétrograda avec sa colonne et ne
mit plus d'obstacle au passage des convois.

Les exemples individuels de fermeté sont également
fréquents dans nos fastes militaires.

En 1746, à la bataille de Plaisance, le régiment de
Périgord (81e de ligne) était écrasé par le canon autrichien ; il ne restait pas 20 hommes debout ; un caporal

ramasse un drapeau et se tient immobile sur le champ
de bataille au milieu de quelques soldats. « Que faites-
vous là? lui crie le comte de Mailly. — Vous le voyez,
mon général, je garde la place du régiment de Périgord
avec ce qui en reste. »

A la bataille d'Austerlitz, le capitaine Nory-Dupar,
du 64ᵉ de ligne, avait à côté de lui son fils, sous-officier
dans sa compagnie, dont deux frères étaient déjà morts
à l'ennemi. Le capitaine reçoit l'ordre de prendre le
commandement du bataillon dont le chef venait d'être
blessé. Pendant que le major du régiment lui donnait
cet ordre, un boulet tue le cheval du major et emporte
le sous-officier. « C'est le dernier de mes fils, s'écrie le
capitaine ; mais ce n'est pas le moment de le pleurer,
je me dois tout entier à mon pays ! » Il prend le commandement du bataillon et se précipite au-devant des
Russes.

A cette même bataille, le 15ᵉ léger, faisant partie de
la division Friant, reculait devant des forces supérieures; le chef de bataillon Dulong saisit l'aigle du
2ᵉ bataillon et s'écrie : « Soldats, je m'arrête ici. Voyons
si vous abandonnerez votre chef et votre drapeau ! » Cet
acte de fermeté arrête le régiment, qui déjà se débandait
et qui se rallie pour tenir tête à l'ennemi. (E. de Lyden,
Nos 144 régiments d'infanterie.)

C'est encore à Austerlitz que le 2ᵉ bataillon du 36ᵉ de
ligne, étant chargé par les Russes, le porte-drapeau tué
et la hampe du drapeau brisée par une balle, le lieutenant adjudant-major Abadie prit en main le drapeau et

se porta à dix pas en avant du bataillon en criant : « Que les braves me suivent. Soldats, voilà votre alignement ! » Le régiment, excité par ce bel exemple, se déploie alors dans un ordre parfait, une fusillade meurtrière s'engage à demi-distance et l'ennemi est enfoncé. (*Historique du 36ᵉ de ligne.*)

Au combat de Kayserslautern (23 mars 1794), la division Ambert fut surprise par des forces considérables, et, après une résistance opiniâtre, mise dans une déroute complète. L'artillerie légère, enveloppée par la cavalerie prussienne, tomba au pouvoir de l'ennemi. Un canonnier, du nom de Naugier, répondit aux cavaliers prussiens qui lui criaient : « Rends-toi ! » en mettant le feu à une pièce de canon chargée à mitraille, qui culbuta une partie de l'escadron ennemi. Sa mort fut la suite de son dévouement. Dix de ses camarades, imitant son exemple, moururent sur leurs pièces. Dans le même moment, le 2ᵉ régiment d'infanterie de ligne battit la charge sur l'ennemi et lui reprit notre artillerie légère. Malheureusement, les chevaux avaient été tués dans le combat et l'on ne put emmener les pièces, qui restèrent sur le terrain. (Ordre du jour du général Moreaux, commandant en chef l'armée de la Moselle.)

XXIII

GAIETÉ

L'attaque du pas de Suze. — Le théâtre du maréchal de Saxe.
— Bataille de Raucoux. — Le théâtre du 2ᵉ zouaves. — Représentation du 11 juin 1855. — Le général Daumesnil et sa jambe.
— Le sergent de zouaves à l'ambulance. — La casquette du
père Bugeaud. — Auguste Colbert.

La gaieté a été de tout temps un des traits caractéristiques du soldat français. Les officiers de l'ancienne
armée excellaient à dissimuler, sous une forme plaisante, les approches de dangers parfois terribles. A la
veille de forcer les formidables retranchements du pas
de Suze, défendus par les troupes du duc de Savoie, le
roi Louis XIII fit sommer le comte de Verrue, qui commandait ces troupes, de lui livrer passage. M. de Comminges, capitaine aux gardes, fut chargé de cette mission. Le comte de Verrue s'avança à sa rencontre avec
deux cents mousquetaires, et après un échange de saluts, M. de Comminges lui dit : « Monsieur, le Roi,
mon maître, m'a commandé d'aller aujourd'hui à Suze
préparer son logis, parce qu'il veut demain y aller loger. » M. le comte de Verrue lui répondit très poliment:
« Monsieur, Son Altesse tiendrait à grand honneur à
loger Sa Majesté, mais puisqu'elle vient si bien accom-

pagnée, vous trouverez bon que j'en avertisse auparavant Son Altesse. — Quoi donc ! Monsieur, lui repartit M. de Comminges, est-ce que vous ne voulez pas nous laisser passer ? Je vais donc, Monsieur, en faire mon rapport au Roi. — Vous pouvez faire ce qu'il vous plaira. »

Le 6 mars, à six heures du matin, les gardes françaises et suisses, les régiments de Navarre et d'Estissac étaient rangés en face du défilé profond aboutissant à de formidables retranchements. Le maréchal de Bassompierre demanda au roi la permission d'attaquer : « Sire, l'assemblée est prête, les violons sont entrés, et les masques sont à la porte ; quand il plaira à Votre Majesté, nous donnerons le ballet. — Allons ! commencez donc », répondit le roi. L'affaire, ainsi entamée, fut des plus sérieuses. Les retranchements furent forcés, Suze se rendit et le duc de Savoie lui-même faillit être pris.

Tous les généraux qui connaissaient le soldat et qui, au lieu de le considérer comme une machine à donner ou à recevoir des coups, avaient souci de l'entretenir en belle humeur aussi bien qu'en bonne santé, se sont occupés de lui donner, pendant les longues stations dans les camps ou devant les places assiégées, des distractions salutaires ; mais l'intervention officielle de l'autorité est moins efficace en pareille matière que l'initiative des soldats eux-mêmes. Les musiques de régiment, que des réformateurs à l'esprit positif voudraient supprimer, exercent souvent une influence heureuse, et le théâtre peut être à l'occasion une grande source de distraction. Pendant la campagne de Flandre de 1746, le maréchal de Saxe avait fait venir au camp devant Bruxelles, où toute l'armée était réunie, une troupe d'acteurs, dont l'étoile était Mme Favart. Les officiers et les soldats étaient admis à tour de rôle aux places qui leur étaient respectivement affectées. Le 10 octobre au soir, le public militaire fut tout étonné d'entendre Mme Favart ajouter au texte du vaudeville que l'on représentait, le quatrain suivant :

> Demain bataille ! jour de gloire !
> Que dans les fastes de l'histoire
> Triomphe encor le nom français,
> Digne d'éternelle mémoire !

Puis Mme Favart ajouta : « Demain, Messieurs, relâche à cause de la bataille ; après-demain nous aurons l'honneur de vous donner le *Coq du village*. » Cette façon d'annoncer la bataille eut le plus grand succès. Tous les officiers, enthousiasmés, se précipitèrent vers la loge du maréchal et lui firent une ovation chaleureuse, présage de la victoire du lendemain.

Quelquefois ou, pour mieux dire, presque toujours, ce sont les soldats eux-mêmes qui remplacent les acteurs et les actrices. Gouvion Saint-Cyr raconte dans ses *Mémoires sur l'armée de Rhin-et-Moselle :* que les Prussiens s'étant présentés, vers le 18 janvier 1794, devant le poste de Kirchheim-Bolanden occupé par la compagnie franche du Louvre, furent fort étonnés de voir les défenseurs du poste courir aux armes affublés de costumes d'arlequins, pierrots, scapins, etc.; ils essayaient, en effet à ce moment, les costumes du théâtre du prince de Nassau, qui devaient leur servir pour jouer la comédie, et n'eurent pas le temps d'ôter ces costumes avant de faire le coup de fusil. C'était pousser un peu loin la plaisanterie dans un poste exposé à être surpris par l'ennemi. Ce qui explique ce fait, c'est que la compagnie franche du Louvre était formée de jeunes artistes de Paris.

Le théâtre des zouaves devant Sébastopol est resté légendaire. Ce petit théâtre était placé au milieu du camp du 2ᵉ zouaves ; le répertoire se composait de pièces comiques; les soldats les moins barbus jouaient les rôles de femme avec des vêtements empruntés aux cantinières. Des programmes lithographiés, modèles de verve bouffonne, étaient distribués quelques jours à l'avance. La représentation était parfois troublée par les projectiles d'une batterie que les Russes avaient établie sur un piton situé au nord de la Tchernaïa, et que les soldats avaient surnommée par dérision la batterie *Gringalet*. *Gringalet* est le nom d'un personnage de la fameuse pièce des *Saltimbanques*. Deux sobriquets, empruntés également aux noms des personnages de la même pièce, furent donnés à deux autres batteries russes; enfin un poste russe, pourvu d'un signal et d'un observatoire, reçut le nom de *Guignol*. Ces appel-

lations facétieuses passèrent dans la langue officielle ;
elles étaient tellement répandues que des soldats don-
naient leur adresse à leurs parents ou amis de France,
en ajoutant aux nom et numéro de leur régiment l'in-
dication : *près la batterie Gringalet en Crimée.*

M. le général Fay, qui donne ces détails dans ses
Souvenirs de la guerre de Crimée, parle plus particulièrement d'une représentation intéressante qui devait avoir
lieu le 10 juin, et dont le programme avait été distribué le 6. L'attaque du Mamelon Vert, fixée au 7 et
suivie le 8 de combats contre les Russes, fit ajourner
la représentation au 11. Un nouveau programme fut
distribué, portant la mention :

Au bénéfice des blessés des 7 et 8 juin 1855

REPRÉSENTATION EXTRAORDINAIRE

*Deux amateurs ayant été tués et plusieurs blessés, on
a été obligé de changer le spectacle qu'on se proposait de
donner.*

Cette gaieté de nos soldats, pendant le long siège de
Sébastopol, étonnait fort nos alliés. « Les Anglais,
écrivait le général Bosquet, restent tout étonnés de voir
nos soldats rire et s'égayer par tous les temps, et ils
viennent demander qu'on les aide à rire eux aussi. »
Ce caractère se manifestait jusque dans les ambulances,
au lendemain des combats sanglants, alors qu'affluaient
dans les tentes de ces hôpitaux improvisés des blessés

français et russes en si grand nombre que, malgré leur zèle infatigable, les chirurgiens ne suffisaient plus aux pansements et aux opérations. Cet encombrement se produisit particulièrement après la bataille d'Inkermann (5 novembre 1854); il avait fallu creuser une rigole pour l'écoulement du sang au-dehors de la tente où se pratiquaient les opérations, et certains hommes languirent huit ou dix jours, attendant leur tour d'être apportés sous cette tente. Un zouave, la pipe à la bouche, disait tranquillement au chirurgien : « Ah çà, major, il faut donc faire queue ici comme à la porte Saint-Martin? » (Général Fay, *Souvenirs de la guerre de Crimée.*)

Combien de blessés et de malades furent sauvés par cette bonne humeur traditionnelle! Le général Daumesnil, qui fut gouverneur de Vincennes en 1814, en 1815 et en 1830, et qui est resté populaire sous son surnom de la *jambe de bois*, avait eu la jambe et le pied gauche mutilés par un boulet à la bataille de Wagram, où il commandait comme colonel les chasseurs de la garde impériale. L'illustre Larrey l'avait amputé au-dessus du genou, et il avait été transporté à Vienne dans le palais Esterhazy. A côté de lui, également amputé, était couché son camarade et ami, le lieutenant-colonel Corbineau; ils riaient ensemble toute la journée. Daumesnil imagina, entre deux pansements, d'appliquer à l'extrémité du bandage de son moignon l'image d'un poupard affublé d'une coiffe de nuit, et il s'en amusait comme une petite fille eût fait de sa poupée. Le major général Berthier vint de la part de l'Empereur s'informer de ses nouvelles : « Veuillez dire à Sa Majesté pour moi, Monsieur le Maréchal, répondit Daumesnil, que la mère et l'enfant se portent bien. »

Un des généraux français les plus populaires, le maréchal Bugeaud, savait bien qu'en riant au besoin avec le soldat, un chef qui s'impose par les qualités du commandement et le soin qu'il a de ses troupes, ne perd rien de son ascendant sur elles. Qui ne connaît l'histoire de la *casquette du père Bugeaud?* Pendant une expédition dans la province d'Oran, quelques soldats réguliers d'Abd-el-Kader, s'étant glissés à travers les avant-postes, tombèrent à l'improviste sur le camp français. Les troupes, éveillées en sursaut par le bruit de la fusillade, furent un instant démoralisées. Le maréchal, se précipitant hors de sa tente, court au plus fort du danger et saisit de sa main deux des assaillants. Son exemple ranime les courages et l'ennemi est repoussé avec perte. L'alerte passée, le maréchal voit tout le monde le regarder avec étonnement et en souriant; il porte la main à son front et s'aperçoit qu'il est resté coiffé de son bonnet de coton. Tout en riant, il crie : « Donnez-moi ma casquette », et tous les soldats répètent : *La casquette du maréchal!* Cette casquette, soit dit en passant, avait des dimensions colossales. Lorsque, le lendemain matin, les clairons sonnèrent la marche, tous les troupiers l'accompagnaient en chantant : « *As-tu vu la casquette, la casquette; as-tu vu la casquette au père Bugeaud ?*

Depuis lors, la sonnerie, sur laquelle avaient été adaptées ces paroles, ne s'appela plus que la *casquette*; le maréchal Bugeaud lui-même, quand il voulait réveiller ses soldats engourdis par une longue étape, disait aux clairons : *Sonnez la casquette;* les soldats se mettaient alors à chanter leur chanson favorite, et souvent même le maréchal chantait avec eux. Mais, comme l'a très bien dit un auteur militaire, le prince de Ligne, si une gaieté, une grivoiserie font parfois bon effet, il faut se donner garde de tomber dans la familiarité et le discrédit. Il y a des officiers à qui cela arrive en voulant imiter d'autres à qui la même chose allait bien. C'est affaire de tact, de moment et de lieu. Quand, par exemple, Auguste Colbert, nommé colonel à 22 ans du 10e chasseurs, au moment de charger pour la première fois à la tête de ce régiment composé de soldats vieillis à la guerre, disait en riant : «Mes amis, votre colonel n'a pas de barbe au menton, mais vous allez voir qu'il a du poil... ailleurs. » Le mot eût paru peut-être grossier si les chasseurs avaient eu le temps de la réflexion; mais il leur fallut partir au galop de charge, et leur colonel se montra si follement brave que la grivoiserie fut trouvée charmante. Depuis lors Auguste Colbert put, à l'occasion, rire avec ses chasseurs. « C'est un bon bougre, disaient-ils, qui n'a pas froid aux yeux. » Et ils y allaient de tout cœur.

XXIV

HÉROÏSME

Le général La Salcette à Prévésa. — Le commandant Deshayes à
Amberg. — Sidi-Brahim. — Éblé à la Bérésina. — Le sergent
Triaire. — Barbanègre à Huningue.

L'héroïsme ne se définit pas : c'est l'intrépidité, la
fermeté, le dévouement portés jusqu'aux limites suprêmes du sacrifice, sous l'influence des sentiments de
patriotisme, de devoir et d'honneur.

Pendant la campagne de 1799, les îles Ioniennes
étaient occupées par une faible division de 3,500 hommes, sous les ordres du général Chabot. Deux fortes
escadres, l'une turque et l'autre russe, pénétrèrent de
concert dans la Méditerranée, par le détroit des Dar-
danelles, en même temps que le célèbre Ali-Pacha de
Janina menaçait, avec une armée de 15,000 hommes, la
presqu'île de Prévésa. Pour défendre cette presqu'île,
le général Chabot établit un camp retranché à Nicopolis, dans l'isthme qui la joignait au continent. Le
général La Salcette vint s'y installer avec 400 hommes,
assistés par la milice du pays, soit en tout 700 hommes.
Aux approches d'Ali-Pacha, ce général plaça ses troupes
derrière les retranchements, en laissant pour la garde

du bourg de Prévésa le capitaine adjudant-major Tissot avec 50 hommes. Vers le milieu de la nuit, l'avant-garde du pacha, commandée par son fils Mouktar, vint attaquer la tête du camp et fut repoussée avec une perte considérable ; mais, au point du jour, l'armée entière d'Ali descendit des hauteurs situées en face du camp, en poussant d'horribles cris, traversa rapidement le vallon et s'élança sur la ligne des retranchements avec une impétuosité qui semblait irrésistible. Français et Prévésiens soutinrent ce choc avec autant de sang-froid que de bravoure ; placés sur deux rangs, soutenus par plusieurs bouches à feu tirant à mitraille, ils jon-chèrent en un instant la terre des cadavres de leurs ennemis.

Les Turcs effrayés reculent, puis reviennent à la charge avec plus de fureur que la première fois ; ils sont encore repoussés. Mouktar s'emporte contre ses soldats qui, excités par lui, se précipitent de nouveau en avant avec une telle furie que les Prévésiens, placés au centre de la ligne, prennent la fuite. La cavalerie de Mouktar se jette dans l'espace ainsi laissé vide ; la plus grande partie de l'armée turque pénètre par cette trouée, et les deux tronçons de la ligne française se trouvent enveloppés par des milliers d'ennemis ; il ne reste plus aux Français qu'à vendre chèrement leur vie. Le chef de brigade Hotte, du 6ᵉ de ligne, entouré de cavaliers albanais, parvient, après en avoir terrassé trois, à gagner une redoute où le général La Salcette s'était réfugié avec un petit nombre de soldats. Le chef de bataillon

Gaborye, dont le courage égalait la haute stature et la force extraordinaire, renversait tous ceux qui l'approchaient. N'osant plus l'attaquer de près, les Turcs dirigent sur lui une grêle de balles ; il tombe enfin et a aussitôt la tête tranchée. Le capitaine du génie Richemond tue plusieurs Albanais à coups de fusil, puis il ramasse un sabre et, adossé contre un pan de muraille, il combat avec la plus grande valeur et se débarrasse encore de plusieurs adversaires, jusqu'à ce qu'une balle l'atteigne au bras gauche, une seconde à l'épaule ; une autre lui déchire l'oreille, et presque en même temps un coup de sabre lui fend le bras : Mouktar commande alors qu'on l'épargne. Chaque Français lutte ainsi contre 20 ou 30 ennemis. Le général La Salcette, le chef de brigade Hotte et 25 hommes tinrent ferme dans la redoute où ils s'étaient réfugiés, et épuisèrent toutes leurs cartouches ; ils arborèrent alors un mouchoir blanc au bout d'un sabre ; à ce signal, les Turcs entrèrent dans la redoute, où un sous-lieutenant, 2 grenadiers et 2 canonniers se firent tuer plutôt que de rendre leurs armes.

Pendant ce temps, le capitaine Tissot, entendant le bruit du combat, avait marché au secours de son général avec le détachement de Prévésa, grossi de quelques soldats qui s'étaient ralliés à lui. Il osa se jeter sur l'ennemi avec cette poignée d'hommes, mais il fut repoussé et obligé de battre en retraite ; il gagna alors l'entrée du canal de Prévésa où se trouvait une bombarde envoyée aux secours des défenseurs de Nicopolis; mais par suite d'une infâme trahison, cette bombarde avait pris le large. Tissot et ses compagnons, voyant leur mort devenue inévitable, se précipitent dans les rues de Prévésa et fondent sur les Turcs au cri de : « Mourons en républicains! » Au bout d'une heure, leurs munitions sont épuisées ; réduits à combattre à l'arme blanche, ils résistent encore pendant près de six heures à plusieurs milliers de Turcs et d'Albanais; enfin, n'étant plus que neuf, exténués de fatigue et presque tous couverts de blessures, ils sont saisis et désarmés. Sur 400 hommes, 300 avaient péri ; les 100 autres, presque tous blessés et faits prisonniers, furent l'objet des traitements les plus barbares. Le plus grand nombre périt de froid, de faim et de fatigue. Chose extraordinaire, le brave capitaine Tissot était sorti intact de cet horrible combat. Jeté au bagne de Constantinople avec ses soldats, il survécut à sa captivité qui, comme celle de ses compagnons, ne prit fin qu'en 1806, lors de l'ambassade du général Sébastiani à Constantinople. (*Victoires et Conquêtes.*)

Lors de la retraite de l'armée de Sambre-et-Meuse, en 1796, deux bataillons de la 23e demi-brigade, formant l'arrière-garde de la division Collaud, furent cernés auprès d'Amberg par les Autrichiens. Le chef de bataillon Deshayes, qui les commandait, forma sa troupe en carré et lui fit prêter le serment de mourir plutôt que de déposer ses armes. La cavalerie autrichienne chargea ce carré à plusieurs reprises avec fureur. Un feu terrible la repoussait chaque fois. Le terrain autour du carré était jonché d'hommes et de chevaux : Deshayes en fit faire un rempart que les Autrichiens furent obligés de battre en brèche avec l'artillerie. Enfin, cet obstacle étant écarté, le canon ennemi rompit une face du carré. Un régiment de cuirassiers s'y précipita : 700 hommes environ, presque tous criblés de blessures et couverts de sang, hors d'état de se défendre, tombèrent au pouvoir des Autrichiens; le reste, en nombre égal, avait péri. Deshayes lui-même mourut de ses blessures quelques jours après.

Faut-il raconter ici le combat de Sidj-Brahim? Si connu que soit ce sanglant épisode de nos guerres d'Algérie, il n'est pas permis de passer sous silence, dans une revue des vertus guerrières, la conduite héroïque et sublime des soldats du 8ᵉ bataillon de chasseurs à pied et du 2ᵉ hussards, jetés par la trahison au milieu des hordes d'Abd-el-Kader. Le lieutenant-colonel de Montagnac commandait, près de la frontière du Maroc, le poste de Djemmâa-Ghazaouat. Sollicité par le caïd d'une tribu alliée qui implorait sa protection contre Abd-el-Kader, il donna dans le piège. Heureux de saisir l'occasion de combattre l'Émir en personne, Montagnac sort de Djemmâa le 21 septembre 1845, à dix heures du soir, avec 345 hommes du 8ᵉ bataillon de chasseurs à pied, sous les ordres du commandant Froment-Coste et 62 cavaliers du 2° hussards, commandés par le chef d'escadrons Courby de Cognord. Il laissait au poste le capitaine du génie Coffyn avec une poignée d'hommes. La colonne campait le 22 septembre à 1,200 mètres au sud du marabout de Sidi-Brahim. Le 23 au matin, les crêtes environnant le camp étaient couvertes de cavaliers arabes aux burnous rouges, annonçant la présence d'Abd-el-Kader. Cette vue enflamme l'ardeur du colonel de Montagnac ; laissant le commandant Froment-Coste à la garde du camp avec deux compagnies de son bataillon, il emmène 185 chasseurs à pied sans sacs et les 62 hussards. L'ennemi recule d'abord devant lui, pour l'attirer, et s'arrête à 1,400 mètres. Alors les chasseurs à pied font halte et Montagnac lance au galop de charge les hussards qui, sans hésiter, abordent les 12,000 cavaliers d'Abd-el-Kader. Le capitaine Gentil Saint-Alphonse est tué ; le lieutenant Klein est blessé mortellement ; Courby de Cognord, renversé sur son cheval tué au milieu des combattants, remonte sur le cheval du cavalier Testard, rallie ses hussards et attend l'infanterie. Montagnac amène ses trois compagnies de chasseurs au pas de course ; il est atteint d'une blessure mortelle ; il continue à commander, mais sa troupe est enveloppée de toutes parts. Le capitaine de Chargère et le lieutenant Raymond sont tués ; le lieutenant Larrazet est blessé et fait prisonnier ; Courby de Cognord est une seconde fois démonté et prend le commandement que Montagnac, à bout de forces, ne peut plus exercer. Le colonel a pu cependant faire dire au commandant Froment-Coste d'accourir. Formée en carré, la poignée d'hommes qui lui reste résiste énergiquement. Montagnac expire ; Courby de Cognord tombe frappé de trois coups de feu et de deux coups de yatagan ; il est emporté prisonnier par un capitaine des réguliers d'Abd-el-Kader.

Froment-Coste arrive avec la 2e compagnie de son bataillon et une section de carabiniers. Des soldats amenés par Montagnac il ne reste plus un homme debout. Immédiatement enveloppés, Froment-Coste et ses chasseurs tombent à leur tour ; le commandant est frappé un des premiers à la tête ; l'adjudant-major Dutertre, atteint d'une balle, est fait prisonnier et enlevé du champ de bataille ; le capitaine Burgard est tué; l'adjudant Thomas et le maréchal des logis chef Barbut, du 2e hussards, sont pris par l'ennemi. Il n'y avait plus que 12 hommes debout, criblés de blessures. L'intervention d'un officier d'Abd-el-Kader leur sauve la vie.

Restaient encore au camp le capitaine de Géreaux, le lieutenant Chappedelaine, l'aide-major Rosaguti et l'interprète Rémy, avec 85 hommes, chasseurs et carabiniers. Des nuées de cavaliers fondent sur cette petite troupe, portant à l'arçon de leurs selles les têtes sanglantes de leurs victimes. Géreaux fait former le carré, se fraye un passage et se jette dans le marabout de Sidi-Brahim, situé à vingt minutes du camp, emmenant son troupeau et ses bagages. Il a déjà eu la cuisse traversée d'une balle, le lieutenant Chappedelaine est blessé au côté droit, la petite troupe a perdu 5 hommes, mais elle est à l'abri derrière le mur d'enceinte. Ce mur n'a qu'un mètre de haut : on y pratique 80 meurtrières, on barricade l'entrée avec les bagages, et l'on attend l'ennemi de pied ferme. A peine ces préparatifs sont-ils terminés, qu'un immense tourbillon de cavaliers, poussant des hurlements sauvages et tirant des coups de fusil, entoure le marabout. Les carabines des chasseurs s'abattent, une décharge meurtrière jonche le sol de morts et de blessés ; le torrent s'arrête, et l'émissaire d'Abd-el-Kader vient apporter une lettre : « Toute résistance est inutile, tout secours chimérique, écrit l'Émir ; que le capitaine français et les siens déposent les armes, ils auront la vie sauve. » Géreaux lit la lettre à haute voix : « Qui veut se rendre ? » — Silence général. « C'est bien, mes amis », et pendant que Géreaux écrit au bas de la lettre d'Abd-el-Kader : « Les chasseurs d'Orléans ne se rendent pas », le cri de : Vive la France ! Vive le Roi ! s'échappe de toutes les poitrines. Le drapeau tricolore est improvisé avec une cravate bleue, un mouchoir blanc et un fragment de ceinture rouge. Le caporal Lavayssière grimpe sur le dôme du marabout, y fixe le drapeau et redescend au milieu d'une grêle de balles.

Fanatisés par l'Émir, les Arabes tentent un nouvel assaut plus furieux que le premier ; une nouvelle décharge en couche un plus grand nombre à terre et l'ennemi recule une seconde fois. Abd-el-Kader fait alors venir l'adjudant-major Dutertre qui, malgré sa blessure, pouvait encore se tenir debout : « Va trouver

les tiens, lui dit-il, et renouvelle-leur ma proposition :
s'ils se rendent, la vie sauve pour eux et pour toi, sinon
je les exterminerai jusqu'au dernier, je te ferai couper
la tête et je donnerai ton cœur en pâture à mes chiens.
En tout cas, tu jures de revenir te constituer prisonnier ? » « Je le jure », dit Dutertre..... Arrivé au
pied du mur d'enceinte, et après avoir crié aux chasseurs d'appeler leur capitaine : « Chasseurs, dit-il
simplement, si vous ne vous rendez pas, on va me couper la tête. Faites-vous tuer jusqu'au dernier. » Puis
il se retire en serrant une dernière fois la main de son
camarade Géreaux.

Dutertre tint sa promesse et retourna auprès d'Abd-
el-Kader qui le fit décapiter. Sa tête fut promenée triomphalement sous les murs du marabout. Une troupe
d'Arabes s'avance alors, poussant devant elle les prisonniers, les mains liées, et crie aux défenseurs de
Sidi-Brahim : « Rendez-vous ! » — « M.... ! » répond
Géreaux exaspéré. — « Couchez-vous, vous autres »,
fait le caporal Lavayssière. Les prisonniers se laissent
tomber la face contre terre et une fusillade terrible
renverse les réguliers d'Abd-el-Kader. Les Arabes
affolés se lancent à l'assaut, la lutte corps à corps
dure jusqu'à la nuit. L'enceinte ne peut être forcée
et quand vient le jour, les Arabes sont loin : le siège
de vive force est terminé, le blocus commence. Les
journées du 24 et du 25 sont horribles à supporter ;
alertes continuelles, pas de sommeil, rien pour apaiser
la soif sous un soleil ardent. Les officiers soutiennent

tous les courages. Les 80 défenseurs du marabout sont
encore vivants, mais exténués et blessés pour la plupart ;
on coupe les balles en six pour prolonger la résistance,
on trompe la soif avec un affreux mélange d'urine et
d'absinthe. Le 26 au matin, on se décide à sortir pour
essayer de gagner Djemmâa, qui n'est qu'à trois lieues.
73 hommes portant 7 blessés se précipitent comme un
tourbillon par les quatre portes de leur citadelle, culbutent l'ennemi, forment le carré et, pendant une
heure, marchent sans que les Arabes osent les aborder. Au milieu du carré Lavayssière porte fièrement
le drapeau.

A huit heures du matin, il ne restait plus à franchir
qu'un ravin profond, aux pentes abruptes ; 2,000 Kabyles attaquaient la colonne en queue, tandis que les
Arabes lui barraient la route. Les cartouches étaient
épuisées, on se jeta sur les Arabes en descendant le ravin, il y eut là un grand nombre de tués, dont le lieutenant Chappedelaine. Arrivés en bas, ils n'étaient plus
que 40, qui formèrent de nouveau le carré. Au milieu
étaient encore debout le capitaine, le docteur et l'interprète. Quelques pas plus loin, le capitaine de Géreaux
fut frappé d'une balle à la tête ; le docteur Rosaguti
tomba à son tour. Lavayssière resta seul avec quelques
carabiniers. « Mes amis, s'écria le caporal, il n'y a plus
de carré possible ; en avant et à la baïonnette ! » Cependant on avait entendu de Djemmâa le bruit de la fusillade, et la garnison se préparait, un peu tardivement
peut-être, à prendre les armes, quand on vit déboucher

quelques hommes poursuivis par les Arabes. Un coup
de canon fut tiré pour les protéger ; le capitaine Corsy,
du 4e chasseurs, sorti avec un détachement, put sauver
quelques hommes et ramasser quelques cadavres. Lavayssière fut le seul qui rentra à Djemmâa sa carabine
au poing ; il avait derrière lui 14 hommes désarmés,
5 de ces hommes succombèrent en rentrant ou quelques jours après, 95 officiers, sous-officiers et soldats
du 8e bataillon de chasseurs et du 2e hussards avaient
été faits prisonniers.

Un obélisque, élevé sur le théâtre du combat, portant les noms du lieutenant-colonel de Montagnac, du
commandant Froment-Coste et du capitaine Gentil de
Saint-Alphonse, a perpétué le souvenir du combat de
Sidi-Brahim. Le caporal Lavayssière reçut une carabine d'honneur donnée par le prince royal, décer-
née au caporal Lavayssière devenu sergent. Chaque
année, l'anniversaire du 23 septembre est célébré avec
fierté par le 8e bataillon de chasseurs à pied. En 1884,
le sergent Lavayssière assista à cette fête. « Il sortait
de l'hospice des Quinze-Vingts ; une opération lui avait
rendu la vue, est-il dit dans l'*Historique du 8e bataillon
de chasseurs à pied*, auquel j'ai emprunté, en les abré-
geant un peu, les détails qui précèdent. Il était faible,
mais il vivait encore. Il vivait comme un vaillant, il
survivait comme un exemple..... Une souscription ouverte dans les 30 bataillons de l'arme, pour assurer
l'existence de Lavayssière, produisit 10,000 fr. »

Jamais le sacrifice inspiré par le dévouement n'a été poussé à un plus haut degré d'héroïsme plus que dans la conduite d'Éblé et de ses pontonniers au passage de la Bérézina. Les débris de la Grande-Armée, harcelés par les Russes dans la terrible retraite qui a laissé de si désastreux souvenirs, se trouvaient arrêtés dans leur marche par la Bérézina, sur laquelle l'armée russe de Tchitchakof avait fait sauter le pont de Borisow et défendait les abords de la rive droite, tandis que l'armée de Wittgenstein descendait la rive gauche et que le généralissime Kutusof, avec le gros des forces russes, pressait en queue l'armée française. La Bérézina, rivière profonde et marécageuse, n'était pas gelée, mais roulait d'énormes glaçons. Il fallait passer à tout prix. Le général Éblé, directeur des équipages de pont, arriva le 25 novembre 1812, vers cinq heures du matin, à Borisow ; il amenait avec lui 7 compagnies de pontonniers, fortes ensemble d'environ 400 hommes et marchant en très bon ordre. Pour tout matériel il avait six caissons d'outils et de fer, deux forges de campagne et deux voitures de charbon. En outre, chacun de ses pontonniers était porteur d'un outil et de quelques clous qu'on leur avait remis à Smolensk et que tous déposèrent fidèlement au lieu choisi pour le passage. Ce lieu fut le village de Studianka, situé à quatre lieues environ au-dessus de Borisow. On y arriva le 25, à dix heures du soir, et les pontonniers, aidés par les sapeurs du génie, se mirent immédiatement à démolir les maisons pour prendre les bois de charpente et confectionner des chevalets. On construisit également trois petits radeaux pour suppléer aux bateaux qui manquaient.

Tout était terminé, grâce à un travail surhumain, le 26 au matin. Sur l'ordre de l'empereur Napoléon, un détachement de chasseurs du 20ᵉ régiment, ayant chacun un voltigeur en croupe, traversa le gué de Wesselowo, découvert quelques jours auparavant par un hasard providentiel. Les pontonniers transportèrent successivement sur la rive droite, à l'aide de leurs radeaux, 400 hommes d'infanterie qui chassèrent les petits postes ennemis. Cette opération se fit sans difficulté, les Russes ayant été appelés à Borisow par une fausse démonstration. La construction des ponts commença immédiatement. A une heure le pont de droite, destiné à l'infanterie et à la cavalerie, était terminé; on y fit passer immédiatement le 2ᵉ corps, commandé par Oudinot, qui put emmener avec lui, à force de précautions, une pièce de 8 et un obusier. Le pont de gauche, réservé aux voitures, ne fut achevé que vers quatre heures. L'artillerie du 2ᵉ corps y défila, suivie de l'artillerie de la garde, du grand parc et de l'artillerie des autres corps d'armée.

Pour construire ces ponts, les pontonniers durent se mettre à l'eau, et y entrer jusqu'aux aisselles, au milieu des glaçons qui s'attachaient à leurs chairs et leur causaient de vives douleurs. Le général Éblé les encourageait de sa présence et se mettait lui-même dans l'eau, malgré son âge et ses fatigues (il avait 54 ans). Une fois le passage commencé, les pontonniers, brisés de fatigue, s'endormirent devant les feux, mais le travail était loin d'être terminé. Au pont de droite les chevalets ne se rompirent pas, mais il fallait constamment réparer le tablier formé par un triple lit de vieilles planches que les pieds des chevaux brisaient ; au pont de gauche, les accidents furent plus graves : on y avait employé pour le tablier, en guise de madriers, des rondins de trois à quatre pouces de diamètre ; les voitures, en passant sur ce tablier raboteux, lui faisaient éprouver des secousses violentes ; les chevalets s'enfonçaient inégalement dans le sol vaseux et se rompaient. Une première rupture eut lieu à huit heures du soir ; on y remédia immédiatement. Une seconde rupture se produisit le 27 novembre, à deux heures du matin, dans l'endroit où la rivière était le plus profonde (7 à 8 pieds) ; il fallut remplacer trois chevalets. Cette opération demanda quatre heures du travail le plus pénible ; enfin, à quatre heures du soir, le passage fut encore suspendu pendant deux heures par la rupture de deux chevalets. Les pontonniers avaient été partagés en deux équipes qui, tour à tour, travaillaient et se reposaient ; mais Éblé ne se reposait pas ; l'énergie de son âme seule le soutenait et l'aidait à soutenir ses soldats qui, au milieu des ténèbres, étaient plongés dans l'eau glacée.

Oudinot, blessé grièvement, avait été remplacé dans son commandement par le maréchal Ney qui, dans un brillant combat, avait repoussé les Russes de la rive droite, mais sur la rive gauche, Wittgenstein menaçait déjà l'abord des ponts, et, d'un instant à l'autre, l'avant-garde de Kutusof pouvait survenir. Il fallait donc se hâter. Le général Lauriston, envoyé par l'Empereur pour s'informer des causes du dernier accident, serrait avec émoi la main d'Éblé et lui disait : « De grâce, hâtez-vous, car ces retards nous menacent des plus grands périls. » Éblé lui répondait avec douceur : « Vous voyez ce que nous faisons », et il retournait encourager ses hommes. Napoléon passa sur la rive droite avec son quartier général le 27 dans la matinée ; jusqu'au soir de ce même jour, il n'y eut pas d'encombrement, mais alors commença pour Éblé et ses pontonniers la tâche la plus difficile peut-être. Aux corps régulièrement organisés succédèrent les isolés arrivant en foule et amenant avec eux quantité de voitures et de chevaux. L'encombrement devint tel qu'on n'arrivait plus jusqu'aux ponts qu'avec des peines infinies. Les voitures s'y présentaient sur trente à quarante colonnes ; il s'élevait des discussions et des rixes qui interrompaient le passage. Ce fut bien pis lorsque, malgré la résistance héroïque du 9e corps, commandé par Victor et chargé de contenir l'ennemi sur la rive gauche, les Russes parvinrent à placer plusieurs batteries qui découvraient les ponts. Les boulets tombant alors au milieu d'une masse serrée d'hommes et de chevaux y firent un ravage épouvantable. Des officiers et des soldats furent étouffés et écrasés sous les pieds des chevaux, d'autres furent noyés, d'autres réussirent à se sauver à la nage.

Le 9e corps parvint, par un effort suprême, à repousser les batteries ennemies et le feu cessa de part et d'autre vers cinq heures du soir, mais l'encombrement ne diminua pas. Il fallait cependant faire place à ce 9e corps qui avait lutté jusqu'au dernier moment pour assurer la retraite. 150 pontonniers furent employés à faire une espèce de tranchée à travers les cadavres d'hommes et de chevaux. Grâce à ces précautions, le 9e corps put défiler en bon ordre et partir à neuf heures du soir, emmenant toute son artillerie. Le maréchal Victor et le général Éblé firent de vains efforts pour déterminer tous les isolés à passer pendant la nuit. Éblé avait reçu l'ordre de brûler les ponts à sept heures du matin; il avait préparé cette opération pendant la nuit, de manière à en assurer le succès immédiat. Il prit sur lui, dans sa bonté, de la différer jusqu'à huit heures et demie, et sauva ainsi la vie à un grand nombre d'individus; mais lorsqu'enfin les ponts furent brûlés, la rive gauche fut le théâtre d'une scène de désolation sans précédents.

Tout n'était pas terminé. Après la Bérézina, il fallait suivre, dans une forêt marécageuse, un défilé de deux lieues de long, sur une chaussée étroite où ne pouvait passer qu'une voiture de front et terminée par trois grands ponts de bois établis à la suite l'un de l'autre, sur une longueur totale de plus de 600 mètres, au-dessus des ruisseaux et des marais qui n'étaient pas entièrement gelés. Le maréchal Ney ayant repris le commandement de l'arrière-garde, donna l'ordre de brûler ces trois ponts ; les pontonniers disposèrent tout pour cette opération, qui commença à dix heures du soir, aussitôt après le passage des troupes de l'arrière-garde. Enfin, les pontonniers se retirèrent les derniers à quatre heures du matin, le 30, après la destruction complète des ponts, harcelés par la fusillade des tirailleurs cosaques. « Sur les cinquante et quelques mille individus armés et désarmés qui avaient passé la Bérézina, dit M. Thiers, dans l'*Histoire du Consulat et de l'Empire,* il n'y en avait pas un seul qui ne dût la vie ou la liberté à Éblé et à ses pontonniers ! » Mais de 100 pontonniers qui travaillèrent dans l'eau, quelques-uns à peine survécurent. » « *Les autres,* dit une relation écrite par deux des acteurs principaux de cette scène émouvante, sont restés sur les bords de la Bérézina, *on ne les a plus revus.* » Quant au général Éblé, il mourut deux mois après, à Kœnigsberg, d'une maladie dont il avait contracté le germe pendant les journées du 25 au 30 novembre 1812. S'il n'a pas eu entièrement la gloire que méritait son noble dévouement, il a laissé du moins un nom justement honoré ; mais ces braves et héroïques pontonniers, ces humbles travailleurs qui, sans eau-de-vie pour se réchauffer en sortant de l'eau glacée, n'ayant pour tout aliment qu'un peu de bouillie sans sel, sauvèrent ce qui restait de la Grande-Armée, héros ignorés, n'ont pas légué leurs noms à la postérité. L'*Historique du 1er régiment de pontonniers* cite seulement celui du sergent *Joseph Devaux,* qui avait travaillé cinq heures dans l'eau, au milieu des glaces, et fut blessé; il devint capitaine d'artillerie et mourut en 1832.

Gloire éternelle au général Éblé! Honneur au sergent *Joseph Devaux* et à ses camarades inconnus! Honneur aussi au sergent *Triaire*, à qui le Vigan, sa ville natale, érige une statue et qui, plus heureux que les pontonniers de la Bérézina, a inscrit son nom au livre d'or de l'armée française! Triaire faisait partie, en 1799, de la garnison du fort d'El Arisch, sur les frontières d'Égypte et du désert de Syrie. L'avant-garde de l'armée turque, marchant sur l'Égypte, arrive devant le fort le 30 décembre, et un colonel anglais, au service de la Turquie, somme le chef de bataillon Cazals, qui commandait le fort, de se rendre immédiatement. La sommation est portée par un émigré français qui débauche plusieurs soldats de la garnison; les autres, un instant égarés, déclarent que, désirant avant tout rentrer en France, ils ne veulent pas combattre. Cazals, indigné, les rappelle à de meilleurs sentiments, mais quelques traîtres jettent aux Turcs des cordes à l'aide desquelles ils se hissent dans l'intérieur du fort dont ils massacrent les défenseurs. Triaire, sergent d'artillerie, prévient ses camarades qu'il va faire sauter le fort, les engage à se retirer et court s'enfermer dans une tour où étaient toutes les poudres. Un instant après, une épouvantable explosion bouleversait le fort, et 3,000 Turcs, d'après le rapport du général Destaing, sont ensevelis sous ses ruines.

Le tambour Joseph Barra, âgé de 13 ans, était tombé, pendant l'affaire de Cholet, au mois de décembre 1793, entre les mains des Vendéens. Ceux-ci, lui mettant la pointe de leurs baïonnettes sur la gorge, le somment de crier : *Vive le roi !* Barra, se redressant, pousse le cri de *Vive la République !* Il tombe aussitôt percé de coups. La Convention décréta que son buste serait placé au Panthéon et qu'une gravure représentant son dévouement patriotique serait envoyée à toutes les écoles primaires. Sa famille fut dotée d'une pension de 1,000 livres.

Nous avons vu dans l'histoire des sièges soutenus par les garnisons françaises de grands exemples de fermeté. La défense de la place d'Huningue, en 1815, par le général Barbanègre, peut être classée au nombre des faits héroïques, on serait tenté de dire fabuleux :

Huningue avait pour toute garnison 135 hommes dont 100 canonniers, 30 fantassins, 5 gendarmes. La place, armée de 30 pièces de canon, fut investie par 25,000 Autrichiens, sous les ordres de l'archiduc Jean, alors que le roi Louis XVIII régnait déjà à Paris. L'ennemi construisit 28 batteries armées de 130 bouches à feu. Le feu commença le 14 août, et bientôt Huningue ne fut plus qu'un monceau de ruines. Aucun courage ne se démentit ; les femmes et les enfants même ne craignaient pas de s'exposer au feu pour porter des munitions sur les remparts. Le général Barbanègre, sommé de nouveau de se rendre sous peine de voir incendier la ville, proposa de reconnaître le gouvernement de Louis XVIII et d'arborer le drapeau blanc, à condition de conserver la place; l'ennemi refusa d'accéder à cette proposition. Enfin, la garnison étant réduite au point de ne plus pouvoir servir l'artillerie sur les remparts, Barbanègre capitula le 26 août, après treize jours d'un violent bombardement; il obtint les honneurs de la guerre. Lorsqu'il défila devant l'armée autrichienne, précédé de deux tambours et suivi de 50 hommes, qui seuls de la garnison se tenaient encore debout, on crut d'abord que ce n'était qu'une avant-garde; mais bientôt rendus à l'évidence, et voyant à quelle poignée d'hommes ils avaient eu affaire, les Autrichiens saluèrent l'héroïque garnison de leurs acclamations enthousiastes.

XXV

HONNEUR

Beaurepaire à Verdun. — Le régiment de Navarre à Hochstædt.
— Junot à Cintra. — Brenier à Almeïda. — La brigade M irabel
à la fonderie de la Muga. — L'armée de la Moselle à Trèves. —
Daumesnil à Vincennes. — Marulaz à Besançon. — Le général
Foy et le général Bedeau.

Après la bataille de Pavie, François Ier, prisonnier
des Espagnols, écrivant à sa mère pour lui annoncer la
défaite écrasante qu'il venait de subir, terminait sa
lettre par ces mots : *Tout est perdu, fors l'honneur*. Le
Code militaire punit aujourd'hui de mort tout gouverneur ou commandant coupable d'avoir rendu la place
qui lui était confiée sans avoir fait tout ce que lui prescrivaient le devoir et *l'honneur*.

Beaurepaire, commandant la place de Verdun, obligé,
le 2 septembre 1792, de rendre cette place aux Prussiens, se tua d'un coup de pistolet pour ne pas vivre
déshonoré. Le même jour, un jeune grenadier, pour
ne pas partager le déshonneur de la capitulation, se jeta
dans la Meuse.

Le 13 août 1704, à la bataille d'Hochstædt, perdue par l'impéritie des généraux de Louis XIV, 26 ba-

taillons d'infanterie et 12 escadrons de dragons, oubliés dans le village de Blenheim, sur les bords du Danube, y furent cernés par une partie de l'armée anglaise de lord Marlborough, forte de 40 bataillons et 60 pièces de canon. Le général qui commandait les troupes françaises, n'ayant aucun espoir d'être secouru, crut devoir accepter une capitulation qui accordait la vie sauve à ses troupes. Cette capitulation fut signée de tous les généraux et chefs de corps; mais le lieutenant-colonel du régiment de Navarre, comte de Pionsac, refusa de signer, et resta seul avec son régiment. Voyant toute l'armée en déroute ou au pouvoir de l'ennemi, il fait briser les armes, défoncer les caisses des tambours, déchirer et enterrer les drapeaux, et se laisse emmener en captivité avec ses hommes désarmés. Il pouvait dire comme François Ier : Tout est perdu fors l'honneur. A la même bataille, le régiment *Royal* d'infanterie brûla tous ses drapeaux avant de subir le sort commun.

Lorsqu'en 1808 Junot, qui occupait le Portugal avec une armée française, battu par les Anglais à Vimeiro, reconnaissant l'impossibilité de lutter contre des forces supérieures, dans un pays insurgé contre les Français, signa la convention de Cintra, aux termes de laquelle 22,000 hommes, avec leurs armes et leurs canons, furent rapatriés en France par la flotte anglaise; l'empereur Napoléon, tout en déplorant la perte du Portugal, écrivit à Junot : « Vous n'avez rien fait de déshonorant; vous ramenez mes troupes, mes aigles et mes canons. »

Les lois de l'honneur sont plus exigeantes encore que les lois du devoir. Si numériquement faible que soit une troupe isolée, celui qui la commande doit avoir pour règle de sauvegarder l'honneur de l'armée et de la France, dont il devient responsable. On peut être battu et conserver cet honneur intact, et il est telle défaite plus honorable qu'une victoire. Quoi de plus glorieux que la conduite du général Brenier dans Almeïda en 1811 ! Cette place, isolée par suite de la retraite de l'armée de Masséna, ne pouvait plus tenir contre les forces qui l'assiégeaient. Le général Brenier fit charger toutes les mines préparées à l'avance pour faire sauter les fortifications, noya les poudres, brisa les pièces d'artillerie, démolit les affûts, et sortit de la place, laissant un officier du génie avec 200 hommes pour mettre le feu aux mines. Il franchit heureusement les lignes de l'ennemi, qui ne put que poursuivre son arrière-garde et prendre une partie du détachement resté en arrière. Les fortifications furent rasées de fond en comble, et Wellington s'écria : « L'action de Brenier vaut une victoire pour l'armée française. »

L'honneur est gravement atteint par l'acceptation d'offres corruptrices ou par les profits personnels tirés d'une victoire. Lorsqu'en 1815 l'armée prussienne assiégeait le fort de Vincennes, Blücher fit offrir au général Daumesnil un million pour y laisser entrer ses troupes. Daumesnil répondit fièrement: « Mon refus servira de dot à mes enfants. » Pendant le blocus de Besançon, en 1814, un émissaire vint trouver le général Marulaz, gouverneur de cette place, et lui offrit de la part des généraux autrichiens une somme de 500,000 florins, en lui assurant le même grade et le même traitement que les siens dans l'armée autrichienne, s'il voulait favoriser l'entrée des troupes alliées : « Allez dire à celui qui vous envoie, répondit le général, que Marulaz est inaccessible à la séduction aussi bien qu'à la crainte, et que les propositions les plus séduisantes, comme les tourments les plus affreux, ne seraient jamais capables de lui faire trahir son devoir et l'honneur. »

Le 19 mai 1794, la division Augereau de l'armée des Pyrénées-Orientales, assaillie à l'improviste à la fonderie de la Muga par un corps espagnol fort de 10,000 hommes, faillit succomber sous le nombre et la soudaineté des attaques. Après une lutte opiniâtre, qui dura plus de huit heures, l'ennemi fut repoussé, laissant sur le terrain plus de 2,000 hommes tués ou blessés. Lorsque le club des Jacobins reçut les nouvelles détaillées de ce terrible combat, il vota d'enthousiasme à la brigade Mirabel, qui avait été le plus engagée, les primes qu'il décernait d'habitude aux actions d'éclat. Les soldats répondirent que l'argent était fait pour gâter leur métier, qu'ils ne demandaient pour eux que les fatigues, les périls et la mort, qu'ils n'étaient affamés que de gloire et de liberté. Non contents de repousser l'argent qui leur était offert, ils y joignirent le produit de la vente des armes qu'ils venaient d'arracher aux Espagnols, et qui leur revenait de droit, soit une somme de 6,612 fr., qui fut partagée entre les veuves et les orphelins des 200 Français morts dans ce même combat de la fonderie de la Muga. L'exemple fut contagieux : plusieurs corps, qui avaient aussi des fusils espagnols à vendre, en ajoutèrent le prix au don patriotique de la brigade Mirabel. (Colonel Fervel, *Campagnes des Pyrénées-Orientales.*)

Les soldats de la République ne combattaient alors que pour la patrie et l'honneur. Dans cette même année 1794, l'armée de la Moselle, commandée par le général René Moreaux, s'empara de la ville de Trèves, à la suite d'un brillant combat. Les habitants de cette riche cité s'attendaient à voir leurs maisons pillées par des vainqueurs vêtus de haillons et manquant de tout ; il n'en fut rien : après avoir bravé la fatigue et la mort, ces soldats reçurent pour récompense une double ration de riz, encore un grand nombre d'entre eux disposèrent-ils de leur part en faveur des malades et des blessés. (*Le Général René Moreaux et l'armée de la Moselle,* par Léon Moreaux.)

Pendant les guerres de l'Empire, quelques exceptions fâcheuses ont amené des allégations générales, dont l'histoire a fait justice et auxquelles le général Foy a répondu avec une grande éloquence :

« Plus de cinq cents officiers supérieurs ont eu l'occasion de répéter le refus de ce général de la vieille monarchie, qui ne recevait de présents que du roi son maître. L'histoire a célébré le désintéressement de Bayard, qui convertit en une dot pour la fille de

Brescia la bourse remplie d'or qu'un père effrayé étalait devant le vainqueur. Nous ne connaissons pas un seul de nos officiers, de ces braves gens à l'habit usé et à la chaussure percée, qui n'eût fait, en pareille circonstance, autant que le chevalier sans peur et sans reproche. Notre puissance a passé et les faits parlent. Les gouverneurs des royaumes et des provinces envahies sont rentrés dans les rangs des citoyens. Où sont les champs acquis et les palais cimentés avec les larmes des nations? Peu d'entre eux possèdent un asile où reposer leur tête ; l'avoir des autres se compose de ce qui leur reste de largesses accordées sans mesure pour récompenser des services rendus avec un courage et un dévouement aussi sans mesure. »

Répondant de même à des accusations portées contre des officiers français en Algérie, le général Bedeau disait : « Pour la première fois peut-être, la conquête d'un grand pays s'est faite militairement sans valoir aux chefs conquérants un seul avantage matériel. Tous dévoués à nos devoirs, nous comprenions que la régénération d'un peuple démoralisé serait la meilleure légitimation de notre conquête et la plus sûre garantie de notre puissance. Tous, tant que nous sommes, administrateurs de ce temps-là, nous n'avons jamais rien demandé, rien accepté, rien pris.... »

L'honneur de l'armée française est donc un héritage intact qu'il appartient à tous les membres de cette grande famille de transmettre à leurs successeurs, tel qu'ils l'ont reçu de leurs devanciers.

XXVI

HUMANITÉ

Les places prises d'assaut : Badajoz, Saint-Sébastien, Jaffa, Lubeck, Lérida, Tarragone, Constantine. — Suchet en Aragon. — Le maréchal Davout et les habitants de Priessnitz. — Le major Napier à la Corogne.

Si la guerre ne peut être entièrement dégagée des horreurs qu'elle entraîne, il faut reconnaître que les mœurs militaires modernes sont infiniment plus douces que les mœurs anciennes et qu'à ce point de vue, l'armée française, malgré la part prépondérante prise par elle aux guerres de la fin du xviiie siècle et du xixe siècle, est de toutes les armées celle qui compte dans son histoire le moins de pages que l'on voudrait pouvoir effacer pour l'honneur de l'humanité.

Il serait impossible d'imaginer toutes les atrocités commises pendant le moyen âge et jusqu'au xvie siècle dans les villes prises d'assaut, atrocités qui se résument pour ainsi dire dans l'histoire du sac de Magdebourg par les soldats de Tilly au xviie siècle. Les Anglais à Badajoz en 1811 et à Saint-Sébastien en 1813, ne leur cédèrent en rien pour la brutalité. « A Badajoz, dit un officier anglais qui assistait à ce siège, ni l'âge ni le sexe des habitants ne furent respectés ; aucune maison ne resta intacte et aucune femme ne put se soustraire aux insultes et aux mauvais traitements. Pendant deux jours et deux nuits les malheureux habitants de la riche et belle cité de Badajoz furent à la merci de 20,000 forcenés qui s'y livrèrent à toutes sortes de désordres. »

« Après la prise d'assaut de Saint-Sébastien, les soldats anglais furent plongés pendant trois jours dans l'ivresse la plus dégradante : le pillage, le viol et le meurtre furent pendant ces trois jours leurs divertissements. Enfin, un incendie général couronna ces scènes d'atrocité. » (Belmas, *Histoire des sièges d'Espagne.*) Et cependant les villes de Saint-Sébastien et de Badajoz appartenaient à une nation amie de l'Angleterre, que les Anglais prétendaient délivrer de la domination étrangère. Lorsque ces mêmes places avaient été assiégées par nous, ces mêmes Anglais qui les défendaient alors avaient jeté dehors la population civile que notre armée avait laissée sortir, contrairement aux anciens usages de la guerre. Quand ils devinrent assiégeants, ils refoulèrent brutalement dans la place les habitants auxquels nous permettions de s'en aller et que nos soldats nourrirent en partageant leurs rations avec eux, de sorte que nous devînmes les protecteurs des populations qui étaient nos ennemies. Les malheureuses familles de Saint-Sébastien, qui avaient appelé de tous leurs vœux le triomphe des Anglais, en furent réduites, dans leur misère, à jeter un regard suppliant sur le château encore occupé par nos soldats ; mais ceux-ci ne pouvaient rien sur eux, pas plus que les officiers français de la garnison de Badajoz n'avaient pu fléchir le

cœur sec du duc de Wellington en faveur des habitants
espagnols de cette ville. Ce général d'une armée appartenant à une nation civilisée ne rougit pas de poser en
principe que le pillage, avec toutes ses conséquences,
devait être la rémunération du soldat après un assaut
victorieux, même lorsque le pillage portait sur une nation alliée...

Ces mêmes Anglais accablèrent d'outrages, lorsqu'il
vint à Londres en 1849, le général autrichien Haynau,
qui avait ordonné le pillage de Brescia dans la guerre
contre les Piémontais et les Lombards insurgés.

L'armée française a eu à se reprocher, depuis le
début des guerres de la Révolution, le pillage de Jaffa
pendant la campagne de Syrie, où Bonaparte imprima
une tache à son nom en faisant fusiller les soldats de
la garnison et où les soldats français gagnèrent la peste
en remuant les richesses enfouies dans les maisons turques et juives ; la prise de Lübeck en 1806, où les Prussiens de Blücher avaient essayé de se défendre en vio-
lant la neutralité de la ville et où les troupes des corps
de Bernadotte et de Soult, exaspérées par une résistance
inattendue, rentrèrent assez promptement dans l'ordre
à la voix de leurs chefs... L'assaut de Tarragone, en
1811, fut le plus terrible de tous ceux qu'on avait
vus jusque-là. Le pillage fut cependant réprimé presque
aussitôt que commencé, et le général Suchet, fit garder
les portes des églises où s'étaient refugiés un grand
nombre d'enfants et de femmes. Déjà en 1810, à Lérida, le même général avait établi des postes à l'entrée

des églises pour faire respecter ces asiles de la partie la plus faible de la population.

A Constantine, le 13 octobre 1837, les habitants affolés par l'entrée des Français, se précipitèrent vers les rochers qui entourent la ville du côté ouest, espérant s'échapper par là. Beaucoup d'hommes, de femmes et d'enfants, entraînés par la rapidité de la pente, avaient roulé jusqu'au fond de l'abîme ; mais les mesures prises par le général Rulhière, nommé commandant supérieur de Constantine, rassurèrent bientôt la population, et dès le lendemain, nos soldats circulaient dans la place conquise comme dans une ville amie.

Après le terrible assaut d'El-Aghouat, le 4 décembre 1852, il fallut, pour mettre un terme à la résistance des habitants fanatisés, soutenir un combat acharné dans les rues et les maisons. Au milieu de ce combat, nos soldats sauvèrent la vie à plus de 1,200 femmes et enfants.

L'humanité envers les peuples conquis, ou du moins envers les populations des pays occupés par l'armée, est le plus souvent dictée par la sagesse et la saine politique. Un des exemples les plus frappants de cette sagesse fut donné pendant les guerres d'Espagne sous Napoléon Ier. Nommé d'abord au commandement du 3e corps d'armée et gouverneur général de l'Aragon, Suchet dut installer son quartier général dans cette ville de Saragosse dont les habitants, fanatisés, avaient opposé aux attaques des Français une résistance acharnée et qui, plus que tous les autres Espagnols, avaient souffert de la guerre. Se faire aimer par une pareille population semblait chose difficile. C'est pourtant le résultat auquel arriva le général Suchet par quelques mois de sage administration, d'autorité libérale et d'humanité bien entendue. Lorsque plus tard sa position grandit en même temps que le rayon de ses opérations s'étendit, lorsqu'il devint commandant en chef de l'armée d'Aragon, maréchal d'empire et duc d'Albuféra, lorsqu'il lui fallut, à plusieurs reprises, quitter le chef-lieu de son commandement pour aller s'emparer de Lérida, de Tortose, de Tarragone, de Valence, il ne rentra jamais dans Saragosse, comme je l'ai dit plus haut (page 194), sans être accueilli par les acclamations enthousiastes d'un peuple reconnaissant.

Un général en chef a pour premier devoir de sauvegarder la vie de ses soldats et d'en réserver le sacrifice pour les cas où il s'agit de combattre l'ennemi. Ce devoir entraîne souvent des conséquences rigoureuses pour les populations. Pendant la bataille d'Auerstædt, les habitants de la ville de Naumbourg, où étaient installés les services administratifs du 3e corps, avaient fait des difficultés pour recevoir les blessés. Le maréchal Davout en fut prévenu par l'ordonnateur (intendant en chef) du corps d'armée qui lui écrivait : « Les habitants sont très insolents ; je ne suis pas tranquille sur la sûreté des malades. » Au reçu de la lettre, le maréchal chargea l'ordonnateur de déclarer aux magistrats que si cette

mauvaise volonté ne cessait à l'instant, il serait fait
sur eux et sur leurs administrés un exemple dont le
souvenir serait transmis à leurs arrière-neveux. Cette
menace porta son fruit, et les habitants de Naumbourg
secondèrent avec zèle l'ordonnateur. Ceux du village
de Priessnitz avaient attaqué et arrêté un convoi de
munitions; plusieurs militaires qui l'escortaient, appartenant au 3e corps, avaient été blessés et même quelques-
uns tués. Le maréchal donna ordre à l'instant de faire
cerner le village, d'en faire sortir les habitants, d'épargner les femmes, les enfants, les vieillards, de faire
fusiller tous ceux en état de porter les armes et d'incendier le village. Cet ordre allait être exécuté, quand
le bailli et les principaux habitants vinrent implorer la
clémence du maréchal. Il leur pardonna en disant : « Les
Français sont vainqueurs, je vous fais grâce. Si le succès avait été douteux, vous auriez tous été passés au fil
de l'épée. » (*Journal des opérations du 3e corps d'armée.*)

Le maréchal Davout passait cependant pour le plus
sévère de tous les généraux de la Grande-Armée. Il fit
preuve dans ce cas de ses sentiments d'humanité; il
disait d'ailleurs avec raison que sa réputation de sévérité, en inspirant une crainte salutaire, le dispensait
souvent de sévir contre des actes qu'on n'osait pas
commettre.

Toutes les fois que le soldat français s'est trouvé en
face d'adversaires loyaux qui ne provoquaient pas ses

excès par des cruautés, il s'est montré à leur égard humain et généreux. A la bataille de la Corogne, le 6 janvier 1809, le major Napier, commandant un régiment d'infanterie anglaise, après avoir soutenu une lutte violente contre un régiment de l'armée de Soult, blessé grièvement et renversé à terre sous les blessés et les morts, allait périr, lorsqu'un tambour français le dégage, le relève et l'emmène à l'ambulance. Un des soldats qui s'étaient battus avec le major veut se précipiter sur lui pour le percer de sa baïonnette : le tambour défend son prisonnier et parvient à le sauver. Napier est ensuite généreusement soigné et échangé peu de temps après, grâce à l'intervention personnelle du maréchal Soult et du maréchal Ney.

XXVII

INTRÉPIDITÉ

Le Grand-Ferré. — Le capitaine Boisrosé à Fécamp. — Le lieutenant de Boisseleau à Cambrai. — Viala. — Picon. — Bouvrain. — Le général Alexandre Dumas à Brixen. — Macdonald à la bataille de Wagram. — Les soldats de Ney à Kaya. — Maison à Gülden-Gossa. — Les batteries Souty à l'assaut de Sébastopol. — Les canonniers Gaubier et Bescat au Mamelon-Vert. — Assaut de Constantine.

La bravoure ne tient pas compte du danger ; le courage le fait surmonter ; l'intrépidité court au-devant de lui.

Les chroniques du moyen âge ont consacré le souvenir du *Grand-Ferré* qui fut, auprès de Compiègne, en 1359, sous la régence du dauphin Charles et pendant la captivité du roi Jean, la terreur des Anglais. Une compagnie de 200 paysans, commandée par un capitaine nommé Guillaume, s'était établie au monastère de Sainte-Corneuille, avec l'autorisation du régent et de l'abbé. Les Anglais vinrent l'attaquer ; le capitaine Guillaume fut blessé mortellement et remplacé par le Grand-Ferré, « homme d'une force de membres incroyable, dit le chroniqueur Nangis, d'une corpulence et d'une taille énormes, plein de vigueur et d'audace, qui, maniant une lourde hache, frappait et redoublait si bien, qu'il fit la place nette. Il tue leur porte-enseigne et

jette la bannière à l'eau. Les Anglais prennent la fuite ;
il en avait tué pour sa part plus de 40. » Il les battit encore une fois en rase campagne, mais ayant bu de l'eau
froide en quantité, il fut saisi de la fièvre et obligé de
regagner sa chaumière pour se mettre au lit, non sans
garder près de lui sa hache de fer, qu'un homme ordinaire pouvait à peine lever. « Les Anglais, dit le chroniqueur, ayant appris qu'il était malade, envoyèrent
douze hommes pour le tuer. Sa femme les vit venir et
se mit à crier : « O mon pauvre le Grand, voilà les An-
« glais ! Que faire ? » Lui, oubliant à l'instant son mal,
se lève, prend sa hache et sort dans la petite cour :
« Ah ! brigands ! vous venez donc pour me prendre au
« lit ! vous ne me tenez pas encore. » Alors s'adossant à
un mur, il en tua cinq en un moment ; les autres s'enfuirent. Le Grand se remit au lit, mais il avait chaud,
il but encore de l'eau froide ; la fièvre le reprit plus fort
et, au bout de quelques jours, ayant reçu les sacrements
de l'Église, il sortit du siècle et fut enterré au cimetière
du village. Il fut pleuré de ses compagnons, de tout le
pays, car lui vivant, jamais les Anglais n'y seraient
venus. » (Michelet, *Histoire de France,* d'après Guillaume
de Nangis.) Telle est, dans toute sa naïveté, la chronique du xiv⁰ siècle, consacrant le souvenir d'un intrépide enfant du peuple.

Pendant les guerres de religion du xvi⁰ siècle, un
capitaine ligueur nommé Boisrosé s'empara du château
de Fécamp par un coup de main d'une audace inouïe,
dénotant une rare intrépidité. Ce château était assis au

sommet d'une colline terminée brusquement, du côté de
la mer, par une falaise verticale de 100 mètres de hauteur, dont le pied est battu par les flots. C'est par là que
Boisrosé résolut d'entrer. Il avait gagné deux soldats de
la garnison, qui devaient se tenir prêts au signal qui
leur serait donné. Par une nuit très sombre il aborde
au pied de la falaise avec deux barques montées par
50 hommes bien déterminés. Il s'était muni d'un long
câble portant de distance en distance des nœuds tra-
versés chacun par un bâton court. Au signal donné, les
deux soldats du château jettent l'extrémité d'une corde,
au moyen de laquelle le câble est élevé jusqu'au sommet
du rocher et fixé dans une embrasure du château par un
levier en croix. Deux sergents résolus montent les premiers à cette échelle ; le reste de la troupe les suit,
Boisrosé vient le dernier, le poignard aux dents, pour
ôter à qui voudrait redescendre tout espoir de retour.
Après quelques minutes, le sergent qui est en tête dé-
clare que la tête lui tourne et qu'il ne peut plus avancer.
Boisrosé passe par-dessus les 49 hommes qui le précèdent, arrive au sergent et, le poignard dans les reins,
l'oblige à continuer. La marée avait emporté les chaloupes et il ne pouvait plus reculer. Enfin, après des
fatigues et des angoisses inouïes, il atteint au point du
jour le sommet de la falaise. La garnison endormie est
surprise et passée au fil de l'épée. (Susane, *Histoire de
l'infanterie.*)

Au siège de la citadelle de Cambrai, le lieutenant
de Boisseleau, des gardes-françaises, est chargé, le

11 avril 1677, d'aller reconnaître la brèche. Il gravit, avec des peines infinies, la rampe de cette brèche dont la terre s'éboule sous ses pas, essuyant durant un quart d'heure le feu des assiégés. Il ne chancelle pas un instant. Arrivé au sommet, il examine la brèche et le bastion et en fait tranquillement un croquis. Il s'aperçoit alors que la plupart des hommes qui l'accompagnaient sont blessés ; il fait signe qu'on lui envoie du secours et ne redescend qu'après avoir fait ramasser les blessés et même les morts. (Susane, *Histoire de l'infanterie.*)

Au siège de la Mirandole, le grenadier Picon, du régiment de Médoc, furieux de voir les Autrichiens passer le Pô sur un pont volant, s'élance dans le fleuve, l'épée entre les dents, nage vers le câble qui tient le pont et s'efforce de le couper avec son épée. Obligé de renoncer à son entreprise, il revient sain et sauf après avoir essuyé tout le temps le feu des troupes qui étaient sur le pont. (Susane.)

C'est un trait semblable qui, dans les guerres de la Révolution, a immortalisé le nom de Viala. Les troupes républicaines disputaient aux insurgés du Midi le passage de la Durance. Les insurgés s'étaient saisis des bacs et dirigeaient le feu le plus violent sur la rive opposée, pour empêcher les républicains de couper les câbles. Un enfant de 13 ans, Viala, se présente pour tenter cette opération périlleuse. Il enlève la hache des mains d'un sapeur et se précipite vers la Durance, s'approche du poteau auquel était fixée la corde, et fait les plus grands efforts pour couper ce câble énorme. Il essuie pendant cette entreprise le feu des ennemis. Une balle lui traverse la poitrine, et la hache s'échappe de ses mains. Il chancelle et tombe en s'écriant : « Ils ne m'ont pas manqué, mais je meurs content, je meurs pour la liberté ! »

Combien de soldats, parmi ceux de cette époque héroïque, mériteraient d'être cités pour leur intrépidité ! Bouvrain, brigadier au 6e chasseurs à cheval, envoyé au fourrage avec 5 hommes, le 16 juin 1794, est surpris et entouré par 40 hussards ennemis qui le somment de se rendre. Il se défend avec une telle intrépidité qu'il parvient à se faire jour en ramenant un prisonnier sans avoir perdu un seul homme. Au combat de Fribourg, le 1er mai 1800, devenu maréchal des logis, le même Bouvrain est démonté dans une charge et se défend avec acharnement contre 3 hussards autrichiens ; il en tue un et blesse les deux autres, reçoit lui-même deux coups de sabre, un sur l'épaule droite et l'autre sur la figure. Un escadron de son régiment vient le dégager.

Brand, soldat à la 109e demi-brigade, lors de la surprise des lignes de Mayence par les Autrichiens, le 27 octobre 1795, resté seul dans une des redoutes abandonnées par l'armée française, est assailli par 5 cavaliers autrichiens ; il en met 4 hors de combat et emmène le cinquième prisonnier, ayant lui-même reçu quatre blessures, dont un coup de sabre à la main gauche, un sur le nez, un autre sur la tête et un coup de feu à la cuisse gauche.

Mousse, volontaire des armées de la République, au combat de Pontivy, le 16 juillet 1796, isolé de ses camarades, est cerné près d'un étang par 300 Vendéens, qui le somment de se rendre. Il tue leur chef d'un coup de fusil, se jette à l'eau, traverse l'étang à la nage sous une grêle de balles et rejoint son bataillon.

Guibaudet, maréchal des logis au 19e dragons, a son cheval tué pendant la bataille de la Trebbia. Un peloton de hussards fonce sur lui et le somme de se rendre. Il en tue cinq, écarte les autres, saute sur le cheval d'un des hussards tués et se sauve.

Pendant la campagne du général Joubert dans le Tyrol, en 1797, le général Alexandre Dumas, qui commandait la division de cavalerie, charge avec les officiers de son état-major et quelques dragons une colonne autrichienne qui cherchait à s'emparer du pont de Brixen. Tout ce qui le suivait est mis hors de combat ; accompagné de son aide de camp Dermoncourt, Alexandre Dumas se poste à l'entrée du pont et arrête l'ennemi. Bientôt Dermoncourt tombe grièvement blessé ; le général reste seul, se défend comme un lion contre tout un escadron et donne à la cavalerie le temps d'arriver pour repousser l'ennemi.

A la bataille de Wagram, Napoléon, voulant enfoncer le centre de l'armée autrichienne, fit former en une colonne profonde le corps d'armée du général Macdonald : huit bataillons déployés en bataille l'un derrière l'autre, huit autres bataillons en colonne par pelotons pour soutenir les ailes, une division en réserve appuyée par la grosse cavalerie. Au signal de l'Empereur, cette colonne se met en marche et traverse la plaine sous les feux croisés des batteries autrichiennes. La grêle des projectiles qui tombe sur elle ne ralentit point son élan, et Napoléon, admirant la fière contenance de Macdonald, s'écrie : « *Ah ! le brave homme !...* » Après avoir fait battre la colonne par des masses d'artillerie, trois corps d'armée autrichiens l'attaquent de front et sur les deux flancs ; Macdonald la forme en carré, repousse, par une fusillade vive et nourrie, la triple attaque de l'ennemi et reprend sa marche en avant jusqu'à ce que, voyant ses troupes réduites à 1,500 hommes, il s'arrête en face du village de Sussenbrunn, en attendant les renforts qu'il a demandés. L'armée bavaroise et la cavalerie de la garde accourent, et Macdonald, soutenu par le feu d'une batterie de 24 pièces, s'empare enfin du village de Sussenbrunn. L'Empereur qui, jusque-là, avait tenu ce général en disgrâce pour des motifs tenant à la politique, l'embrassa le soir de la bataille en lui disant : « Désormais, c'est entre nous à la vie et à la mort. » Quelques jours après il le nomma maréchal de l'Empire.

Y eut-il jamais soldats plus intrépides que ces jeunes conscrits qui, à la bataille de Lutzen, 2 mai 1813, prirent et reprirent plusieurs fois de suite le village de Kaya? Déjà une lutte violente s'était engagée pour la possession de Klein-Gorschen et de Rahna, entre les troupes de Blücher et la division Souham, bientôt soutenue par la division Girard. Malgré leur héroïque résistance, nos jeunes conscrits furent expulsés de ces deux villages. Le maréchal Ney, se mettant à la tête de la division Brenier, rallie ses soldats, leur rend confiance et les fait rentrer tête baissée dans Klein-Gorschen et Rahna, où l'acharnement des deux partis donne lieu à une des plus terribles boucheries de nos grandes guerres. Les Prussiens sont encore une fois repoussés. Blücher revient à la charge avec la garde royale prussienne. Cette fois, non seulement les deux premiers villages sont perdus par nos soldats, mais dans leur mouvement de recul, ils perdent Kaya, le point d'appui du centre de l'armée française. Napoléon lui-même accourt : « Jeunes gens, s'écrie-t-il, j'avais compté sur vous pour sauver l'Empire et vous fuyez ! » Il lance alors son aide de camp Lobau avec la division Ricard, qui reprend Kaya ; mais la seconde ligne de l'armée des coalisés vient appuyer Blücher. Les Russes de Wittgenstein et d'York, conduits avec la dernière vigueur, rentrent dans Kaya. C'est alors que Napoléon fait avancer la jeune garde, tandis que les bataillons carrés de la vieille garde forment en arrière comme une ligne de redoutes au centre de la ligne et que Drouot, avec 80 bouches à feu, prend en flanc les colonnes de Wittgenstein et d'York. Seize bataillons de la jeune garde, conduits par le maréchal Mortier et par Napoléon lui-même, s'emparent définitivement de Kaya. L'artillerie de Drouot accable de boulets et de mitraille les Russes forcés de reculer. Devant cette attaque furieuse, les souverains alliés ordonnent enfin la retraite. Le corps d'armée de Ney avait à lui seul perdu plus de 12,000 hommes. Au dire du *Bulletin de la Grande-Armée*, jamais l'infanterie française ne s'était montrée plus brave.

Que dire de l'intrépidité déployée le 16 octobre 1815, à la bataille de Wachau (première journée de Leipzig), pour l'occupation du village de Gülden-Gossa, où s'appuyait le centre des coalisés? La division Maison parvint une première fois à y pénétrer, mais les grenadiers russes de Rajeffsky, soutenus par la garde impériale russe, s'y défendirent avec opiniâtreté, et le village resta partagé jusqu'à ce qu'enfin une lutte opiniâtre en rendit maîtresses les troupes russes. Maison, atteint de plusieurs coups de feu, avait eu trois chevaux tués sous lui; il jure de reprendre Gülden-Gossa; il y rentre suivi de la jeune garde, mais une division prussienne, appuyée par la garde russe, reprend le village dans un effort désespéré. En vain Maison voulut y rentrer. Sa division était réduite des quatre cinquièmes; lui-même, couvert de blessures, pouvait à peine se tenir debout. La nuit vint mettre un terme à ses efforts, et la bataille resta indécise.

La guerre de Crimée et le siège de Sébastopol donnèrent lieu à une foule d'actes d'intrépidité collectifs et individuels. Le jour de l'assaut de Sébastopol, les deux batteries de la 5ᵉ division du 2ᵉ corps d'armée, com-

mandées par le chef d'escadron Souty, les capitaines
Rapatel et Deschamps, 6e et 9e batteries du 10e régiment, avaient été placées en réserve avec leurs pièces
et leurs caissons attelés dans la redoute de Vittoria, où
des ouvertures avaient été pratiquées dans les parapets
pour leur livrer passage. Les troupes chargées de l'attaque de la courtine entre le petit redan et l'ouvrage de
Malakof, étant criblées de mitraille et de boulets par la
grosse artillerie des remparts et des navires embossés
au fond de la rade, le général Bosquet fit donner ordre
à ces deux batteries de se porter au grand trot au-devant
de la 6e parallèle. « Elles s'avancèrent d'une allure superbe, dit M. Camille Rousset dans son *Histoire de la
guerre de Crimée*, et commencèrent le feu. Lutte aussi
héroïque qu'inégale. En un moment, le commandant
Souty est frappé à mort, le capitaine Rapatel est blessé
grièvement, presque tous les autres officiers sont mis
hors de combat, 131 chevaux sont tués ou blessés. Ce
qui reste continue de tirer tant que cela est possible.
Ils étaient arrivés 150 hommes et 7 officiers : ils se retirèrent 55 avec 2 officiers ; il restait 19 chevaux pour
atteler 12 pièces et 12 caissons. »

Le 29 août, à une heure du matin, une bombe tombe
dans le magasin à poudre central de la redoute Brancion
(Mamelon-Vert), où se trouvaient 7,000 kilogr. de
poudre et une forte réserve de cartouches : l'explosion
fut terrible, les débris allèrent frapper des hommes
dans le ravin de Karabelnaïa, à 200 mètres de là ; des
poutres furent projetées jusque dans la ville ; l'enton-

noir creusé dans la redoute avait 30 mètres de long sur
20 mètres de large et de 3 à 4 mètres de profondeur ;
130 hommes furent frappés, mais, par un hasard étrange,
les batteries avoisinantes ne furent pas endommagées.
« Deux hardis canonniers, des noms de Gaubier et de
Bescat, dit le général Bosquet dans son rapport, purent
donner une grande preuve de leur sang-froid et de leur
intelligence, en tirant à eux seuls et aussitôt après l'explosion, toutes les pièces de la batterie 15. » (Général
Fay, *Souvenirs de la guerre de Crimée*.) Cet acte d'intrépidité dérouta l'ennemi et encouragea nos hommes à
rentrer immédiatement dans la redoute.

Parmi les combats livrés pour la conquête de l'Algérie, l'assaut de Constantine fut un de ceux où nos
troupes se signalèrent par l'intrépidité la plus éclatante.
La première colonne d'assaut, commandée par le lieutenant-colonel des zouaves, de Lamoricière, se composait d'un détachement du génie, de 300 zouaves et des
carabiniers et voltigeurs du 2ᵉ léger. Au commandement
de : *En avant!* proféré par le duc de Nemours, cette colonne franchit le parapet de la tranchée et traverse au
pas de course, sous une volée de mitraille, les soixante
pas qui la séparent de la brèche, dont elle gravit la
rampe. Lamoricière prend le drapeau des mains du
capitaine de Garderens et le plante sur les décombres,
aux cris de : *Vive le Roi !* Les assaillants se trouvaient
dans un couloir sans issue, exposés au feu d'un ennemi invisible ; enfin ils trouvent un passage à droite,

se précipitent dans une batterie dont les canonniers sont tués sur leurs pièces, enlèvent d'assaut une grande caserne, tandis qu'à gauche le commandant du bataillon du 2ᵉ léger, M. de Sérigny, est enseveli avec la moitié de la compagnie de carabiniers, sous un pan de mur qui s'abat. On arrive enfin à une batterie casematée dont on s'empare, quand tout à coup la terre tremble sous les pieds des combattants. Une effroyable explosion se fait entendre. Le colonel Lamoricière, plus de 20 officiers et un grand nombre d'hommes gisaient au milieu des décombres calcinés.

Le duc de Nemours fait alors avancer la deuxième colonne, commandée par le colonel Combes, du 47ᵉ de ligne. Tandis qu'une partie de ces nouveaux combattants, ralliant les restes de la première colonne, s'occupe à retirer les blessés du milieu des décombres, l'autre partie pousse devant elle ceux des assiégés qui tiennent encore. Après une lutte acharnée et sanglante, les défenseurs de la ville sont acculés à la crête des hauteurs à pic qui descendent vers le Rummel. Constantine est au pouvoir de l'armée française, mais l'assaut nous avait coûté cher. Sur 2 officiers et 96 hommes dont se composait la compagnie de carabiniers du 2ᵉ léger, 32 sous-officiers et soldats, sans un officier, restaient encore debout, encore plusieurs étaient-ils plus ou moins grièvement blessés. Des deux commandants de colonne, l'un, le colonel Combes, était mortellement frappé; l'autre, le lieutenant-colonel Lamoricière, avait été retiré affreusement brûlé des décombres.

Je citerai encore un trait d'intrépidité individuelle qui valut, le 8 septembre 1852, la croix de la Légion d'honneur à un jeune sous-lieutenant du 3ᵉ chasseurs d'Afrique.

C'était à Kalah. L'officier, lancé à fond de train, galopait, en tête de son escadron, à la poursuite d'une troupe arabe entrevue à une certaine distance.

Emporté par son ardeur bien en avant de ses cavaliers, il arrive sur les Arabes et s'aperçoit soudain qu'il est séparé d'eux par un ravin d'une largeur et d'une profondeur effrayantes.

Loin de songer à retenir sa monture, déjà excitée par la course, il enlève à la force des poignets le fougueux animal et, d'un bond prodigieux, voilà cheval et cavalier au milieu des ennemis.

Assailli de toutes parts, blessé aux bras et au visage, couvert de sang, l'officier soutint seul, pendant le temps qu'il fallut à l'escadron de chasseurs pour contourner le précipice, le choc de plus de 100 forcenés, qui ne lâchèrent pied qu'en voyant arriver du renfort à leur adversaire.

M. le maréchal de Mac-Mahon doit se souvenir de ce fait, car ce fut lui qui, alors général ou colonel, demanda le nom du brave officier, l'embrassa devant les troupes et ôta sa propre croix de la Légion d'honneur pour l'attacher sur la poitrine du vicomte Osman de Boüard.

XXVIII

MÉPRIS DE LA MORT

Fanatisme religieux des Russes et des Turcs. — Guerres de religion. — Le siège de la Rochelle. — Le chevalier de Pontis au siège de Montauban. — Le patriotisme. — Invasions de 1792 et 1793. — Le sentiment du devoir. — La maison du Roi à Neerwinden. — Les gardes nationales à la Fère-Champenoise.

Le général Dragomirof, qui jouit d'une si grande autorité dans l'armée russe et d'une si haute réputation dans toutes les armées européennes, dit dans son *Manuel pour la préparation du soldat* : « Faire la guerre en tuant sans se faire tuer soi-même est une chimère ; faire la guerre en se faisant tuer sans tuer soi-même est une ineptie. Il faut donc savoir tuer, tout en étant prêt à périr soi-même. L'homme qui s'est voué à la mort est terrible. Rien ne l'arrête sur le chemin de son but, à moins qu'une balle folle ne le fauche en route. » J'ajouterai à cela : tout soldat qui compte avec la mort n'est pas un vrai soldat, ce qui n'empêche pas, bien entendu, chaque combattant de chercher à sauvegarder sa propre vie aux dépens de celle de son ennemi, mais en plaçant au-dessus de toute autre préoccupation l'accomplissement du devoir et le maintien de l'honneur.

Parmi les causes capables d'inspirer le mépris de la mort, il n'en est pas de plus puissante que le fanatisme religieux. « Celui qui meurt en combattant, a dit un poète musulman, enlève une houri ; ses péchés sont lavés : il est pur. » La perspective du paradis de Mahomet a fait accomplir des prodiges aux armées arabes et turques. Pour les soldats russes, le Tzar n'est pas seulement le chef suprême de la patrie, c'est, comme chef de la religion, le représentant de Dieu sur la terre : se faire tuer pour lui est un acte commandé par la religion. Sous les abris blindés de Sébastopol, les images de la Vierge et des saints, appendues aux murailles de bois, recevaient chaque soir et chaque matin un périodique tribut d'adoration et, après s'être agenouillés devant les images, les héroïques défenseurs de ce boulevard de la puissance moscovite, se relevaient prêts à tout sacrifice. L'armée française a compté autrefois dans ses rangs plus d'un catholique inspiré par la foi. L'histoire a consacré le souvenir de la légion Thébaine composée de soldats chrétiens, versant leur sang pour les empereurs qui envoyaient leurs frères au supplice.

Rarement il a été déployé plus de valeur que dans les guerres de religion du seizième siècle, et les habitants de la Rochelle, cette citadelle du protestantisme, se sont immortalisés par leur résistance aux armées du roi Louis XIII pendant un siège fameux.

Le chevalier de Pontis, qui servit sous les règnes de

Henri IV, de Louis XIII et de Louis XIV et qui, après avoir été célèbre pour ses aventures militaires de 1599 à 1651, se retira à Port-Royal-des-Champs pour s'y livrer sans contrainte aux pratiques de la dévotion, a laissé sur le siège de la Rochelle les plus intéressants détails. Comme à Saragosse deux cents ans plus tard, « les rues et les maisons étaient infectées de corps morts qui y étaient en grand nombre sans être ensevelis, car sur la fin du siège les Rochelois, ressemblant plutôt à des squelettes qu'à des hommes vivants, étaient devenus si languissants et si faibles qu'ils n'avaient pas le courage de creuser des fosses ni d'emporter les corps morts hors des maisons. L'entêtement de leur nouvelle religion les rendait comme insensibles à tout. » (*Mémoires du chevalier de Pontis.*)

Ce même chevalier de Pontis, catholique convaincu, raconte qu'au siège de Montauban, allant reconnaître la brèche, lorsqu'il fut parvenu au pied de la rampe, il commença par se mettre à genoux derrière de grosses pierres pour faire sa prière, puis, qu'étant redescendu sain et sauf, il remercia Dieu de l'avoir sauvé d'un si grand péril. Il ajoute : « Il y aura peut-être des braves et surtout des jeunes gens qui regarderont comme une faiblesse que, dans une occasion si périlleuse, j'aie pensé plutôt à recourir à Dieu qu'à m'abandonner à cette sotte confiance qui fait courir brutalement, comme les yeux bandés, partout où la mort est la plus visible, mais il me semble que dans ces rencontres, si l'on ne voit presque aucun moyen de sauver tout ensemble l'honneur

et la vie, quand on ne se souviendrait pas qu'on est
chrétien, il suffit d'être homme pour penser à celui qui
peut ôter non seulement la vie, mais le cœur même à
ceux qui s'imaginent en avoir le plus. »

Dans notre siècle, le *sage de la Grande-Armée,* l'illustre
Drouot, celui qui dirigeait avec tant de calme et de sang-
froid les masses d'artillerie, puisait dans le mépris de
la mort que lui inspiraient ses sentiments religieux,
cet admirable sang-froid.

Le maréchal Saint-Arnaud, miné par la maladie au
moment de s'embarquer pour la Crimée d'où il devait
revenir quelques jours plus tard pour mourir en mer,
écrivait de Varna : « A la volonté de Dieu ! En attendant, je prie et ne me plains pas. »

Après la conviction religieuse, le sentiment le plus
propre à inspirer le mépris de la mort, est le patriotisme. Dans la résistance de l'Espagne aux armées de
Napoléon de 1808 à 1814, il n'était pas un Espagnol qui
ne fût disposé à faire à l'indépendance de sa patrie le
sacrifice de sa vie, pas un vieillard, une femme ou un
enfant, qui n'acceptât la mort plutôt que de trahir les
mouvements des bandes de guérillas qui fatiguèrent en
les harcelant sans cesse nos plus belles armées.

Plus d'un soldat de la République manifesta ce même
sentiment lors des invasions de 1792 et de 1793. Plus
d'un préféra la mort à la honte de voir l'ennemi vainqueur. C'est ainsi que Beaurepaire, commandant le

2 septembre 1792 la place de Verdun, forcé par la bourgeoisie aux abois et par le conseil de défense de rendre la place aux Prussiens, après avoir signé la capitulation, se brûla la cervelle d'un coup de pistolet.

Un jeune grenadier montra le même jour le même mépris de la mort. « Comme les Prussiens entraient, raconte l'illustre écrivain Gœthe, il partit de la foule du peuple un coup de fusil qui ne blessa personne. Un grenadier français ne put ni ne voulut nier cet acte téméraire. J'ai vu ce soldat au corps de garde où on l'avait conduit. C'était un très beau jeune homme, bien fait, au regard assuré, à la contenance tranquille. En attendant que son sort fût décidé, on le laissa en liberté. Près du corps de garde, se trouvait un pont sous lequel passait un bras de la Meuse ; il s'assit sur le parapet, demeura quelque temps immobile, puis, se renversant en arrière, il se jeta dans l'eau. Il en fut retiré mort. Cet acte héroïque en disait beaucoup pour l'avenir. »

Le sentiment du devoir, l'habitude de risquer journellement sa vie et l'exemple des chefs produisent aussi le mépris de la mort. Lors de l'incendie de Varna, le 10 août 1854, un immense bâtiment non voûté qui servait de magasin à poudre n'était séparé des maisons en flammes que par une rue étroite ; on avait recouvert le toit de couvertures mouillées et des soldats d'artillerie, couchés sur ce toit ou à cheval sur le faîte, éteignaient

toutes les flammèches qui tombaient sur ces couvertures. Il eût suffi d'une étincelle inaperçue pour incendier le magasin et produire une épouvantable explosion
qui aurait tout enseveli, la ville, les approvisionnements
de l'armée et l'armée elle-même, ou tout au moins ses
chefs ainsi que les canonniers et les sapeurs qui luttaient courageusement contre le feu. Pas un d'eux ne
songea à la mort imminente qu'on aurait pu éviter en
faisant sonner la retraite. Le général Thiry, chef de
l'artillerie, disait avec calme : « Un miracle peut seul
nous sauver », et il restait devant son magasin.

Ce n'est pas toujours en courant au-devant du danger,
dans une attaque impétueuse, qu'une troupe manifeste,
de la façon la plus éclatante, son mépris pour la mort.
C'est bien plutôt en restant calme sous un feu violent.
Ainsi, à la bataille de Neerwinden, en 1693, les cavaliers
de la maison du roi, attendant pour charger l'ennemi que
l'infanterie leur eût ouvert un passage, resserraient leurs
rangs à chaque boulet qui faisait une trouée et le roi
Guillaume d'Angleterre, furieux de ne pas les voir reculer sous la pluie de projectiles qu'il faisait jeter sur
eux par son artillerie, s'écriait: « Oh ! l'insolente nation ! »

Encore ces cavaliers avaient-ils la perspective de la
lutte et de la victoire, mais les gardes nationaux qui se
laissèrent écraser à la Fère-Champenoise par la cavalerie
russe, que pouvaient-ils espérer sinon de mourir pour

leur pays? Et quel sublime mépris de la mort dans ces soldats improvisés !

Le 25 mars 1814, les corps d'armée des maréchaux Marmont et Mortier venaient d'échapper à grand'peine, et en subissant des pertes considérables, aux coups de la cavalerie alliée, lorsque deux faibles divisions d'infanterie, commandées par les généraux Pacthod et Amey, formant un total de 4,300 hommes, tous gardes nationaux et conscrits à peine exercés, se heurtèrent à cette même cavalerie. Après avoir fait bonne contenance devant les charges de l'ennemi, Pacthod se décide à se replier sur la Fère-Champenoise; l'infanterie, formée en six carrés, les bagages au centre des carrés, se retire lentement en repoussant les charges de la cavalerie russe et sous le feu de l'artillerie à cheval. Pendant quatre heures on marche sous la mitraille, mais la masse des cavaliers ennemis augmente toujours; les divisions françaises sont cernées de toutes parts et foudroyées par de nouvelles batteries. Bientôt les six carrés sont réduits à trois; les cavaliers ennemis, grossis par des renforts, sont au nombre de 20,000. Un seul carré démoli par les boulets est enfoncé; les hommes continuent à se défendre et sont sabrés. Les trois autres carrés allaient atteindre les marais où la cavalerie ne pouvait les suivre, lorsque le chemin leur est barré par un régiment de cuirassiers et 48 pièces de canon. Les gardes nationaux et les conscrits rejettent toutes les sommations et ne pensent plus qu'à mourir en tuant. Enfin le général Pacthod, sort de son carré, le

bras droit brisé par une balle retombant inerte et en-
sanglanté le long du corps, et rend son épée. Un second
carré, commandé par le général Delort, mit bas les
armes. Enfin, le troisième carré ouvert par l'artillerie,
livra passage à la cavalerie qui sabra les hommes dé-
bandés. 500 d'entre eux parvinrent à gagner les marais.
L'empereur Alexandre, transporté d'admiration, se jeta
au milieu de la mêlée pour arrêter le carnage. Sur
4,300 hommes, 500 s'étaient échappés, 1,500 en partie
blessés étaient prisonniers, plus de 2,000 étaient tombés sur le champ de bataille. Comme le dit très bien
le général Delort, un des acteurs de cette scène sublime, « l'épithète de braves et d'héroïques est sans force
et sans énergie, pour donner l'idée précise de la conduite des gardes nationales de Fère-Champenoise ».
(Henri Houssaye, *1814.*) C'est bien là le mépris de la
mort, tel que doit l'entendre un soldat : « recevoir la
mort sans chercher à l'éviter, comme dit encore le général Delort, et conserver la vie pour prouver qu'on
sait la défendre. »

Ce mépris de la mort, si nécessaire au soldat, se retrouve jusque dans les hôpitaux et les ambulances, loin
de la surexcitation du champ de bataille. Un jeune officier, fils du général Darmagnac, blessé à Eylau, transporté à l'ambulance et sentant venir la mort, disait
au docteur Larrey : « Je n'ai pas eu le bonheur de vous
trouver sur le champ de bataille ; maintenant vos soins

sont inutiles : j'ai fini cette carrière glorieuse que j'avais à peine commencée. Dites à mon père que je meurs digne de lui et faites-lui mes adieux. Au bout du fossé la culbute.... » Il fit alors un effort pour se retourner et il expira. » (Larrey, *Clinique chirurgicale*.)

Lors de l'assaut de Constantine, le colonel Combes, du 47ᵉ de ligne, commandant la deuxième colonne d'assaut, fut atteint de deux balles à la poitrine ; il donna encore quelques ordres, puis, soutenu par un de ses sapeurs, il descendit la rampe de la brèche pour venir rendre compte de la situation au duc de Nemours et au général Valée. « Ceux qui ne sont pas blessés mortellement, ajoute-t-il ensuite, pourront se réjouir d'un aussi beau succès ; pour moi, je suis heureux d'avoir encore pu combattre pour le roi et pour la France. » Alors seulement on s'aperçut qu'il était blessé. On s'empressa autour de lui, mais, écartant doucement de la main le prince et le général en chef, le colonel Combes regagna calme et impassible son bivouac, où il expira une heure après. (Capitaine Perret, *Récits algériens*.)

XXIX

PRÉSENCE D'ESPRIT

Le général Bonaparte à Lonato. — Le chef de brigade Dessaix à Roveredo. — Le sergent Éberlé sur le Var. — Lannes devant Ancône. — Le soldat Baudrier à la bataille du Tech. — Le caporal Thaunier en Italie. — Le lieutenant de Cimetière à Landau. — Le lieutenant Nougaret au siège de Roses. — Le capitaine Pont à Modène. — Napoléon à Waterloo. — Le capitaine Mathieu à Rottenmann.

Le lendemain de la bataille de Lonato (4 août 1796), Bonaparte se trouvait dans la ville de ce nom avec 1,200 hommes environ, lorsque tout à coup une colonne de 4,000 à 5,000 Autrichiens, échappée à la poursuite, se présenta aux portes de la ville et la somma de se rendre. Bonaparte comprit immédiatement que c'était une colonne perdue, cherchant à se frayer un passage ; il fit monter à cheval son nombreux état-major, se fit amener l'officier autrichien parlementaire et lui fit débander les yeux : « Allez dire à votre général, lui dit-il, que je lui donne huit minutes pour poser les armes; il se trouve au milieu de l'armée française. Passé ce temps, il n'aurait rien à espérer. » Ces 4,000 Autrichiens mirent bas les armes.

Dans cette même campagne d'Italie, le 4 septembre 1796, le soir de la bataille de Roveredo, l'adjudant général Leclerc, envoyé en reconnaissance à 10 heures du soir avec quelques hommes d'escorte, tombe entre les mains d'un parti de hussards autrichiens. Le chef de brigade Dessaix, ne le voyant pas revenir, part à sa recherche avec son adjudant-major et 3 chasseurs d'escorte : il tombe dans le même parti. Au premier *Qui vive?* la fusillade s'engage et l'adjudant-major tombe raide mort. Alors Dessaix, dans l'obscurité, commande de sa voix la plus forte : « Premier bataillon, en avant ! marche ! » puis, avançant avec ses hommes, il somme le chef du parti ennemi de se rendre, lui fait mettre bas les armes, délivre Leclerc et ses compagnons de captivité et fait prisonniers une quarantaine d'hommes.

Les historiques de régiments et les états de service des militaires décorés sont remplis du récit d'une foule d'actes de présence d'esprit auxquels on aurait peine à croire, s'ils n'étaient attestés par des documents officiels.

Le 19 octobre 1793, le 1er bataillon de l'ancien régiment de *Maine,* à l'armée des Alpes-Maritimes, détache 70 hommes pour aller, sous les ordres d'un aide de camp du général en chef Dugommier, reconnaître la rive droite du Var, du côté d'Utelle. Ce détachement se trouve bientôt en face d'une batterie défendue par un bataillon de Croates. Les soldats de Maine font battre leurs trois tambours dans différentes directions pour tromper l'ennemi et engagent hardiment la fusillade.

Le sergent Éberlé, devenu plus tard général de brigade, Suisse d'origine et parlant allemand, tue d'un coup de fusil un major autrichien, il le dépouille, revêt son uniforme et saute dans la batterie. Là il ordonne avec aplomb aux canonniers de cesser le feu : on lui obéit. Enhardi par ce premier succès, il fait rentrer le bataillon croate dans la batterie, lui commande de mettre bas les armes, s'avance vers l'aide de camp de Dugommier et se rend à lui avec toute sa garnison. Le général en chef arrive peu après, embrasse le sergent Éberlé et, plaçant sur la tête de ce sous-officier son propre chapeau galonné, il lui dit : « Au nom de la République, je te nomme adjudant général chef de bataillon. »

Le trait du général Lannes, raconté par le maréchal Marmont dans ses *Mémoires*, est encore plus étonnant peut-être. Lannes commandait l'avant-garde de la division Victor, chargée d'envahir les États pontificaux. Pendant les mouvements préparatoires qui précédèrent l'attaque de la ville d'Ancône, n'ayant avec lui que deux ou trois officiers et huit ou dix ordonnances, il se trouva face à face, à un détour du chemin, avec un corps de cavalerie ennemie d'environ 300 chevaux, commandé par un seigneur romain qui, à son aspect, fit mettre le sabre à la main. Lannes, payant d'audace, court à ce commandant et, d'un ton d'autorité, il lui dit : « De quel droit, Monsieur, osez-vous faire mettre le sabre à la main ? Sur-le-champ le sabre dans le fourreau. — *Subito*, répondit le commandant. — Que l'on mette pied à terre et que l'on conduise ces chevaux au quartier général. — *Adesso,* reprit le commandant. » Et la chose fut faite. Lannes, racontant le soir cette aventure, disait : « Si je m'en étais allé, les maladroits m'auraient lâché quelques coups de carabine. »

Le 2ᵉ bataillon du régiment de *Maine* avait été envoyé à l'armée des Pyrénées-Orientales ; il assistait, le 1ᵉʳ mai 1794, au combat du Tech. Un soldat nommé Baudrier, voyant les Espagnols poursuivis de l'autre côté de la rivière par les hussards du 1ᵉʳ régiment, projette de couper la retraite à quelques-uns d'entre eux : il traverse le Tech à la nage sans armes et se cache dans les broussailles. Surviennent trois fuyards, Baudrier laisse passer les deux premiers, s'élance sur le dernier, le saisit aux cheveux, le désarme et lui passe sa propre baïonnette au travers du corps ; il court ensuite sur le second, le tue d'un coup de fusil et assomme le troisième à coups de crosse.

Pendant la campagne de l'armée d'Italie en 1800, un caporal de la 35ᵉ demi-brigade nommé Thaunier tombe, dans un combat d'avant-garde, au milieu d'une embuscade de 32 Autrichiens. Sommé de se rendre, il riposte par un coup de fusil qui tue un homme, puis il se précipite, la baïonnette en avant, sur les Autrichiens en criant : « A moi ! en avant les grenadiers ! à la baïonnette ! » L'ennemi se croit cerné, prend peur, jette ses armes et se rend.

Au siège de Landau, le 28 juillet 1713, le lieutenant de Cimetière, envoyé pendant la nuit avec 30 grenadiers pour reconnaître une place d'armes au delà de la Queich, traverse le premier la rivière avec de l'eau jusqu'à la ceinture, il aborde l'autre rive, n'ayant près de lui que trois hommes. Dans ce moment, cédant à une inspiration, il s'écrie de toutes ses forces : « A moi, grenadiers ! Tue ! Tue ! » Les défenseurs de l'ouvrage, intimidés, prennent la fuite, et le brave lieutenant se trouve maître de l'ouvrage sans coup férir. On lui envoie 200 hommes pour le soutenir. Il repousse avec eux un retour offensif des assiégés.

En 1809, pendant le siège de Roses, le lieutenant Nougaret, du 67ᵉ de ligne, fut chargé d'aller faire, avec 15 hommes, la reconnaissance d'un bois où se trouvait l'ennemi. En pénétrant dans le bois, il voit qu'il a affaire à plus de 200 hommes. Loin de se décontenancer, il commande : « A la baïonnette ! » et se jette sur la troupe espagnole, qui prend la fuite et abandonne ses armes. 1 colonel, 1 major, 3 capitaines et 35 hommes furent faits prisonniers.

Pendant la campagne d'Italie de 1799, le capitaine Pont, de la 65ᵉ demi-brigade, était venu pour affaires de service à Modène, depuis le fort où il était en garnison. La ville de Modène n'était gardée que par quelques soldats isolés et 200 malades ou convalescents de l'armée de Naples. Le capitaine Pont dînait chez le commandant de place, lorsqu'arrive à l'improviste un escadron de hussards autrichiens, qui s'emparent des quatre portes en égorgeant les gardes, égorgent également la garde du commandant et le font prisonnier après une assez vive résistance. Pont, gardant toute sa présence d'esprit, profite de la confusion du combat pour s'échapper, prend ses armes, saute sur un cheval, revient au galop, tue le premier hussard qui se présente, court à la citadelle, y prend 30 hommes de bonne volonté, délivre le commandant de place et 100 Français tombés au pouvoir de l'ennemi, chasse les Autrichiens de la ville, place de nouveaux postes aux quatre portes, puis revient tranquillement se mettre à table pour achever son dîner avec le commandant de place.

Napoléon, insensible en apparence sur le champ de bataille aux incidents les plus graves, leur opposait une présence d'esprit imperturbable. On sait qu'à la bataille de Waterloo, l'arrivée de Blücher avec les Prussiens, alors que toutes les réserves étaient engagées contre les Anglais, détermina la défaite et même la déroute de l'armée française. Napoléon, qui s'attendait à voir paraître le corps du maréchal Grouchy, envoyé à la poursuite des Prussiens, se refusait à croire les rapports de la cavalerie légère, annonçant les têtes de colonne de Blücher. Il envoie de ce côté un de ses aides de camp, le colonel Bernard, avec ordre de revenir lui dire exactement ce qui en était. Le colonel Bernard s'acquitte de sa mission et revient trouver Napoléon, qui était à cheval à quelques pas en avant de son état-

major : « Sire, lui dit-il tout bas, ce sont les Prussiens. »
Napoléon, sans laisser percer aucun signe de mécontentement, se retourne vers l'état-major : « C'est Grouchy, dit-il, en avant ! la bataille est gagnée. »

La présence d'esprit poussée à ce point dénote évidemment une grande force d'âme.

L'exemple suivant paraîtrait à peine croyable, s'il
n'était attesté par les rapports officiels. Après la défaite
du corps autrichien de Jellachich, à San-Michele, par le
prince Eugène, dans la campagne de 1809, le capitaine
d'état-major Mathieu avait été envoyé en reconnaissance
dans la direction de Salzbourg. « Cet officier, accompagné d'un seul dragon, était parvenu pendant la nuit
jusqu'aux positions de Rottenmann, lorsqu'il tombe dans
un poste ennemi. Il se donne pour parlementaire, se dit
envoyé par le vice-roi pour annoncer au corps entre les
mains duquel il se trouve, la destruction du corps de
Jellachich et réussit à faire mettre bas les armes à
3,000 hommes qui, sous les ordres d'un major général,
défilent devant lui avec plusieurs pièces d'artillerie.
Le capitaine Mathieu fut nommé quelque temps après,
et en souvenir de cet exploit, baron de Rottenmann.
(*Victoires et conquêtes*, 14ᵉ bulletin de la Grande-
Armée, 1809.)

XXX

RÉSOLUTION

Le maréchal Soult en Portugal. — Bonaparte à Mantoue. — La Smala d'Abd-el-Kader. — Le capitaine Détrie au Cerro-Borrego.

La première qualité d'un commandant d'armée, de corps d'armée ou en général d'une troupe quelconque agissant isolément, est de savoir prendre à temps une résolution énergique dans une situation difficile. Tout retard peut souvent, en pareil cas, amener la ruine d'une armée. L'armée de Portugal, sous les ordres du maréchal Soult, chassée d'Oporto par les Anglais le 11 mai 1809, battait en retraite sur la province de Tra los Montès. Le maréchal croyait pouvoir franchir la Tamega sur le pont d'Amaranthe, lorsqu'il apprend que le général Loison a été forcé d'abandonner le pont, dont l'ennemi s'est emparé. Il se trouvait dès lors cerné entre le Douro, l'armée de Wellington et la Tamega, gardée par les troupes portugaises, sans autre issue que des montagnes dans lesquelles il n'existait pas un seul chemin praticable pour les voitures. Immédiatement, et sans perdre de temps à rassembler un conseil

de guerre, le maréchal prend les dispositions suivantes :
Toutes les voitures du parc d'artillerie et des bagages
devaient être brûlées, les canons enterrés ; les sapeurs
et l'artillerie devaient prendre les outils jugés indispensables. L'infanterie et la cavalerie devaient prendre
autant de cartouches qu'elles pouvaient en porter, le
surplus chargé sur les chevaux du train d'artillerie.
L'armée devait ensuite se diriger vers le nord par des
chemins impraticables aux voitures. Cette résolution
douloureuse, mais commandée par la nécessité, sauva
l'armée qui, après avoir surmonté mille difficultés et
livré deux combats d'avant-garde, parvint enfin en
Galice, n'ayant perdu que son matériel.

Pendant la campagne de 1796, l'armée commandée
par Napoléon Bonaparte assiégeait la place de Mantoue, lorsqu'une armée autrichienne, commandée par
Wurmser, pénètre en Italie sur quatre colonnes, culbute les troupes qui occupeaint la vallée de l'Adige et
les deux rives du lac de Garde et s'empare de Brescia.
L'armée française, menacée d'être coupée de ses communications, ne pouvait être sauvée que par une con-
centration rapide. Bonaparte prit immédiatement son
parti et donna l'ordre de lever sans retard le siège de
Mantoue. Cette résolution héroïque, dont le premier
résultat fut l'abandon d'un matériel considérable et la
perte des avantages obtenus par plusieurs semaines de
travaux et de fatigues, sauva ·l'armée française, qui
infligea aux généraux autrichiens les défaites de Lonato
et de Castiglione.

Le duc d'Aumale, poursuivant la smala d'Abd-el-Kader, était parti le 10 mai 1843 de Boghar avec 1,600 hommes d'infanterie, une section d'artillerie, 500 chevaux de chasseurs d'Afrique, spahis et gendarmes et un goum de 200 chevaux. Sur les renseignements qui lui sont donnés, il laisse en arrière deux bataillons d'infanterie avec les bagages, emmène la cavalerie, son artillerie et un bataillon de zouaves pour se diriger sur Taguin. Bientôt même il se porte en avant avec sa cavalerie, en prescrivant au colonel Chasseloup-Laubat de le suivre d'aussi près que possible avec le bataillon de zouaves et l'artillerie.

Tout à coup, le 16 mai au matin, un des caïds du goum envoyé à la recherche de l'eau, revient vers le prince, bride abattue, accompagné du lieutenant-colonel Yusuf et de ses officiers d'ordonnance. Le caïd a vu, du haut d'une éminence de terrain, la smala établissant son campement aux sources de l'Oued-Taguin. Il y avait, à 1,000 mètres à peine de notre petite colonne, environ 15,000 individus, hommés, vieillards, femmes, enfants, appuyés par 4,000 à 5,000 combattants armés : « Par l'âme de ton père, dit le caïd en mettant pied à terre et embrassant l'étrier du prince, par l'âme de ton père, fuyons au plus vite, si nous ne voulons pas être dévorés. » Plusieurs officiers, effrayés de la responsabilité qui pèserait sur eux si le fils du roi Louis-Philippe succombait dans une aventure pareille, émettaient l'avis de se replier sur les zouaves du colonel Chasseloup ; d'autres, et en particulier le lieutenant-colonel Morris,

disaient que la retraite était impossible à cette distance
des Arabes. Le duc d'Aumale imposa silence à tous, et
sans perdre un instant en vaines délibérations : « Les
princes de ma race, dit-il, n'ont pas l'habitude de reculer, je ne donnerai pas l'exemple. En avant ! » Les dispositions furent bientôt prises : formés en trois colonnes,
spahis, chasseurs et gendarmes se jetèrent à fond de
train au milieu de la foule qui s'agitait dans le désordre
et la confusion, pour établir son camp. Quelques hommes armés essayèrent de résister. Tout ce qui put
prendre la fuite s'échappa. Une heure après 4,000 prisonniers, le trésor de l'émir, ses tentes, ses drapeaux,
les familles de tous les grands chefs, étaient au pouvoir
de notre cavalerie. Tel fut le résultat d'une résolution
prompte et ferme.

Que d'autres exemples on pourrait citer dans le
même ordre d'idées ! Le 2 juillet 1842, le général
Changarnier, qui commandait une colonne dans la
haute vallée du Chélif, informé du voisinage d'un
rassemblement considérable d'Arabes, lance le colonel Korte et ses chasseurs d'Afrique à la poursuite de
ce rassemblement. Le colonel Korte n'avait avec lui
que 250 cavaliers ; il part au galop et, après avoir parcouru trois lieues à cette allure, il se trouve en présence
d'une émigration considérable couverte par plusieurs
milliers de cavaliers. Jugeant la retraite impossible, il
fait mettre le sabre à la main et sonner la charge, puis
il pénètre le premier dans la masse ennemie. Après un
combat corps à corps, à coups de sabre, de crosses de

fusil et de pistolets, les Arabes prennent la fuite, laissant au pouvoir des 250 chasseurs d'Afrique 3,000 prisonniers, 1,500 chameaux, 300 chevaux et mulets et 16,000 têtes de bétail.

Au mois de juin 1862, le général de Lorencez, commandant le corps expéditionnaire au Mexique, occupait avec une partie de ce corps, forte de moins de 4,000 hommes, la ville d'Orizaba. Menacé par l'armée mexicaine de Zaragoza, il avait pris ses dispositions de défense et, en raison du faible effectif de ses troupes, il n'avait pas jugé à propos d'occuper le sommet du Cerro-Borrego, montagne aux flancs escarpés, dominant la ville de 350 mètres, et dont les pentes abruptes paraissaient devoir opposer aux entreprises de l'ennemi un obstacle inaccessible. Cependant le général ennemi Ortega, trompant, dans la journée du 13, la surveillance des troupes mexicaines alliées, était parvenu par un mouvement tournant à porter sur la crête du Cerro-Borrego la plus grande partie de sa division, soit 3,000 hommes et 3 obusiers. Le colonel Lhériller, commandant le 99ᵉ de ligne, ayant entendu vers 10 heures du soir du bruit de ce côté, donna l'ordre au capitaine Détrie de gravir la hauteur avec sa compagnie et d'essayer d'en prendre possession avant l'ennemi.

A minuit le capitaine Détrie commence l'escalade; ses hommes, le sac au dos, marchaient en file et dans le plus grand silence, précédés par quatre éclaireurs déployés sur une seule ligne, sous la conduite du fourrier de la compagnie. Après des efforts inouïs, ces éclaireurs parviennent sur un premier palier; la nuit était sombre et permettait à peine de distinguer un homme à la distance de 3 mètres. Le capitaine les suivait de près avec quelques soldats des plus agiles; ils sont soudain accueillis par une fusillade vive et nourrie; l'ennemi était en nombre. Sans hésiter, Détrie fait poser les sacs à terre et se lance en avant avec le sergent-major et les hommes qui l'avaient suivi. L'ennemi, surpris par une attaque aussi brusque, recule d'abord, pour revenir à la charge; mais le reste de la compagnie a rejoint la tête de colonne, sous les ordres du lieutenant Sombret. Toute la compagnie ralliée s'élance à la baïonnette; l'ennemi est refoulé sur la deuxième crête. Le capitaine Détrie n'avait plus avec lui qu'un petit nombre d'hommes : son lieutenant, son sergent-major, son fourrier étaient blessés; il fait embusquer son monde et, certain qu'il allait recevoir du renfort, il attend pendant une heure et demie.

En effet, la compagnie du capitaine Leclerc, envoyée par le colonel au bruit de la fusillade, arrive vers trois heures et demie. Détrie place de chaque côté 10 hommes pour entretenir la fusillade, et commandant : à la baïonnette! en avant! il se lance avec le reste sur l'ennemi qui l'accueille par un feu terrible. Sans riposter, les soldats fondent à la baïonnette sur les Mexicains qui reculent et sont précipités sur les pentes abruptes du Cerro, abandonnant leurs trois obusiers. Le capitaine

Détrie était blessé, mais sa résolution héroïque avait assuré la victoire de la brigade Lorencez. Le lendemain matin Zaragoza, comptant sur l'appui d'Ortega, ouvre le feu; il est tout étonné de voir le Cerro-Borrego lui riposter; il se décide alors à battre en retraite sur Puebla. M. Détrie, qui n'était capitaine que depuis quinze jours, fut nommé chef de bataillon.

XXXI

SANG-FROID

L'empereur Napoléon et le maréchal Lannes. — Le siège de Saragosse. — Le capitaine Guache. — La division Bonnet à la bataille de Lutzen. — Kléber au Mont-Thabor. — Junot à Nazareth. — Changarnier à la retraite de Constantine. — Le sergent Cancey. — Le soldat Descrosas.

Le maréchal Lannes était peut-être, parmi tous les lieutenants de l'empereur Napoléon, celui dont ce grand capitaine estimait le plus haut les talents militaires. Un jour cependant que ce maréchal s'était emporté au plus fort de la bataille contre un officier qui avait mal compris ses ordres, Napoléon dit tout haut : « Ce Lannes a toutes les qualités du général en chef : le coup d'œil, la résolution, l'intrépidité, la présence d'esprit, le don d'entraînement ; néanmoins, il ne s'élèvera jamais au premier rang, il s'emporte trop contre les subalternes. » Ces paroles furent répétées à Lannes, qui se jura à lui-même de se corriger du défaut qu'on lui reprochait et de parvenir à ce premier rang qui semblait lui être refusé. Il parvint en effet à se contenir et à garder son sang-froid. Un jour, pendant le siège de Saragosse, des soldats déchargeaient leurs fusils en arrière du camp, et au lieu de se servir du tire-bourre comme il leur était expressément recommandé de le faire, ils tiraient devant eux, sans s'inquiéter de savoir où allaient les balles. Le maréchal Lannes, revenant d'une tournée, faillit être tué par une de ces balles, qui coupa les rênes de la bride en avant de sa main. Son premier mouvement fut de s'emporter, mais il réprima ce mouvement et dit tranquillement au soldat, qu'on lui avait amené : « Je suis sûr que si tu avais tué ton général en chef, tu en aurais été bien malheureux. Que cela te serve de leçon pour ne plus recommencer. »

Le sang-froid est essentiel non seulement au chef pour commander, mais encore au soldat pour obtenir le meilleur effet de ses armes. Le sang-froid, il faut bien le dire, n'a jamais été la qualité dominante du soldat français. En tirant précipitamment sur des troupes telles que l'infanterie anglaise, qui réservait son feu pour ne tirer qu'à bonne distance et à coup sûr, les soldats de l'armée d'Espagne ont trop souvent perdu l'avantage que leur avaient assuré jusque-là leur élan impétueux et leur fougue irrésistible.

Il est à remarquer, d'ailleurs, que c'est en présence des charges de la cavalerie que nos fantassins ont surtout fait preuve de sang-froid. Dans la campagne de Portugal de 1810, lorsque le 6ᵉ corps d'armée, sous les ordres du maréchal Ney, assiégeait la place de Ciudad-Rodrigo, 6 escadrons de cavalerie anglaise cherchèrent à surprendre un parti d'infanterie française posté à Villa-de-Puerco. Les Français, au nombre de 200, commandés par le capitaine Guache, eurent le temps de se former en carré. Les deux premiers escadrons anglais chargèrent ce carré avec ardeur, mais sans succès ; ils furent repoussés par une vive fusillade de front et de flanc. « On entendait très bien, dit un historien anglais, le capitaine Guache et son sergent-major recommander aux hommes de tirer lentement et avec soin. » Un détachement de cavalerie française aborda alors ces deux premiers escadrons. 4 escadrons de dragons anglais renouvelèrent la tentative ; le brave capitaine Guache les attendit à bout portant et commanda une décharge qui jeta à terre l'officier commandant avec 14 de ses dragons. La cavalerie ennemie rebroussa chemin et regagna son camp.

Des faits analogues se sont passés cent fois pendant nos grandes guerres. A la bataille de Lutzen, le corps d'armée du maréchal Marmont, formé des divisions Bonnet et Compans, occupait la droite de la ligne et flanquait le 6e corps, qui combattait pour la possession du village de Kaya. Il y eut un moment où toute la cavalerie des alliés, entraînée par Wintzingerode, le premier sabreur de l'armée russe, fondit comme une avalanche sur les divisions Bonnet et Compans formées en carrés. Les soldats de la division Bonnet étaient des artilleurs de marine peu habitués aux manœuvres d'infanterie ; ils reçurent avec le plus grand sang-froid les charges réitérées de cette cavalerie qui, foudroyée par l'artillerie de la garde, finit par battre en retraite.

A la bataille du Mont-Thabor, 16 avril 1799, la division Kléber, formant deux carrés, entourée d'une multitude de cavaliers au milieu desquels elle semblait comme engloutie, opposa à leurs charges furieuses un héroïque sang-froid jusqu'à ce que Bonaparte, paraissant sur le champ de bataille, lui permit de prendre à son tour l'offensive.

Quelques jours auparavant, le combat de Nazareth avait été plus étonnant encore comme exemple de sang-froid. Junot était parti de Nazareth avec 300 hommes d'infanterie et 100 chevaux ; il se trouva en présence de 2,000 ou 3,000 cavaliers arabes, tandis qu'un corps de cavalerie fort de 2,000 Mamelucks et Maugrabins marchait sur ses derrières. Son infanterie était formée sur quatre rangs ; il fit faire demi-tour aux trois derniers rangs, jugeant qu'un rang suffirait pour avoir raison des ennemis qu'il avait en face. Il plaça sa cavalerie à droite et fit mettre un détachement de grenadiers en potence, de manière à flanquer son nouveau front. Les Arabes se bornèrent en effet à caracoler, mais les 2,000 Mamelucks et Maugrabins chargèrent avec impétuosité la petite troupe de Junot, qui les accueillit à portée de pistolet par une fusillade bien nourrie. 300 d'entre eux restèrent sur le terrain et le reste tourna bride. Pendant qu'ils reformaient leurs rangs pour revenir à la charge, Junot recommanda à ses soldats de conserver le sang-froid qui les avait déjà sauvés. Cette seconde attaque fut repoussée comme la première par une décharge qui coucha plus de 200 hommes à terre.

Le bataillon du 2e léger, commandé par Changarnier, lors de la retraite de Constantine en 1836, eut encore plus de mérite peut-être à garder tout son sang-froid dans les circonstances émouvantes où se trouvait l'armée du maréchal Clauzel. Les troupes précipitaient leur marche; déjà les Arabes atteignaient le convoi et sabraient les blessés sur les voitures, lorsque le commandant Changarnier prit l'arrière-garde. Entouré par une nuée de cavaliers, n'ayant pas le temps de former régulièrement le carré, il groupa rapidement ses pelotons, de manière à faire feu de tous côtés et attendit tranquillement le tourbillon. Quand les Arabes arrivèrent à quarante pas, les fusils s'abaissèrent et le feu commença sur trois des faces du carré. Ces cavaliers, si hardis tout à l'heure au pillage, s'enfuirent à la volée, mais pour revenir aussitôt, s'enfuir et revenir encore. Cette fois, quelques coups de fusil suffirent pour les arrêter. « Ils sont 10,000 et nous sommes 240, disait Changarnier à ses soldats. Eh bien! ils ne sont pas encore assez pour nous! »

Le sang-froid individuel se voit peut-être dans l'histoire de l'armée française plus fréquemment que le sang-froid d'une troupe dans laquelle le désordre est parfois contagieux.

Pendant la campagne de 1800, Cancey, sergent à la 30e demi-brigade de ligne, engagé seul au fond d'un petit ravin dans une affaire d'avant-garde, est tout à coup entouré par une troupe nombreuse de soldats autrichiens. Sans se troubler, il marche vers le capitaine qui commande cette troupe : « Monsieur, dit-il, toute résistance est inutile ; vous êtes cerné de toutes parts ; rendez-vous, il ne vous sera rien fait. » L'officier ordonne à sa troupe de mettre bas les armes, et Cancey les conduit à son commandant. Cette action fut mise à l'ordre de l'armée.

Le 16 mai 1800, une grand'garde de la 84e demi-brigade est tournée par 200 hussards. L'officier qui commande cette grand'garde n'a que le temps de se jeter avec sa troupe dans un enclos pour se défendre. Le soldat Descrosas s'aperçoit que la barrière est restée ouverte : il y court, arrive assez à temps pour la fermer et se trouve en présence de 8 hussards dont 2 mettent pied à terre pour ouvrir la barrière. Descrosas tue le premier d'un coup de fusil, recharge tranquillement son arme et tue le second. Il donne ainsi à son officier le temps d'accourir et de ranger sa troupe en bataille en face de la barrière.

XXXII

TÉNACITÉ

Bataille d'Auerstædt. — Mot du maréchal Davout. — Bataille
d'Arcole. — Garde impériale de Napoléon III à Magenta. — Le
général Changarnier à l'oued Foddah. — Le chasseur Calmette
en 1840. — Le caporal Parcherie à Zaatcha. — Le capitaine
Hébert à Ost-la-Capelle.

Une des batailles les plus extraordinaires parmi
celles qui marquèrent la période de nos grandes
guerres, fut certainement la bataille d'Auerstædt, gagnée par le maréchal Davout sur l'armée prussienne
du duc de Brunswick, le 14 octobre 1806, c'est-à-dire
le jour même où l'empereur Napoléon remportait, à
quelques lieues de là, la victoire d'Iéna. Le corps d'armée de Davout, fort de 26,000 hommes et 44 bouches à
feu, était placé à Naumbourg, sur la Saale, avec ordre
de garder le pont de cette ville pour empêcher l'armée
prussienne de le franchir. Apprenant le 13 octobre au
soir que cette armée, forte d'environ 60,000 hommes,
se trouvait en marche sur le plateau qui domine la
Saale et se dirigeait sur la route de Leipzig, il n'hésita
pas à lui barrer le chemin. Le maréchal Bernadotte,
qui se trouvait près de Naumbourg et auquel il offrit le
commandement supérieur des deux corps d'armée, re-

fusa de se joindre à lui. Davout n'en persista pas moins dans sa résolution. Après avoir fait occuper, dès le 13 au soir, le pont de Naumbourg, il se mit en route dans la nuit du 13 au 14, avec les trois belles divisions Gudin, Friant et Morand, qui formaient son corps d'armée et dont les noms sont restés immortels dans l'histoire. La division Gudin, composée des 25ᵉ, 85ᵉ, 12ᵉ et 21ᵉ de ligne avec 6 escadrons de chasseurs, marchait en tête. Elle occupa immédiatement, par un de ses régiments, le 85ᵉ, le village d'Hassenhausen, seul point d'appui que présentât le plateau. Les autres régiments de la division se déployèrent à droite du village. La division prussienne Schmettau essaya de la débusquer de ses positions, et le général Blücher fondit sur elle avec sa nombreuse cavalerie; la cavalerie fut repoussée, l'infanterie prussienne ne parvint pas à ébranler les défenseurs d'Hassenhausen. Une seconde division vint au secours de la première; l'attaque et la résistance furent acharnées; le 85ᵉ opposa aux efforts des deux divisions prussiennes une invincible fermeté. Tous les généraux ennemis furent tués ou grièvement blessés, le roi de Prusse lui-même eut un cheval tué sous lui.

Bientôt la division Friant vint se former à droite de la division Gudin, tandis que la division Morand se déployait dans la plaine à gauche. Cette dernière division était à peine formée, lorsque près de 15,000 cavaliers, commandés par le prince Guillaume de Prusse, se précipitèrent sur elle. Le général Morand fit former les carrés et cette masse énorme de cavalerie se rua vainement avec fureur contre nos soldats impassibles. Dans l'intervalle des charges, le général Morand et·le maréchal Davout passaient d'un carré dans un autre pour leur donner successivement à tous l'encouragement de leur présence. Après des attaques multipliées, la cavalerie ennemie, découragée, se replia derrière son infanterie et Davout, portant ses trois divisions en avant, prit à son tour l'offensive. Les Prussiens cédèrent le terrain et se décidèrent enfin à battre en retraite sous la protection de leurs réserves. Ils avaient perdu 3,000 prisonniers, 9,000 ou 10,000 hommes tués ou blessés, dont le duc de Brunswick et le maréchal de Mollendorf, frappés mortellement. Leur retraite, commencée en bon ordre, se termina par une déroute, lorsque l'armée royale rencontra dans la nuit les débris de l'armée battue à Iéna. La victoire avait coûté cher : sur 26,000 hommes, le corps du maréchal Davout en comptait 8,000 hors de combat. Le général de Billy était tué, les généraux Morand et Gudin blessés; le maréchal lui-même avait eu son chapeau et une mèche de cheveux emportés par un biscaïen. « Jamais, dit l'historien du Consulat et de l'Empire, un plus grand exemple de fermeté héroïque n'avait été donné par un général et ses soldats. »

Alors que le maréchal Davout était au milieu d'un des carrés de la division Morand et dans l'intervalle de deux charges, il dit familièrement aux soldats : « Les Prussiens que nous combattons aujourd'hui ont eu un roi qui était un grand général; il prétendait que la victoire se range toujours du côté des plus gros bataillons. Frédéric II se trompait : la victoire est au plus entêté. »

La ténacité est, peut-être, en effet, la qualité la plus essentielle chez un homme de guerre : elle supplée souvent à bien d'autres. Il est telle position importante d'où dépendait le gain de la bataille et qui n'a été enlevée qu'après plusieurs tentatives infructueuses. La bataille d'Arcole, gagnée par Bonaparte le 17 novembre 1796, après trois jours d'une lutte acharnée, en fournit un exemple remarquable. La position de l'armée française était très compromise par suite de l'entrée en Italie d'une nouvelle armée autrichienne, commandée par le feld-maréchal Alvinzy. Bonaparte avait essayé en vain d'enlever à cette armée la position de Caldiero, sur la rive gauche de l'Adige, et rien ne semblait plus pouvoir empêcher les Autrichiens de franchir l'Adige pour aller délivrer la place de Mantoue. Le général français fit traverser l'Adige sur les ponts de Vérone, pendant la nuit du 14 au 15 novembre, par les divisions Augereau et Masséna, laissa 3,000 hommes pour garder Vérone et descendit la rive droite du fleuve, avec l'intention de le franchir de nouveau à Ronco, pour tomber sur les derrières d'Alvinzy, afin de lui enlever des parcs, des magasins et sa ligne de communication. Un pont de bateaux de 122 mètres de longueur avait été jeté à Ronco pendant la même nuit, les troupes y passèrent avant le

jour et se portèrent en avant ; la division Masséna remonta alors la rive gauche, en suivant la digue qui
borde le fleuve, mais la division Augereau dut franchir
l'Alpone, petit affluent marécageux de l'Adige. Il fallait
pour cela suivre la digue le long de cet affluent et forcer
le passage du pont d'Arcole. Malgré l'énergie déployée
par les troupes, on ne put y parvenir. Lannes fut blessé
en cherchant à entraîner les soldats ; Augereau saisit
un drapeau et s'élança sur la digue avec les officiers de
son état-major, il ne fut pas suivi. Bonaparte lui-même,
mettant pied à terre, se porte sur le pont et y plante un
drapeau ; il courut les plus grands dangers, fut précipité dans le marais, vit tomber, tués ou blessés, à ses
côtés ses aides de camp et plusieurs généraux, faillit
être fait prisonnier et fut enfin dégagé par l'adjudant
général Belliard. Le combat cessa avec le jour et les
divisions Masséna et Augereau repassèrent sur la rive
droite de l'Adige.

Le lendemain au matin, la lutte recommença : les
renforts envoyés par Alvinzy portaient à 20,000 l'effectif
des troupes autrichiennes ; Bonaparte n'en avait que
9,000 ; les divisions Augereau et Masséna repassèrent
à la pointe du jour sur la rive gauche, Masséna repoussa
l'ennemi jusqu'auprès de Caldiero, mais toutes les
attaques d'Augereau sur Arcole échouèrent encore ; on
essaya même en vain de jeter un pont sur l'Alpone à
son embouchure, Augereau recula jusqu'à Ronco et
s'établit sur les deux rives de l'Adige. Bonaparte ne se
découragea pas. Un pont fut placé sur l'Alpone, à

10 heures du soir, à l'endroit où l'on avait tenté de le franchir le premier jour de la bataille, en même temps qu'une colonne fut dirigée de Porto-Legnago sur les derrières d'Arcole. Tant d'opiniâtreté fut enfin récompensée par le succès le plus complet. Arcole, attaqué sur les deux rives de l'Alpone, fut abandonné par les ennemis. Alvinzy fut forcé à la retraite. Les Autrichiens perdirent dans ces trois jours de combat 6,211 hommes (près du tiers de l'effectif) et 11 pièces de canon. La perte des Français s'éleva à 4,500 hommes, c'est-à-dire à près de la moitié de leur effectif. Cette victoire mit fin à la position critique de l'armée française qui rentra triomphalement dans Vérone; on peut dire qu'elle fut le triomphe de la persévérance et de la force de volonté.

La bataille de Marengo fut un autre exemple fameux de la victoire obtenue par la ténacité. C'est en résistant à outrance et en disputant le terrain pied à pied aux Autrichiens, d'abord victorieux, que les troupes de Victor et de Lannes donnèrent le temps à Desaix d'accourir pour livrer une nouvelle bataille, qui se termina par la défaite complète de l'armée ennemie.

C'est également la ténacité de l'armée anglaise à Waterloo, devant les attaques furieuses de Napoléon, qui permit à l'armée prussienne d'arriver sur le champ de bataille et de changer en une défaite écrasante la victoire qui semblait déjà assurée aux Français.

C'est aussi en résistant héroïquement aux attaques des Russes, le matin du 5 novembre 1854, et en se faisant tuer sur place sans reculer d'une semelle, que les Anglais donnèrent le temps au général Bosquet d'accourir à leur aide avec la deuxième division de l'armée française pour remporter la victoire d'Inkermann.

L'histoire des guerres d'Algérie présente un exemple remarquable de ténacité donné par le général Changarnier. C'était en 1842, il revenait après une expédition de trois mois, ramenant 3,000 prisonniers, 30,000 têtes de bétail ; sa colonne, qui comprenait seulement un escadron de chasseurs d'Afrique, un bataillon de zouaves et le 3e bataillon de chasseurs à pied, fut brusquement assaillie par plusieurs milliers de Kabyles dans la vallée de l'oued Foddah, où l'avait amené, par des renseignements erronés, la perfidie de plusieurs chefs arabes. Il y eut là un engagement des plus vifs et des plus acharnés, à la suite duquel Changarnier parvint difficilement à sortir de ce guet-apens. Les Kabyles n'osèrent pas le poursuivre au delà des montagnes, mais ils fêtèrent joyeusement le succès de leur embuscade et la retraite de celui des généraux français qu'ils redoutaient le plus. Cependant Changarnier n'avait pu prendre son parti de cette mésaventure. Tout autre que lui se serait estimé heureux d'être sorti de là sans laisser un mort ou un blessé aux mains de l'ennemi. Il voulut se venger ; ayant fait faire halte à la sortie du défilé, il ordonna une distribution de cartouches, laissa l'escadron de chasseurs d'Afrique à la garde du camp, et mit son infanterie en marche, à la nuit close, pour rebrousser chemin. Arrivé à l'endroit où se réjouissaient si bien les Kabyles, il fit sonner la charge. Les Kabyles surpris par les deux bataillons qui tombèrent sur eux comme un ouragan, prirent la fuite après avoir eu plus de 100 hommes tués; leurs villages furent détruits : en un mot, la revanche fut complète.

Les guerres d'Algérie offrent aussi de nombreux exemples de combats individuels contre des ennemis habitués à surprendre des soldats isolés où à envelopper des arrière-gardes engagées dans des passages difficiles. Nos soldats opposaient à l'acharnement de ces ennemis, excités par le fanatisme, une héroïque ténacité. Une compagnie du bataillon des tirailleurs de Vincennes, créé à titre d'essai pour la formation future des chasseurs à pied, était chargée par le colonel Changarnier, dans la campagne de 1840, de déloger les Arabes d'une position formidable, sorte de cascade verticale de rochers friables s'éboulant sous les pieds. Un chasseur nommé Calmette, entouré d'ennemis et séparé de ses camarades, abat d'un coup de carabine un de ses agresseurs, en renverse deux autres à coups de baïonnette et, se voyant acculé au précipice, il s'accroche encore à deux Arabes pour les entraîner dans sa chute : tous trois roulèrent dans l'abîme; par une chance extraordinaire, un des deux Arabes que le chasseur Calmette tenait étroitement serré tomba sous lui, de manière à amortir sa chute et à lui sauver la vie. (Perret, *Récits algériens*.)

Au début du siège de Zaatcha, le 20 octobre 1849, un bataillon du 43ᵉ de ligne lancé prématurément à l'assaut fut repoussé et perdit 6 officiers, 30 hommes tués et 90 blessés. Le caporal Parcherie avec quatre grenadiers se porte sur le revers du fossé pour engager la fusillade avec l'ennemi. Au bout de quelques minutes, trois grenadiers étaient tués, le sergent resta seul avec le grenadier Siège ; le sous-lieutenant de la compagnie vint leur recommander de se mettre à l'abri. « Dans un instant, mon lieutenant, répondit tranquillement le caporal ; nous avons encore quelques cartouches à brûler. » A ce moment le grenadier Siège fut tué. « Il faut bien brûler les cartouches de Siège, » dit Parcherie, et il alla les prendre. Quand il arriva à sa dernière cartouche, il la montra de loin à son lieutenant en lui criant : « Plus que celle-ci, mon lieutenant ». En disant ces mots il reçut une balle qui lui fracassa la cuisse. « Ils l'auront quand même, fit Parcherie, et, se soutenant sur une jambe, il envoya aux Arabes son dernier coup de fusil.

Le caporal Parcherie avait certes bien mérité la croix de chevalier de la Légion d'honneur qui lui fut donnée ; il eut le bonheur de survivre à sa blessure, après s'être refusé à subir l'amputation. (Perret, *Récits algériens*.)

Si de ces années relativement récentes nous remontons aux premiers jours des guerres de la Révolution, nous verrons le 8 juillet 1793, à Ost-la-Capelle, village situé près de Lille, le cinquième bataillon des volontaires de Saône-et-Loire surpris par l'attaque imprévue de 2,000 Autrichiens, et le capitaine Habert, après avoir rassemblé à la hâte sa compagnie, opposer une résistance opiniâtre à des assauts furieux. « Mes amis, dit-il à ses soldats, c'est ici notre tombeau, il faut périr dans ce retranchement plutôt que de nous rendre. » Écrasé par le nombre, Habert tue trois Autrichiens, quatre autres l'entourent et le somment de se rendre. Il ne répond que par le cri de : Vive la République ! et, par sa défense acharnée, donne au reste du bataillon le temps d'accourir pour le dégager.

A l'attaque des retranchements du col de l'Assiette, au mois de juillet 1747, le régiment du Bourbonnais occupait la tête de colonne du centre ; il se trouva exposé à un feu qui le détruisit presque complètement. Les files qui tombaient étaient à l'instant remplacées. La colonne arriva enfin au pied des retranchements ; elle y resta quatre heures, jusqu'à ce que l'ordre fut donné de battre en retraite. Bourbonnais perdit là 60 officiers et 800 soldats, 140 hommes seulement se retirèrent sans blessures. Au nombre des morts était le colonel.

ÉPILOGUE

Les armées étrangères. — Les Russes à Leipzig. — Attaque de Gülden-Gossa. — Les Prussiens à Ligny. — Les Anglais à Waterloo. — Les Autrichiens à Aspern et à Essling. — Les glorieuses défaites. — Ayons foi dans l'avenir. — Jeanne d'Arc.

Il me faut terminer là ce tableau des vertus guerrières. Aussi bien les exemples que j'ai cités, en les prenant un peu au hasard dans les fastes de l'armée française, ne sauraient donner qu'une idée amoindrie des qualités déployées par nos soldats. Pour être à même d'en juger complètement, il faudrait dérouler toutes les pages de notre histoire militaire, pages dont plus d'une est encore inédite. Il serait d'ailleurs aussi dangereux que puéril de s'absorber exclusivement dans l'admiration du passé et d'y puiser une confiance aveugle dans l'avenir. En montrant par quelques-unes de leurs actions ce que furent nos soldats d'autrefois, je n'ai pas prétendu que jamais et nulle part ils ne méritèrent de reproches; j'ai encore moins voulu dire que leurs adversaires ne possédaient pas, à des degrés divers, ces mêmes qualités que j'ai cherché à faire ressortir en eux-mêmes. Mon chauvinisme, si ardent qu'il soit, ne va pas jusque-là, mais si certaines périodes critiques ont été marquées par des défaillances, c'est en nous inspirant du sentiment de notre force, et

non en nous appesantissant sur le souvenir de nos faiblesses passagères, que nous parviendrons à en éviter
le retour ; ce n'est pas en affectant le mépris pour les
vertus guerrières de nos ennemis que nous apprendrons
à les vaincre de nouveau. Rabaisser les mérites de ceux
que nos pères ont vaincus, c'est diminuer le prix de
leurs victoires ; contester la valeur de ceux par qui ils ont
été vaincus, ce serait rendre leurs défaites honteuses.
Serions-nous en droit, par exemple, de vanter la constance, la fermeté, la ténacité et l'intrépidité des troupes
qui ont assiégé et pris Saragosse en 1809, si les défenseurs fanatiques de cette grande cité n'avaient pas
poussé jusqu'à l'héroïsme la constance, la fermeté, la
ténacité et l'intrépidité? Serions-nous bien-venus à
nous faire de la prise de Sébastopol un titre de gloire,
si nous n'avions rencontré, derrière les remparts de
cette citadelle de la mer Noire, une garnison qui s'est
couverte d'une gloire impérissable? Les noms d'Austerlitz et de Friedland brilleraient-ils aux yeux de la
postérité d'un éclat sans pareil, si les souvenirs d'Eylau
et de la Moskowa n'avaient démontré l'incontestable
valeur des soldats qui furent défaits dans ces mémo-
rables journées? Pourrions-nous lever fièrement la
tête au rappel des désastres de Leipzig et de Waterloo,
si ceux qui écrasèrent nos pères sous leur nombre dans
les plaines de la Saxe et sur le plateau du mont Saint-
Jean, Russes, Autrichiens, Prussiens, Anglais, ne s'y
étaient révélés, par leur intrépidité et leur patriotisme,
comme de redoutables adversaires?

Veut-on avoir une idée de ce que fut à Leipzig le soldat russe ? Qu'on lise le récit d'un épisode de la bataille de Wachau (1re journée de Leipzig), décrit par un des principaux acteurs, le colonel qui commandait l'artillerie à pied de la garde de Napoléon : « Vers les neuf ou dix heures, l'ennemi ayant quelque avantage vers le centre, l'Empereur fit marcher sur ce point des troupes considérables d'infanterie et de cavalerie, et je reçus l'ordre d'appuyer le mouvement d'attaque avec 32 bouches à feu. Je me portai en avant et bientôt la canonnade devint terrible ; elle continua ainsi toute la journée, ralentie seulement quand les munitions manquaient. Notre attaque réussissant, nous abattions tout ce qui se trouvait devant nous et je ne restais guère plus d'une demi-heure à chaque position, que je quittais ensuite pour me porter sur une autre plus avancée. Dans l'avant-dernière, j'avais en face une batterie appuyée de quelques grenadiers russes. Quoique cette batterie nous fît beaucoup de mal, je ne répondis à son feu que par la moitié de la mienne, et je dirigeai l'autre moitié sur les carrés d'infanterie. Ce fut une dévastation, aucun coup n'était perdu et chaque boulet faisait une brèche dans ces masses, mais, après un peu de frisson, les rangs se serraient et il n'y avait plus de trouée. Quand les obus se mirent de la partie, ce ne fut pas long : les carrés démolis laissèrent l'artillerie sans appui et elle nous céda la position. En y arrivant, je vis ces braves gens ; pas un n'avait quitté son rang ; tous, morts ou blessés, gisaient à leurs places.

« Le nœud de la bataille était à Gülden-Gossa : il fallait en chasser l'ennemi, mais il était en grande force dans un labyrinthe d'enclos, de canaux et de flaques d'eau propices à la défensive.

« On s'y battait à l'arme blanche avec un acharnement furieux, le village resta longtemps partagé en deux, chacun en possédant la moitié. Jamais, non jamais, nos jeunes soldats ne se montrèrent plus beaux. Le général Maison leur avait dit que cette fois il s'agissait de mourir, et ils mouraient en effet sans sourciller. Maison, trois fois démonté et trois fois blessé, resta au milieu du carnage jusqu'à 11 heures du soir; la nuit tombait que sa division, réduite à 1,100 hommes, se ruait sur les grenadiers russes. J'avais pris position à très petite distance des murs, et mes canonniers étaient décimés par la mousqueterie qui en partait, mais, dans les intervalles du conflit corps à corps, je répandais le carnage parmi ces hommes entassés sur un espace restreint. Il faut leur rendre cette justice : ils nous égalèrent en fermeté devant la mort et ne marchandèrent pas plus leur sang que nous ne marchandions le nôtre. Deux fois les Russes furent chassés du village, deux fois le terrain fut reconquis par des réserves de troupes d'élite que l'ennemi prodiguait sans se lasser, et quand la jeune garde livra le dernier assaut au cri de : Vive l'Empereur ! on se battait quasi dans les ténèbres. Ce fut en vain ; l'ennemi tint bon, toujours relevé par des troupes fraîches. Une nuit pluvieuse enveloppait le champ de bataille et quand on ne se vit plus, il fallut bien cesser de se battre. »

A Ligny, le 16 juin, le général Gérard fut chargé d'attaquer le gros village de ce nom, défendu par 32 pièces en batterie à droite et à gauche sur les pentes du coteau. Par trois fois, le feu nourri des bataillons postés dans les maisons et les jardins força les Français à reculer. Gérard fit alors avancer toute son artillerie, puis, quand une canonnade violente eut ébranlé les défenseurs du village, il ordonna une quatrième attaque. Les colonnes enlevèrent la partie du village située sur la rive droite du ruisseau de Ligny ; une charge générale des bataillons prussiens les en chassa ; ils perdirent presque tout le terrain gagné, le reprirent, le reperdirent encore et finalement réussirent à se maintenir dans la moitié du village. « Prussiens et Français, dit le colonel Charras, sont confondus dans une effroyable mêlée ; chaque rue, chaque bâtiment chaque clôture est défendue avec fureur ; on se fusille à bout portant, on se déchire à la baïonnette, on s'assomme à coups de crosse sur les degrés des maisons, dans les chambres, dans les étables. On se tue, on se poursuit jusqu'au milieu des incendies qui éclatent à chaque instant. La bravoure est devenue de la rage, de la férocité. Napoléon se décide enfin à frapper un dernier coup. Il appelle la vieille garde ; 60 bouches à feu préparent l'attaque et les bataillons, en colonne à demi-distance, descendent le vallon, se précipitent au pas de charge dans Ligny, dont les défenseurs essa.ent en vain de se cramponner aux maisons de la rive gauche. »

Le surlendemain, à Waterloo, 5,000 chevaux, cuirassiers de Milhaud, lanciers et chasseurs de la garde de Lefebvre-Desnoëttes, entraînés par le maréchal Ney, après avoir gravi au trot les pentes fangeuses du plateau du Mont-Saint-Jean, tombent au galop de charge sur l'artillerie et l'infanterie anglaises, en poussant les cris frénétiques de : Vive l'Empereur ! Formée en carrés de deux bataillons chaque, cette infanterie arrête le choc par une fusillade meurtrière. « En vain, dit le colonel Charras, des files entières étaient écrasées sous le poids des cavaliers dont la balle n'interrompait pas la course, les brèches ouvertes dans ces murs d'hommes se refermaient aussitôt. La cavalerie anglaise, profitant du désordre de nos cuirassiers, se jette sur eux; lanciers et chasseurs de la garde la repoussent et rallient les cuirassiers. Les carrés sont chargés de nouveau sans succès. Ney fait redescendre en bon ordre ses escadrons dans le vallon. Plus tard la charge est reprise avec l'appui des cuirassiers et des carabiniers de Kellerman, des grenadiers et des dragons de la garde. Des carrés entiers sont renversés, dispersés, écrasés; une division est refoulée en désordre sur la chaussée de Bruxelles; la cavalerie anglaise est sabrée, mais Ney engage en vain ses escadrons jusqu'au dernier, le centre de l'armée anglaise tient bon et nos cavaliers épuisés, pouvant à peine faire tenir debout leurs chevaux haletants de fatigue, redescendent dans le vallon. » Vient enfin le choc suprême. Napoléon se décide à faire donner l'infanterie de la vieille garde. Wellington avait épuisé toutes ses réserves ; voyant venir l'orage, il range les troupes dont il peut encore disposer. Lord Hill, appelé à le remplacer en cas d'accident, lui dit : « Vous pouvez être tué. Quelles sont vos instructions ? » — « De tenir ici jusqu'au dernier homme. » Bientôt, au bruit des tambours battant la charge et des cris frénétiques de : Vive l'Empereur ! la garde impériale arrive l'arme au bras, précédée par Ney, l'épée à la main. Les batteries anglaises sont enlevées à la baïonnette, les bataillons de Brunswick et de Nassau sont culbutés et dispersés. Tout à coup, les gardes anglais, couchés à terre en seconde ligne, se relèvent. Wellington, à cheval derrière eux, leur crie : « Debout, gardes ! et visez juste. » Une affreuse fusillade couche à terre tous les chefs. Ney lui-même tombe sous son cheval tué. Le général hollandais Chassé s'élance avec sa brigade sur le flanc des assaillants, Wellington jette sur eux la brigade des gardes. Mitraillée, fusillée, réduite à 1,500 ou 1,600 hommes, la garde impériale recule sous la pression du nombre, reforme ses rangs et s'apprête à renouveler son attaque ; mais à ce moment fatal, Blücher et ses Prussiens entrent en ligne. La garde n'a plus qu'à mourir.

Quant aux Autrichiens, la lutte soutenue le 21 mai 1809 dans les villages d'Aspern et d'Essling suffirait pour attester leur ténacité. Aspern est un grand village de 1,500 habitants, composé de deux rues d'abord pa-

rallèles, se rapprochant ensuite sur une petite place
devant l'église et liées par des rues transversales.
L'église est appuyée par le presbytère, maison massive
dont le jardin, attenant au cimetière, est entouré d'un
mur en terre. Les maisons, bâties en maçonnerie, avec
pignons sur rue, ont presque toutes deux étages, sont
précédées d'une cour et ont sur leurs derrières des
jardins clos de haies vives qu'on ne peut escalader.
Masséna était chargé de défendre, avec la division
Molitor, ce poste redoutable. Les masses autrichiennes
y pénétrèrent une première fois au début de la bataille
et en furent chassées par Molitor. Deux fortes colonnes
revinrent à la charge. Écartées par la cavalerie, repoussées par une vive fusillade partant du cimetière, elles
reculèrent d'abord, mais Molitor, accablé par une violente canonnade, fut forcé de leur abandonner une
partie du village. Bientôt deux corps d'armée redoublent
leurs attaques contre le cimetière et l'église d'Aspern.
Masséna vient s'installer avec son état-major devant
l'église; les Autrichiens sont encore repoussés. De
nouvelles troupes fraîches relèvent les assaillants fatigués. Les quatre régiments de Molitor parviennent à
reprendre l'avantage. Enfin, une brigade autrichienne
s'empare de la gauche du village, mais les Français
tiennent encore dans le cimetière et dans l'église. Un
troisième corps d'armée autrichien, celui de Hohenzollern, entre en ligne. Après une sanglante mêlée, où
chaque parti est tour à tour assaillant et vainqueur, le
général Vacquart parvient à s'emparer du cimetière et

de l'église; mais la lutte se prolonge jusqu'à 10 heures du soir. La fatigue des deux partis les force à se séparer à portée de fusil et ils passent le reste de la nuit sur le qui-vive, au milieu d'Aspern en flammes. Le lendemain matin, Masséna fit attaquer Aspern par les divisions Legrand et Carré Saint-Cyr. Pris et perdu trois fois, le village reste enfin au pouvoir des Français; mais, par suite de la rupture du pont sur le Danube et du manque de munitions, l'armée française, écrasée sous le nombre, est forcée de battre en retraite. Aspern est attaqué de nouveau; la division Legrand, assaillie de tous côtés, se retire avec des pertes énormes; elle revient à la charge, reprend le village et le perd encore. Enfin, l'incendie l'oblige à évacuer le village, où il n'était plus possible de tenir.

Pendant ce temps, Essling était attaqué et défendu avec le même acharnement. Ce grand village avait pour réduit le grenier public, construction massive en briques, de 36 mètres de long sur 10 de large, reliée à une grande ferme par un jardin entouré de murs. La division Boudet le défendit pendant toute la journée du 22 mai. Un instant, le maréchal Lannes et Boudet furent chassés de la partie basse du village et tinrent bon dans le réduit. Le lendemain 23, quatre attaques successives avaient échoué, lorsque l'archiduc prescrivit d'occuper à tout prix Essling. Les Autrichiens revinrent à la charge avec le même acharnement, et Boudet allait enfin succomber, lorsque l'Empereur le fait appuyer par cinq bataillons de la jeune garde, sous les ordres de Rapp et du général Mouton.

Les Autrichiens ne se découragent pas et renouvellent leurs assauts. La nuit vint mettre fin à la lutte; les Français évacuèrent Essling.

Essling, Leipzig, Waterloo ! luttes sanglantes dans lesquelles nos drapeaux ne furent pas couronnés par la victoire, mais où l'intrépidité de nos pères ne se démentit pas : jamais peut-être les soldats de la Grande-Armée ne se montrèrent si vaillants. Leurs adversaires, auxquels ils avaient appris à se battre, les écrasèrent sous le nombre, mais la France ne doit pas se montrer ingrate envers leur mémoire. Ceux qui succombèrent dans les plaines du Danube en forçant l'armée autrichienne victorieuse à respecter leur retraite ; ceux dont l'héroïque résistance brisa les efforts de l'Europe coalisée dans la terrible bataille des nations et auxquels une catastrophe imprévue, l'explosion prématurée du pont de Leipzig, put seule infliger un désastre ; ceux qui disputèrent avec acharnement aux Prussiens, animés par la haine, les rues ensanglantées du village de Ligny ; ceux enfin qui, comme des citadelles vivantes qu'il fallut démolir à coups de canon, restèrent sur le plateau du Mont-Saint-Jean, inébranlables jusqu'à la mort, ont droit au même souvenir et au même culte que les vainqueurs de Rivoli, d'Austerlitz, d'Iéna et de Friedland.

Entretenons ce souvenir, ne laissons jamais périr ce culte. Écartons de nos cœurs le scepticisme, produit délétère et dangereux d'une civilisation avancée. Ayons foi dans l'avenir de notre patrie, dans la valeur de ses soldats, dans la protection du Dieu qui, au jour où elle semblait près de périr, après les défaites répétées de Crécy, de Poitiers et d'Azincourt, suscita, pour la sauver, du milieu des rangs les plus humbles, une simple fille du peuple, Jeanne d'Arc, l'ange du patriotisme, la personnification la plus sainte et la plus pure de l'esprit d'indépendance nationale.

INDEX ALPHABÉTIQUE DES NOMS

(Militaires et corps de troupe cités comme ayant fait preuve de vertus guerrières.)

Anciens régiments.

Volontaires.

Régiments.

Demi-brigades et régiments d'infanterie de ligne.

Demi-brigades et régiments d'infanterie légère.

Cavalerie.

TABLE DES MATIÈRES

V. — AMOUR DE LA GLOIRE

VI. — ARDEUR

VII. — AUDACE

VIII. — BONTÉ

XXI. — ESPRIT DE CORPS

XXII. — FERMETÉ

XXIII. — GAITÉ

XXIV. — HÉROÏSME

XXV. — HONNEUR

XXXI. — SANG-FROID

XXXII. — TÉNACITÉ

ÉPILOGUE

Nancy, impr. Berger-Levrault et Cie.

www.ingramcontent.com/pod-product-compliance
Lightning Source LLC
Chambersburg PA
CBHW071047280326
41928CB00050B/1589